教育部人文社会科学重点研究基地《环境法学文库》

王树义　主编

环境法私人实施研究

A STUDY OF PRIVATE ENFORCEMENT OF ENVIRONMENTAL LAW

冯汝　著

中国社会科学出版社

图书在版编目(CIP)数据

环境法私人实施研究 / 冯汝著. —北京:中国社会科学出版社,2017. 1
(教育部人文社会科学重点研究基地《环境法学文库》)
ISBN 978 – 7 – 5161 – 9617 – 5

Ⅰ. ①环…　Ⅱ. ①冯…　Ⅲ. ①环境保护法 – 研究　Ⅳ. ①D912. 604

中国版本图书馆 CIP 数据核字(2017)第 005175 号

出 版 人	赵剑英
责任编辑	梁剑琴
责任校对	石春梅
责任印制	李寡寡

出　　版	中国社会科学出版社
社　　址	北京鼓楼西大街甲 158 号
邮　　编	100720
网　　址	http：//www. csspw. cn
发 行 部	010 – 84083685
门 市 部	010 – 84029450
经　　销	新华书店及其他书店

印刷装订	北京市兴怀印刷厂
版　　次	2017 年 1 月第 1 版
印　　次	2017 年 1 月第 1 次印刷

开　　本	710×1000　1/16
印　　张	15
插　　页	2
字　　数	246 千字
定　　价	58. 00 元

凡购买中国社会科学出版社图书,如有质量问题请与本社营销中心联系调换
电话: 010 – 84083683

总　序

　　《环境法学文库》是由教育部人文社会科学重点研究基地武汉大学环境法研究所和中国社会科学出版社悉心培育、联合推出的环境法学学科的大型学术丛书，目的在于加速中国环境法学研究的进一步发展，推动中国环境法治的不断进步。

　　武汉大学环境法研究所是中国国家环境保护总局①和武汉大学共同建立的一个以环境法学为专门研究领域的学术研究机构，1999年首批进入教育部普通高等学校人文社会科学重点研究基地。2002年，基地的"环境与资源保护法学"学科被教育部评审为国家级重点学科，次年，该学科又被列入教育部"211"工程的第二期重点建设项目。

　　武汉大学环境法研究所的研究基本上涵盖了整个环境法学学科的研究范围，并且，其整体科研水平在中国环境法学界居领先地位，在国内外具有广泛影响。自20世纪80年代初成立以来，武汉大学环境法研究所紧紧跟随中国环境法治前进的步伐，密切结合中国环境法治建设的实际需要开展研究和教学工作，取得了一系列显著的成绩。20多年来，研究所陆续为国内外培养出了几百个环境法学学科的硕士和博士，出版了几十部环境法学研究的学术专著和教材，发表了千余篇环境法学研究的学术论文，参加了中国数十部环境法律、法规和地方性环境法规的起草、调研和修改工作，向国家和地方提供了许多具有参考价值的环境立法方面的研究咨询报告，受到国内外同行的瞩目。

　　21世纪是中国全面进入世界先进行列的世纪，可以预见，中国在许多领域还将走在世界的最前列。为此，中国正在努力着、奋斗着，而在这努力奋斗着的队伍之中就有环境法学人的身影。环境法学人的梦想就是让中国环境法学的研究同样走在世界的前列。为了这个梦想的实现，武汉大

---

　　①　现改组为"环境保护部"。

学环境法研究所作为教育部环境法学研究的基地，拟将《环境法学文库》作为研究所长期支持的一个出版项目，面向国内外所有的环境法学者及其他所有关心、支持并有该学科相应研究成果的专家开放，每年推出数本。凡环境法学学科领域内有新意、有理论深度、有学术分量的专著、译著、编著均可入选《环境法学文库》。文库尤其钟情那些在基本理论、学术观点、研究视角等方面具有原创性或独创性的著作，请各位学者、专家不吝赐稿。让我们共同努力，为繁荣中国的环境法学研究、加快中国环境法治的进程略尽绵薄之力。

教育部人文社会科学重点研究基地

——武汉大学环境法研究所所长

王树义

2005 年春月于武昌珞珈山

内 容 摘 要

私人实施法律是现行社会和经济制度的一项普遍特征，在某些情况下，私人实施法律比公共实施具有更高的效率。虽然私人实施法律在环保领域也已经广泛存在，并被认为应该得到提倡，但对于环境法私人实施的概念、范围等却存在不同认识。本书认为，环境法的私人实施是指私人为维护自己的权益或社会公共利益，通过行使自己的权利实施环境法律，依法对环境违法行为进行监督、追诉、制裁和执行，以实现环境保护的目的。

从国际范围来看，在美国、日本等环境法律较完备的国家，私人在环境法的实施中发挥了重要的作用。私人可以为了自身利益或社会公共利益，通过诉讼、检举、协商等多元的方式实施法律。并且，私人实施环境法律的行为有相应的激励和限制机制，完善的法律援助、资金支持等配套措施来保障其运行。与此相比，我国私人实施环境法的权利和能力虽然在逐步增强，但由于法律制度不完备、激励保障机制不足、衔接机制不健全等原因，导致在实践中环境法私人实施的状况不佳，主要表现为：私人诉讼数量较少、私人对检举救济功能的过分依赖、私人自力救济暴力性事件多发等。

针对我国环境法私人实施的现状，本书认为应通过增强私人实施的权利能力、完善相应制度支撑，使私人权利在法律中得到确立和细化、在运行中得到保障，发挥私人在环境法中的作用。具体来讲：第一，增强私人诉讼的能力和作用，完善我国相应的诉讼法律制度，包括完善环境群体性诉讼制度，推进公益诉讼制度，建立诉讼费用承担及惩罚性赔偿制度等诉讼激励制度，构建法律援助、环境公益基金、律师参与等诉讼保障制度等。第二，增强环境检举信息汇集及处理的功能，建立健全检举人激励与保护制度，发挥私人在执法中的信息优势。第三，通过法治途径解决环境自力救济中的暴力性问题，将自力救济作为私人利益表达的合法化途径，发挥环境协商的作用。

但对上述观点，存在不同意见，很多学者从法律的成本、法律的可提供性、法律的文化基础等方面对增强私人实施的必要性与可行性提出了质疑，对于环境自力救济和检举的完善与定位提出了不同意见。概括起来，针对增强私人实施的争辩包括：第一，对于环境私人诉讼，从必要性而言，环境诉讼与环境行政执法相比是否具有优势？应加强环境行政执法抑或环境私人诉讼？私人诉讼在环境法中是否能够发挥相应的作用？是否能够达到改善环境状况，惩罚、减少和预防违法行为，维护社会公共利益的目的？私人诉讼的各项具体制度和规则是否能够发挥效果？从可行性而言，我国是否具备相应的司法基础、环境法律文化？诉讼是否符合效率原则？第二，我国的环境检举与环境信访交织在一起，具备权利救济、信息提供两大职能，是否应该将权利救济功能从环境检举中剥离开来？第三，环境私人自力救济暴力化问题是通过政治化途径解决、通过加强公共机构的执法能力来进行预防，还是应该通过法治化途径解决、通过畅通诉讼及利益表达机制来进行预防和制裁？私人通过集会、游行、示威等形式进行的环境自力救济活动从形式上看属于非法行为，但从实质上这些行为是否是非法的？是否应该合法化？

对于上述问题，本书通过对现有私人实施的理论和实践进行梳理和分析，在借鉴国外法律与实践的基础上，立足于我国的实际，认为，环境法私人实施的增强不仅是必要的而且是可行的。私人通过诉讼、检举等方式完全可以在维护环境公共利益、解决大规模环境污染问题、制裁和预防环境违法行为等方面发挥重要作用，也可以极大地促进公共机构履行职责，与公共实施形成互动，提高环境法的整体实施效果。私人实施的不足是我国当前环境法实施效果不佳的重要原因之一。随着我国环境司法专门化的展开，民众环境保护意识的增强，私人实施环境法律有了相应的基础。我国应该通过相关法律制度的完善，健全私人利益表达、信息提供、权利救济的渠道和方式，提高法律自身的经济性和可实施性，通过完善私人实施的激励、保障以及内外部互动机制，促进私人积极行使权利，使公众成为法律实施的能动参与者。

关键词：环境法的私人实施；环境法的公共实施；环境私人诉讼；环境私人检举；环境私人自力救济

Abstract

Private enforcement law is a common feature of the current social and economic system. In some cases, it has a higher efficiency than the public enforcement law. Generally speaking, it is believed that it is common in the field of environmental protection, and should be strongly advocated. In this paper, private environmental law enforcement means that private enforcers exercise their rights to monitor, litigation, sanctions and execution against environmental illegal acts, in order to safeguard their own rights and interests or social public interests and achieve the purpose of environmental protection.

Globally, since the 1970s, many countries like the United States and Japan increasingly come to rely upon private law enforcement as a means of attaining public environmental objectives. Over the past four decades, private enforcers have been playing an important role in the implementation of the environmental law of in these nations. Whereas, compared with these countries, Although China established its environmental law system, its implementation, falls well short of the public's expectations. In that paper, it is believed that inadequately private enforcement law is one of the key causes of under – enforcement. In China, the private enforcement law is a sufficiently new phenomenon in the environmental law that little is known about it. What determines the amount of private enforces' activities? What are the consequences of these acts? Whether and to what extent under – enforcement of private enforcement may be attributable to the legislature for inadequately designed legislation? These questions should be focused and analyzed.

Therefore, in this paper, many questions about private environmental law enforcement will be explored, including why and how the private enforcers implement environmental statutes, and whether private enforcement can be an effective cure for the environmental under – enforcement problem and so on. This paper proceeds as follows. The first chapter briefly defines the concept, scope, characteristics of private environmental law enforcement. The second chapter analyses the theoretical basis, motivation, function, advantages and disadvantages of private environmental law enforcement. Based on the theoretical analyses, the third chapter analyses from the aspect of theory and practice of foreign environmental law, the trend of legislation abroad and the experience of private enforcement in other countries are summarized. The fourth chapter summarizes the development in private enforcement of China's environmental law regime. After that, linking with empirical analysis, the status quo and the existing problems of private enforcement is evaluated and analyzed. This part finally proposes a few obstacles of private enforcement existing in the environmental law regime. In the fifth chapter, many doubts and arguments are analyzed, for example, whether private suits for public interest can or cannot be an effective remedy for under – enforcement? By describing and analyzing private enforcement law pros and cons seen from theory and practice, this part finds it is necessary and feasible to enhance the role of private enforcers in the maintenance of environmental public interest, solving the problems of environmental pollution on a large scale and the implementation of the environmental law. Private enforcers through litigation, prosecutions and other ways can greatly promote public institutions to perform his duties, subsidize government's insufficient enforcement, and maximize the overall effect of the environmental law. In the last chapter some suggestions on how to improve private enforcers' function in the existing enforcement scheme is gave, including improving the economic benefits of the legislation, promote the private enforcers' rights, strengthen the motivation and safeguard system of the private enforcers and so on.

Key Words: private environmental law enforcement; public environmental law enforcement; private enforcers; privatelitigation; prosecution; self-reliancerelief

目　　录

Contents

引　言

一　问题的提出及研究意义

（一）问题的提出

自 1973 年国务院召开第一次全国环境保护会议，并制定中国第一部关于环境保护法规性文件——《关于保护和改善环境的若干规定》至今，我国的环境法治已经走过 40 多年的发展过程。这 40 多年来，我国环境法律体系不断完善，先后制定了 30 多部环境保护法律，90 余部环境保护行政法规，100 多部环境保护部门行政规章，近 1500 项环境标准以及 900 多部地方环境法规和规章，环境法律体系已基本建立。然而，立法的不断完善并未有效地改善我国严峻的环境形势，环境污染、生态破坏的状况持续存在。针对这种情况，越来越多的人意识到：环境问题的解决需要环境法治的保障，但我国环境法治并未发挥预期的作用，环境法律未得到有效实施。我们不禁反思，原因何在？

影响法的实施效果的因素和关键是，人们通常会从行政执法、司法等方面进行分析。很多学者就认为有法不依、执法不严、违法不究是环境法实施不力的症结所在。例如，孙佑海教授曾估计，在现有的立法背景下，如果法律法规的要求全部落实到位，主要污染物可减少 70%（如要完全控制住环境污染还取决于其他因素），[①] 实施环境法治本应达到的效果大打折扣。这种分析方式指出了我国环境执法中存在的问题，但如果进一步深究有法不依、执法不严、违法不究的原因，我们的研究就会陷入一种循环怪圈。例如，一般认为，环境执法不力的主要原因在于立法不完善、部门职责不清、执法水平低、执法能力不足、监督不足、地方保护主义盛行

---

① 孙佑海：《如何使环境法治真正管用？——我国环境法治 40 年回顾和建议》，《环境保护》2013 年第 14 期。

等。但进一步分析，为何我国环境法缺乏强有力的监督，是因为行政执法过于强大，导致司法羸弱，环境执法的国家监督缺乏公众和社会监督的支撑；公众之所以不积极参与监督又是因为立法不完善，执法机关有法不依，违法不纠，降低了环境法的权威以及行政机关不作为造成公众监督的障碍；而立法不完善的部分原因又在于我国环境法的制定以"部门立法为主"，公众参与不足。面对这样相互影响、环环相扣的恶性循环，我们解决问题的突破口在哪里？

面对以上的疑惑，我们认真研究会发现，从法的创造、适用、监督角度对环境法实施不力的原因进行分析时，存在一个暗含的前提，即国家是实施环境法律的当然主体，国家支配环境立法、执法、司法，只有国家行政机关、司法机关及其公职人员才能成为立法、执法、司法的主体，而公民只是被动的执法对象、守法者和监督者。但实际上，法律的实施并不必然由公共机构来进行，私人在监督、追诉、制裁、执行等整个法律实施的过程中都有参与的可能性。一直以来，我们忽视了私人在法实现中的作用，忽略了公民积极主动参与环境法律实施的力量。法律没有充分给予公民、社会组织等私人主体在执法、发现并惩罚违法行为、监督行政机关履行职责等方面的权利和能力，缺乏促进私人在环境法律实现中发挥作用的相应配套措施。以2015年1月1日起实施的《环境保护法》为例，该法为增强公众参与的作用，单设了"信息公开与公众参与"一章，但综观整个法律条文，在70个法律条文中，可以作为私人实施行为直接法律依据的只有第57和第58两条，占整个法律内容的不足3%。由此可以看出，环境法律仍然是依赖政府环境管制，主要由行政机关强制实施的"治者之法"。而环境法律未得到有效实施从本质上是环境法公共实施的固有缺陷所造成的。

面对这种情况，提高我国环境法实施有效性的关键是，跳出将公共机关作为环境法律唯一实施主体的前提性思维，考虑私人实施环境法律的可能性及作用，加强环境法的私人实施，发挥公共实施和私人实施的优势，合理确定公共实施和私人实施的关系，选择、确定并构建适合我国的环境法实施机制。因此，本书从环境法实施主体的角度，以环境法的私人实施入手，关注私人在实施环境法律中具有什么作用、理论基础何在，并通过对国外私人实施环境法律理论和实践的分析，对比我国私人实施环境法律的历史沿革和现有法律实践，重点从私人主体实施法律的方式、制度支撑、自身内部关系以及与公共实施的外部关系等方面进行考察，分析私人实施在我国环境法实现中的作用，找出问题所在并进行完善，以促进和保障私人积极行使自己的权利，使公众成为法律实施的能动参与者。

（二）研究意义

对环境法私人实施的研究，具有理论和实践的双重价值。

第一，从现实意义上来说，该研究有利于增强环境法的实施效果。面对资源约束趋紧、环境污染严重、生态系统退化的严峻形势，生态文明建设被放在更突出的位置，而生态文明建设离不开制度的保障，尤其是环境法律制度的保障。生态文明目标的实现要求环境法律制度真正发挥作用，从书本上的法走向行动中的法，从法律文本的权利义务转化为具体的行为。诺斯在《制度、制度变迁与经济绩效》中认为，制度是由一系列正式规则、非正式规则和实施机制构成的。对于如何使环境法律制度更好地实施，人们往往较多地关注法律和政策规定的完善，其实，有大量的制度规则之所以没有达到预期的效果，除了制度选择的因素外，实施制度的机制也具有举足轻重的作用。与制定法律和政策的重要性相比，法律实施机制对实际效果的影响更大，环境法的实施机制关系到环境法是否能取得实效。而在实施机制中，主体起着重要的作用，不同实施主体会造成法实施效果的不同。因此，本书从实施主体的角度，对我国环境法私人实施存在的问题进行理论和实证分析，并对加强私人实施环境法律的必要性、可行性以及需要考虑的因素进行了分析，并构建了私人实施环境法律的激励制度、保障制度、内外部关系的衔接制度。对环境法私人实施的研究和完善有利于环境法实施效果的提高，实现环境保护的目的。

第二，从理论意义上说，我国环境立法已成体系，但实施研究却很薄弱，对环境法私人实施的研究可以弥补此方面的研究缺陷。我国的环境法已经逐渐从制度建立期迈入制度运用期，法规范体系逐渐成形，对于环境法的研究重点就应逐渐从立法走向实施，从静态的文本分析走向动态的实践分析，再通过对法律实施的分析，针对法律运行中的现实问题，不断完善和更新环境法律制度。但从现有资料来看，我国环境法的研究仍侧重立法研究，对于环境法实施的研究主要从守法、执法、司法等角度进行分析。本书是运用新的视角从私人实施法律的角度对环境法实施进行研究的一个尝试，也是对环境法的研究重点由立法转向实施的一个促进。

二　文献综述

(一) 环境法实施研究综述

对于法律实施的研究分为两类：第一，从法律实施的综合角度进行理论分析，主要涉及法律实施的概念、意义、效果、法律实施中存在的问题以及如何促进法律实施等问题。第二，按照法律的运行过程，将法的实施分为守法、执法、司法，针对守法、执法、司法各个环节中存在的问题进行分析。环境法作为部门法学，对于环境法律实施的研究也主要从这两个方面展开。

对于我国法律实施中存在的问题及如何促进法律实施，学者从不同的角度进行了分析，代表性论文及著作有：《论法律实施》《法律的实施与保障》《法律实施的理论与实践研究》等。法律得到实施意味着什么呢？宋迎军在《论法律实施》一文中总结出其包括三个层次的内容："其一是法律规范程序上的贯彻实行，包括法律规范的实施主体、实施行为、实施方式和方法以及实施活动过程（程序）；其二是实在法实体内容的实现，主要体现为现行立法所规定的权利义务转变为现实，并按照现行立法的要求形成具体的社会关系和社会秩序；其三是法的应然精神和价值切实得到体现。前两个层次，都只是反映法律实施的手段性因素。第三个层次是法律实施的深层次含义，体现法律实施的目的。"① 对于法律实施存在的问题，他认为，法律实施是法的"效益型"的主要标志，我国已经颁布相当多的法律、法规，有法可依的问题基本解决，但很多法律形同虚设，无法落实，有法不依、执法不严、违法不究的现象严重。针对这些问题，他认为，法律实施在一定意义上体现投入产出关系的社会活动过程，需要立法、观念、人员素质、管理、物质、环境等成本，成本的投入是法律实施不可缺少的要素，适度加大投入及成本资源优化配置，是保障法律实施和实施效益的必要条件。马怀德教授在《法律的实施与保障》一书中，从传统法律文化、社会转型、市场经济、立法、执法、司法、监督等方面分析了影响法律实施的因素，对我国法律实施中存在的困境进行了分析，并提出了相应的符合中国国情的完善之路。他认为，我国法律的实施患上了"实施障碍综合征"。具体而言，主要有以下制约因素："第一，传统文化

---

① 参见宋迎军《论法律实施》，《河北法学》1995 年第 5 期。

的消极影响与制约；第二，中国社会关系的复杂性与剧烈变迁；第三，中国经济结构的迅速变迁、物质经济条件的制约以及经济规律适用范围的扩大化；第四，中国行政管理体制的制约；第五，中国执法人员的法律素质不适应法治国家建设的需要；第六，中国现有法律本身质量的局限性；第七，中国社会监督机制的不健全、监督力度不足；第八，中国司法保障与监督的缺位与软弱。"① 刘作翔教授主编的《法律实施的理论与实践研究》一书包含医疗、著作权等方面的多篇文章，涉及习惯法的实施、纠纷解决方式、法律实际运行中存在的问题、影响法律实施的因素等与法律实施有关的多方面内容。这些文章研究的内容虽有不同，但都充分运用了社会科学的方法，将法律实施的问题和法社会学研究的方法结合起来，对法律实施的社会实践进行了实证研究。该著作的意义在于：第一，在方法论上，运用法社会学研究方法，面对法律运行的实践，对现实问题进行深入细致的分析；第二，在当前我国法律实施偏重于加强立法，法学研究多集中于规则和制度，法律实施研究比较薄弱的现实情况下，对法律实施进行实证和理论研究有助于加强法律实施问题的研究，促进我国法学研究向法的实施转向。② 虽然学者对于法律实施进行了一定的研究，但相对于立法，我国对于法律实施这一主题的研究仍显得薄弱。针对这种情况，中国行为法学会从 2011 年开始举办"中国法律实施"高端论坛，还将会议论文结集出版，已经出版了《首届中国法律实施高端论坛论文集》③《第二届中国法律实施论坛论文集》④，其中的论文紧紧围绕"中国法律实施"及"法律实施与全面推进依法治国"两个主题，深入分析了各学科、各领域法律实施中存在的不足和经验以及如何科学地促进法律实施等方面的问题，提出了应促进立法行为科学化、贯彻落实审判权与检察权的独立行使、推进行政执法行为规范化、加快守法文化建设等建议对策，对促进法律实施的研究具有重要影响。

　　近年来环境污染事件频发、环境局势不断恶化使得越来越多的人关注环境法实施的效果，环境法的实施成为法实施的一个重要研究方向。"法

---

① 参见马怀德《法律的实施与保障》，北京大学出版社 2007 年版，第 44—96 页。
② 参见刘作翔《法律实施的理论与实践研究》，社会科学文献出版社 2012 年版，第 2 页。
③ 参见田明海主编《首届中国法律实施高端论坛论文集》，法律出版社 2012 年版，第 2—5 页。
④ 参见田明海主编《第二届中国法律实施论坛论文集》，法律出版社 2013 年版，第 3 页。

律的生命在于它的实行。"① 对于我国环境法实施存在什么问题、原因何在以及如何使环境法行之有效，实现遏制环境危害行为、保护生态环境的目的等问题，理论和实务分析得很多。在国内目前的研究中，有学者从经济学角度进行分析，认为影响环境法实施效果的因素包括个体行为、政府行为以及违法者与执法机构之间的不合作博弈等，主张应该通过提高违法者被发现并被惩罚的可能性以及提高对违法行为的惩罚强度等途径来提高环境法规实施的效率；② 有学者从人权与环境法实施的关系角度出发，以阿玛蒂亚·森的发展理论为基础，认为，人类发展水平是影响环境法实施的核心要素，而人权是人类发展的真谛，认真对待人权是解决环境法实施难题的关键；③ 更多的学者是通过实证调查④、理论分析、中外比较⑤等方式，面向环境法运行的现实，针对实践中环境行政执法、司法方面存在的问题进行分析，并提出相应的建议。

具体来讲，有关环境行政执法问题，学者研究颇多。概括起来，以环境保护行政机关为行政执法核心，环境行政执法存在的问题可分为内部问题与外部问题。环境行政执法的内部问题主要包括：（1）自身执法能力不足。目前执法人员的数量不足，部分人员专业素质不够，执法必需的交通工具、取证工具、监测手段等设施配置较低，环境执法设施建设远不能满足环保执法的需要。（2）执法投入不足。由于环保执法投入不足，一些地方的执法人员甚至要自己找饭吃，以致出现"违法者养活执法者""培养费源"等现象，并因此导致"三低"："因环境执法经费紧张而使执法效率降低；因无法吸纳优秀人才而使执法人员素质降低；因权力寻租致

---

① 沈宗灵：《法理学》，北京大学出版社 2000 年版，第 485 页。

② 樊根耀、曹卓：《关于环境法实施效率的经济学分析》，《西安电子科技大学学报》2003年第 2 期。

③ 晋海、徐玄：《人权保障与环境法的实施——从阿玛蒂亚森发展理论切入》，《法学评论》2010 年第 3 期。

④ 参见汪劲《我国环保法律实施面临的问题：国家司法机关工作人员的认识——对 30 个省份法院和检察院万人问卷调查的比较分析》，《中外法学》2007 年第 6 期；吕忠梅等《中国环境司法现状调查—以千份环境裁判文书为样本》，《法学》2011 年第 4 期；袁春湘《2002 年—2011 年全国法院审理环境案件的情况分析》，《法制资讯》2012 年第 12 期。

⑤ 参见王晓辉《瑞典环境法实施机制及其借鉴意义》，《世界环境》2007 年第 5 期；崔卓兰、朱虹《从美国的环境执法看非强制行政》，《行政法学研究》2004 年第 2 期；蔡守秋《国外加强环境法实施和执法能力建设的努力》（http://www.riel.whu.edu.cn/article.asp? id = 25917）。

使执法机关公信力降低。"① （3）执法手段软弱。环境执法主要依靠行政处罚，环境行政机关无直接强制执行权，除申请人民法院强制执行外，无工商、税务等部门所拥有的冻结、扣押、强制划拨等强制执行权。（4）执法权限不清。环保部门与水利、农业等部门之间存在权限不清、职责不明等问题。环境行政执法的外部问题主要包括：（1）执法依据不足。"环境法律、法规缺位或不完善，或两者并存。"② （2）执法环境不良。地方政府为经济利益干预执法，公民和企业环境保护意识淡薄。（3）对环境行政机关的监督不力。这种监督包括社会、公民的监督，也包括行政机关内部、检察机关等对行政机关的国家监督。对于行政执法存在的问题如何解决，学者们主要认为，应通过完善立法，建立一个权威大、效益高、执法能力强的环境监督管理机构，增加执法手段，加强政府的环境责任，增强公众参与等方式加以完善和解决。③

在分析造成环境司法困境的原因时，国内很多学者从立法方面进行考虑，④ 但单纯立法的完善并不能解决环境司法存在的问题，张璐等一些学者认为，"除了这些规则层面的因素外，环境司法的开展还面临一些更深层次的涉及我国环境问题发生的特殊性以及我国行政体制改革与司法救济机制功能方面的问题"⑤。当前，即使有明确的法律依据，环境纠纷也很难进入诉讼程序，即使进入诉讼程序，也很难获得公正救济的深层次原因在于环境司法存在司法独立缺位、司法能力不足等内外困境。⑥ 还有一些

---

① 于文轩：《从水污染事故处罚制度看企业环境法律成本的合理化》，《水污染防治立法和循环经济立法研究——2005 年全国环境资源法学研讨会论文集》（第一册），江西，2005 年 8 月，第 275 页。

② 杜万平：《环境行政权的监督机制研究——对环境法律实施状况的一种解释》，载吕忠梅主编《环境资源法论丛》第 6 卷，法律出版社 2006 年版，第 41 页。

③ 参见黄锡生、王江《中国环境执法的障碍与破解》，《重庆大学学报》（社会科学版）2009 年第 1 期；冯锦彩《论中国环境执法制度的完善——以中美环境执法制度比较为视角》，《环境保护》2009 年第 6 期；何燕《析中国环境执法的现状与完善》，《中国人口·资源与环境》2010 年第 5 期；陆新元、Daniel J. Dudek、秦虎、张建宇、林红、杨子江、王玉宏《中国环境行政执法能力建设现状调查与问题分析》，《环境科学研究》2006 年第 1 期；钱水苗《论环境行政执法存在的问题及对策》，《浙江学刊》2001 年第 4 期。

④ 参见马明利《刑法控制环境犯罪的障碍及立法调适》，《中州学刊》2009 年第 3 期；李劲《我国环境刑法的困境与重构——以法律移植与本土化为视角》，《社会科学辑刊》2013 年第 3 期。

⑤ 参见张璐《我国环境司法的障碍及其克服》，《中州学刊》2010 年第 5 期。

⑥ 参见张晏《中国环境司法的现状与未来》，《中国地质大学学报》（社会科学版）2009 年第 5 期。

学者认为，环境司法的问题主要是由于法官受传统办案经验的影响、对环保法律理论和业务不熟悉、环境保护部门与公、检、法系统的协调不足，沟通较少造成的。对于这些技术问题，一方面应建立专门的环境司法机关，进一步推动环保法庭的建设；另一方面，由于法院对环境违法案件的介入是被动的，实行的是不告不理，其对案件的介入，必须借助检察院、企事业单位、公民个人甚或环境行政机关的诉或告，否则，法院只能作为观望者。因此，解决问题的根源还在于采取措施开门纳户，放低门槛，消除后顾之忧。具体而言，包括：设置环境公益诉讼制度；降低环境诉讼成本；加大企业或个人环境犯罪案件的查处力度；严查环境渎职犯罪；细化环境犯罪的结果犯的条件，必要时降低违法结果标准；增订环境犯罪的危险犯内容；进一步完善环境行政违法与环境犯罪的衔接机制等。①

（二）环境法私人实施研究综述

法律经济学按照实施方式和主体的不同，将法律分为公共实施（public enforcement）与私人实施（private enforcement）②，并对两者的实施效果、优缺点等进行了对比。虽对法私人实施与公共实施的模式选择不能达成一致，但大多数学者达成共识，"在绝大多数法律制度当中，国家不是法律实施活动的独裁者，私人受到不同程度的鼓励，履行特定的法律实施功能"③，也有越来越多的学者开始重视私人实施在法实现中的作用。正如阿玛蒂亚·森所说，"要使得公众成为变革的能动的参与者，而不是指令或资助配给的被动的、顺从的接受者"④。

在我国，对环境法的私人实施和公共实施进行研究的相关文献较少，只有寥寥几篇。⑤ 在国外，公民诉讼被认为是私人实施的重要手段，一般公民和学者认为，设置公民诉讼、使公民参与到环境管理等私人实施的加

---

① 李清宇、蔡秉坤：《我国环境行政执法与司法衔接研究》，《甘肃社会科学》2012 年第 3 期；赵星：《我国环境行政执法对刑事司法的消极影响与应对》，《政法论坛》2013 年第 2 期。

② 有很多学者将 enforcement 翻译为执行或执法，但从内涵来讲，笔者更认为是狭义的实施，原因以及实施的内涵将在正文中分析。

③ See William E. Kovacic, *Private Participation in the Enforcement of Public Competition Laws*（http://www.ftc.gov/speeches/other/030514biicl.htm）.

④ ［印］阿玛蒂亚·森：《以自由看待发展》，任颐、于真译，中国人民大学出版社 2002 年版，第 276 页。

⑤ 参见刘水林、王波《论环境法公共实施与私人实施的结合与衔接》，《甘肃政法学院学报》2011 年第 6 期；邓可祝《论环境法的私人实施》，《四川行政学院学报》2012 年第 5 期。

强可以促进公共实施，加强对环境监管不严、执法不到位行为的监督。乔
纳森·特利、赵弘植等学者的研究都证明了这一观点。① 国外学者对环境
法私人实施的范围、作用、地位与公共实施的关系、实施效果等进行了多
方面的分析和研究。② 与此相对比，我国对此问题的研究较少，在仅有的
几篇文献中，学者普遍认为，环境法公共实施与私人实施有各自的优越性
与局限性，两者应进行结合和衔接才能发挥最好的效果。

　　虽然对于环境法私人实施的直接和综合研究较少，但私人实施环境法
的方式主要有诉讼、检举、自力救济等。对于环境诉讼、环境检举、环境
自力救济这些具体的私人实施方式，我国学者有较多的研究。以"环境诉
讼"及"环境侵权诉讼"为关键词在中国知网上进行检索，这方面的文献
有近 500 篇。这些文献主要涉及环境诉讼的当事人资格③、环境公益诉讼的
建立④、环境群体性诉讼的完善⑤、环境侵权诉讼因果关系的证明⑥、举证

---

　　① 〔美〕乔纳森·特利：《私人总检察官在环境法执行过程中的作用》，邓海峰、黎明译，
载汤欣主编《公共利益与私人诉讼》，北京大学出版社 2009 年版，第 128—147 页；〔韩〕赵弘
植：《私力执行是解决环境执法不力的良药吗?》，王明远译，载汤欣主编《公共利益与私人诉
讼》，北京大学出版社 2009 年版，第 148—168 页。

　　② See Gregor I. McGregor, "Private Enforcement of Environmental Law: An Analysis of the Mas-
sachusetts Citizen Suit Statute", *Boston College Environmental Affairs Law Review*, Vol. 59, Iss. 3,
Jan. 1971, pp. 606 – 624; Wendy Naysnerski, Tom Tietenberg, "Private Enforcement of Federal Envi-
ronmental Law", *Land Economics*, Vol. 68, No. 1, Feb. 1992, pp. 28 – 48.

　　③ 参见李传轩《环境诉讼原告资格的扩展及其合理边界》，《法学论坛》2010 年第 4 期；齐
树洁、郑贤宇《环境诉讼的当事人适格问题》，《南京师大学报》（社会科学版）2009 年第 3 期；邓
小云《"利益关联"原则批评——关于环境诉讼原告资格的思考》，《河南师范大学学报》（哲学社
会科学版）2009 年第 4 期；邓小云《我国环境诉讼适格原告探析》，《郑州大学学报》（哲学社会科
学版）2010 年第 5 期。

　　④ 参见别涛、别智《环境公益诉讼破壳而出——环境公益诉讼进展概述》，载李恒远等主
编《中国环境法治》（2008 年卷），法律出版社 2009 年版；李丹《论环境损害赔偿立法中的环境
公益保护——从环境民事公益诉讼的角度》，《法学论坛》2005 年第 5 期；王宗廷《环境侵权的
公益诉讼研究》，《中国人口·资源与环境》2003 年第 5 期。

　　⑤ 参见宋宗宇、钱静《环境诉讼中的群体诉讼制度——兼论完善我国环境诉讼中的代表人
诉讼制度》，《河北法学》2004 年第 12 期；胡敏飞《中美环境侵权群体诉讼之比较》，《中国地
质大学学报》（社会科学版）2006 年第 3 期。

　　⑥ 参见奥田进一《环境诉讼中"因果关系推定"概念的中日比较》，载李恒远等主编《中
国环境法治》（2006 年卷），中国环境科学出版社；杨素娟《论环境侵权诉讼中的因果关系推
定》，《法学评论》2003 年第 4 期；宋宗宇、王热《环境侵权诉讼中的因果关系推定》，《中国人
口·资源与环境》2008 年第 5 期。

责任的分配①等问题。通过中国知网，以"环境检举"及"环境举报"为关键词进行检索，这方面的文献较少，几乎没有，但以"环境信访"为关键词进行搜索，相关文献有近百篇。这些文献讨论的问题主要涉及环境信访形成的原因、特点、作用、制度改进的路径等。归纳起来，一般认为环境信访与我国的法律文化和现实相契合，具有成本较低等优点，其存在具有一定的现实基础。② 在我国环境法制不健全的情况下，环境信访在解决环境争议、纠纷中具有一定的作用，可以为弱势群体提供更多的救济方式。但针对我国环境信访存在问题如何改革却存在两种不同的意见。一种是弱化甚至废除信访制度权利救济；③ 另一种是通过法治化或改革，加强信访的功能和作用。④ 通过中国知网，以"环保自力救济"为关键词进行检索，这方面的文献有近 50 篇。这些文献讨论的问题主要有环保自力救济产生的原因、性质及其预防与规制等。⑤

　　综上所述，现有研究成果从不同侧面对私人实施环境法律的理论与实践进行了分析，对环境侵权诉讼、检举、自力救济等具体实施方式的法律制度构建和完善进行了论述。但总体来说，当前对环境法私人实施的研究仍处于起步阶段，存在广阔的探索与讨论空间。环境法私人实施在法治实践中尚未得到应有的重视，需要进一步深化对其价值和作用的认识。基于此，本书在现有研究基础上，跳出将法的实施分为立法、执法、司法和守法的传统分类方法，从实施主体角度将环境法的实施分为私人实施与公共

---

　　① 参见王勇《环境侵权诉讼证明责任的分配——兼评〈侵权责任法〉第 66 条》，《华中师范大学学报》（人文社会科学版）2013 年第 6 期；马栩生、吕忠梅《环境侵权诉讼中的举证责任分配》，《法律科学》2005 年第 2 期；张睿《环境侵权民事诉讼举证责任分配之比较研究》，《河北法学》2009 年第 3 期。

　　② 参见戴炜、周明《论信访在中国环境保护制度构建中的作用——兼谈环境公益诉讼的可行性》，《西北大学学报》（哲学社会科学版）2009 年第 1 期；徐军、常永明《论纠纷解决机制视野下的环境信访制度》，《河海大学学报》（哲学社会科学版）2008 年第 3 期；张兰《环境纠纷 ADR 解决机制视野下的环境信访制度价值研究》，《求是》2010 年第 5 期。

　　③ 参见于建嵘《中国信访制度批判》，《中国改革》2005 年第 2 期；于建嵘《信访的制度性缺失及其政治危害》（http://wenku.baidu.com/link?url=6Xe5Av5TOsOeZaER4EhGtFCKEEPSLkqiaNZfuiqCJHimJOdRgMsspGoTN6CfEWz6Hl1IDdvUn5LQqxzAGqEu1vMv54Yn02zfEqwaQvqHRpW）。

　　④ 参见林莉红《论信访的制度定位——从纠纷解决机制系统化角度的思考》，《学习与探索》2006 年第 1 期；应星《作为特殊行政救济的信访救济》，《法学研究》2004 年第 3 期；陈晋胜《和谐社会构建视野下的中国信访制度分析》，《法学论坛》2008 年第 3 期。

　　⑤ 参见钱水苗《论环保自力救济》，《浙江大学学报》（人文社会科学版）2001 年第 5 期；阮丽娟、田开友《环保自力救济研究》，《科技与法律》2004 年第 2 期。

实施，对环境法私人实施的内涵、外延、理论基础、地位、功能、制度内容及实施与运行效果等相关问题进行全面、系统、深入的研究，并从促进私人积极运用法律，使私人成为积极能动实施者的角度，对我国现有环境法私人实施制度进行梳理，对存在的问题进行分析并提出具体完善的建议。

三　研究思路及方法

（一）研究思路

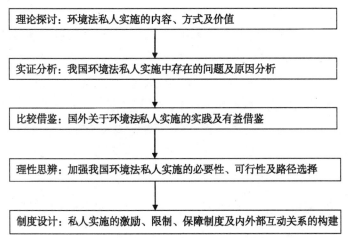

图1　研究思路

（二）研究方法

1. 规范分析法

环境法实施的主要依据是成文的、正式的环境法律规则。在私人实施过程中相关环境法律条文如何运用？是否应该如此规定？如需完善应考虑哪些因素和价值？这些问题需要我们运用规范分析方法进行解释、判断。因此，本书将在明确环境法私人实施的概念、特征等基本内涵的基础上，对现有环境法私人实施相关法律规范进行细致梳理，并对其中存在的问题进行分析，进而提出具体完善的建议。

2. 实证分析法

在研究法律的实施情况时，其关注的核心问题是"现实中的法律是什么"？在此过程中，就需要运用法经济学、法社会学等实证分析的理论框架和具体方法。对环境法私人实施的研究也是如此。私人是否应该成为环境法实施的重要主体？在实践中，私人实施环境法律主要运用哪些方式？状况如何？受哪些社会因素影响？会产生什么效果与影响？对于这些问题需要运用实证分析法进行描述、评价。因此，本书将具体运用案例分析、法经济分析等实证分析方法，对环境法私人实施的实施效果进行考察，在此基础上，以法经济学和法社会学为分析框架，对确立和增强环境法私人实施的质疑和相关理论假设进行回应，对环境法私人实施与社会的相互关系进行思考，明确环境法私人实施制度确立和完善的路径，有针对性地构建具体、合理、有实效的私人实施环境法律制度体系。

3. 比较分析法

在环境法治全球化趋势不断加强的情况下，应对环境问题以及实施环境法律过程中的部分问题与经验是共通的，国外的经验对我国有重要的借鉴意义。但各国环境法的实施也都有自己特殊的经济社会背景，需要在比较借鉴时予以具体分析和考虑。因此，本书将在考察国外关于环境法私人实施的立法和实践经验的基础上，深入剖析私人实施制度选择背后的原因、理念、历史背景、发展趋势，结合我国的实际情况，构建适合我国现实需要的环境法私人实施机制。

四　创新点

（一）研究内容的创新

在我国环境法领域，以私人实施环境法律为内容进行研究的文献很少，本书系统而专门地对这一问题进行论述属于一种新的尝试。通过对现有文献的整理，归纳起来，环境法实施的研究分为两类：第一，将法的实施定义为守法、执法和司法，分别或综合对三者进行分析，通过对三者存在问题的分析，探索我国环境法实施不力的原因及对策。第二，重点关注环境公益诉讼、环境纠纷处理、环境群体性事件等与私人实施环境法相关法律制度，分析我国现有环境立法和实践存在的问题，并提出相应的建议。有别于现有研究内容，本书是通过引入法经济学中法的私人实施与公共实施的划分方法，界定环境法私人实施的概念，对私人在环境法实施中的作用进行分析和阐释。具体来讲，本书分析了环境法私人实施的理论基础、方式及利弊，在此基础上，通过对国外私人实施环境法律理论和实践的分析，对比我国私人实施环境法律的历史沿革和现有法律实践，认为，在我国增强私人在环境法实施中的作用不仅是必要的而且是可行的，并从建立相应的激励、保障与限制制度，处理与公共实施关系的外部关系及其自身的内部关系等方面进行了相应的制度设计。

（二）研究视角的创新

私人实施环境法的方式有诉讼、检举、自力救济行为等。这些具体的实施方式都有学者曾进行过单独的分析与论述。但从研究视角而言，以往的研究都是针对某一问题，并没有一条贯穿的主线。而本书是以法实施主体为视角，从私人主体的角度进行分析，打破公私法划分界限，将私人在遭受环境侵害后可以行使的权利进行整合，以动态的私人为维护自身利益或环境公共利益可以采取的行为作为整体进行分析，探究如何使私人的法律行为能够增强法律实施的效果。

（三）研究方法的创新

环境法实施的问题与社会紧密联系，在分析过程中难免会运用到社会学的理论。此外，私人实施与公共实施的划分，是由法经济学家提出的，在论述中不可避免地要运用到法经济学的理论。因此，从研究方法上，本书结合学说介绍、法解释等法规范分析的方法，不局限于对实施的单纯实证分析，尝试以法经济学和法社会学为分析框架，从深层次分析环境法私人实施及其问题，试图将理论和实践相结合，挖掘私人实施环境法存在障碍的深层次原因，并提出相应的对策。

第一章　环境法私人实施概述

第一节　法律的私人实施

一　法律实施与法的私人实施

　　法律实施概念的界定是研究法实施的前提。一般认为，法的实施，"是指法律的贯彻和实现，就是使法律从书本上的法律变成社会生活中的法律，使它从抽象的行为模式变成人们具体行为的规范即从应然状态进到实然状态"[1]。与法律实施最接近的概念是法律实现，在很多情况下，两者并没有被严格进行区分。但从字面含义、文字意义等方面来讲，两者仍有明显的区别。一般认为[2]，法律的实现比法律的实施具有更广的含义，法律的实施是法律实现的手段和过程，而法律的实现则是法律实施的结果和目的。[3] 笔者也赞同这种观点，法的实施更强调法律规范运行的过程，

　　[1]　李龙主编：《法理学》，武汉大学出版社2011年版，第217页。

　　[2]　例如，夏锦文教授认为，"法律实施（enforcement of law）是指法律在社会中的运用、强制贯彻，即法律自公布后进入实际运行。这是个活动过程，它包括法律执行机关执行法律和一般公民遵守法律。而法律实现（fulfillment of law，realization of law），则不仅指法律转化为现实的活动（法律实施），而且还包括这一活动所产生的结果"。所谓实现，总是指一定要求、愿望或目标变为现实，它更强调结果，强调成为结果的事实。孙国华教授也认为，法的实现是指法律规范的要求在实际生活中的体现，即法律规范的要求转化成了人们的行为，权利被享受了，义务被履行了，禁令被遵守了。而法的实施，只是法律、法规的开始生效，实施的目的是要使法律规范的要求在生活中实现，但还不等于实现。黄建武教授还进一步将法的实现进行明确，认为，如果把法的实现作为与法的产生相对应的阶段来看，法的实现的完整过程可以分为三个顺序相连的阶段，或者说是三个系统：法的规范系统→法的实施系统→法的实现的结果的系统。参见夏锦文《法律实施及其相关概念辨析》，《法学论坛》2003年第6期；孙国华主编《法学概论》，高等教育出版社1990年版，第63—64页；黄建武《法的实现——法的一种社会学分析》，中国人民大学出版社1997年版，第9页。

　　[3]　刘金国、舒国滢主编：《法理学教科书》，中国政法大学出版社1999年版，第245—248页。

而法律的实现更强调一种结果。法律的实施并不意味着法律的实现，法律的实施受立法质量、社会环境、文化背景等多方面因素影响，在这一过程中存在很多阻碍，有时候并不能达到法律应有的效果和作用，这也就意味着法律没有被很好地实现。只有法律被正确有效的实施，法律规范的实施主体依照特定的法律程序，将立法所规定的权利义务转变为现实，法律精神和价值得到体现，才意味着法的实现。

以实施法律的主体和法的内容为标准，法的实施方式可以分为三种，即执法、司法和守法。① 从实质上看，这种划分方法，隐藏着这样一个一般观点，即政府及国家是实施法律的当然主体，由国家机关及其人员依照法定程序执行法律，私人除被动守法，作为法律执行的执法对象和守法主体外，和法律的实施没有任何关系。但法经济学家认为，法律的实施并不必然是由国家行政机关等公共机构来进行，从法实施的历史传统和现有法律制度来看，私人在法律实施中占有重要地位。因此，法律经济学家将法律分为法律的公共实施与私人实施。

法的私人实施与公共实施的含义来源于英语的 private enforcement 和 public enforcement，有很多学者将其翻译为法的私人执行和公共执行或私人执法和公共执法。但笔者认为，执法即法律的执行，人们通常在广义与狭义两者含义上使用"执法"这个概念。广义的执法，是指所有国家行政机关、司法机关及其公职人员依照法定职权和程序实施法律的活动。狭义的执法，仅指国家行政机关及其公职人员依法行使管理职权、履行职责、实施法律的活动。但无论广义还是狭义的执法，执法的最大特点之一就是具有国家代表性，即主体具有特定性：只有国家机关及其公职人员才能作为行政执法的主体，其他任何国家机关、社会团体及其人员，均无权作为行政执法的主体。② 从这个意义上讲，当我们讲到执法、执行的时候一般指的是公共机构实施法律，并不包括私人。并且对于私人实施法律来讲，其行为如要起到公共机构执法的目的，需要私人积极主动地行使自己的权利而不是履行义务及职责，这是广义上私人实施法律的行为。因此，笔者将其翻译为法的私人实施与公共实施，在后文中，有些部分为尊重原著，也保留私人执行与公共执行的说法。

---

① 张文显主编：《法理学》，高等教育出版社 2011 年版，第 246 页。
② 李龙主编：《法理学》，武汉大学出版社 2011 年版，第 218 页。

1974 年加里·S. 贝克尔（Gary S. Becker）和乔治·J. 斯蒂格勒
（George J. Stigler）发表了论文《法律实施，渎职以及对实施者的补偿》，
在这篇文章中，两人首次对法律的私人实施进行了法律经济学的分析。他
们通过对私人实施与公共实施的经济分析和比较，认为相对于以发放固
定、统一工资为激励的刑法公共实施机制而言，私人实施体制下没有腐败
的机会，并减少了对公共实施监督的成本及对执法者高额工资的支出，是
一种更优的选择。① 威廉·M. 兰德斯（Williams M. Landes）和理查德·
A. 波斯纳（Richard A. Posner）并不赞同私人实施比公共实施更优的观
点，但是他们也承认法律的私人实施显然是现行社会和经济制度的一项普
遍特征，而且私人实施法律在某些情况下可能比公共实施具有更高的效
率。他们还将私人实施的模型从刑事法律延伸到其他法律领域，如反垄断
法、环境法。

贝克尔和理查德·A. 波斯纳之后，对于法的公共实施和私人实施的
研究增多，对于何为法的公共实施与私人实施，学者有不同的认识。一般
认为，法律的公共实施是指公共机构及其人员对违法行为进行侦查和制裁
的行为。如斯蒂文·萨维尔认为，"法律的公共执行（public enforcement
of law）是指由巡官（inspector）、税务官、警察、检察官等其他执法主体
来侦查和制裁违法主体"②。米切尔·波林斯基、斯蒂芬·谢弗也认为
"公共执法，即通过公共机构（检查员、核税官、警察、检察官）发现和
制裁法律规则的违反者"。法律的私人实施是指私人通过行使自己的权利
发现违法行为，并通过向当局提供信息以及行使自己的权利尤其是诉讼权
利，对违法者进行制裁。如波斯纳认为，法律的私人实施是指，"私人或
私营企业调查违法行为，拘捕违法者（包括刑事违法者），运用包括刑事
诉讼在内的法律程序对违法行为进行矫正的活动"③。

对于法的私人实施，国内外学者从法经济学的角度进行了很多分析，
但都主要集中在理论和应然层面，通过经济模型分析私人实施和公共实施

---

① Gary S. Becker, George. Stigler, "Law Enforcement, Malfeasance, and Compensation of En-
forcers", *The Journal of Legal Studies*, Vol. 3, No. 1, Jan. 1974, pp. 1 – 18.

② ［美］斯蒂文·萨维尔：《法律的经济分析》，柯华庆译，中国政法大学出版社 2009 年
版，第 136 页。

③ Landes William M., Posner Richard A., "The Private Enforcement of Law", *Journal of Legal
Studies*. Vol. 38, No. 1, Jan. 1975, pp. 1 – 46.

的选择、动力、应用等。但在实践中，法仍是由国家强制力保障实施的社会制度，一般而言，私人并不能提起刑事诉讼，私人在法实施中的作用常被忽略。对此，日本学者田中英夫、竹内昭夫就曾指出："法是各种目标最终通过诉诸公的强制、制裁手段得以实现的社会性制度。可预期的强制、制裁手段有多种，通常分为刑事的方法和民事的方法。前者有死刑、监禁、罚款、拘留、没收等刑罚；后者作为私法的手段，有损害赔偿的支付命令、行为的禁止、行为在法律效力上的否定、促使某一法律效果的直接发送以及间接强制等，作为行政手段，还有许可、执照的批准与取消等方法。……为实现法的目的，有多种手段可供使用。但在日本，有一个很明显的倾向，即与基于国家机关主导权的刑罚或行政手段相比，基于私人主导权的可利用的其他强制性手段被严重忽视。"① 在中国，这种情况更为严重。因此，私人实施的法经济分析提供了一个很好的理论基础分析框架，使我们可以对实践中私人实施在法实现中的作用进行分析，从实然层面对私人主体实施法律的动力和制度支撑进行考察，找出问题所在并进行完善，以促进和保障私人积极行使自己的权利，实现法律的目的。

二　环境法与法的私人实施

（一）部门法中的私人实施

随着对法私人实施的研究不断增多，一般认为，"总的说来，在绝大多数法律制度当中，国家不是法律实施活动的独裁者，私人受到不同程度的鼓励，履行特定的法律实施功能"②。私人实施在法律运行过程中具有重要的地位已经得到普遍的承认。但在不同的法系以及部门法中，对私人实施和公共实施的作用、定位有很大不同。传统观点认为，维护公共利益的法律应该由公共机构实施，而规制私主体之间关系的法律应当由私主体实施。对于持有传统观点的人们来说，私人实施公共法律的理论和实践不仅是矛盾的，并且在逻辑上是不通的。但"公法由公共机构实施，私法由私主体实施"的观点，是一个过于简单的结论。以维护公共福利的刑

---

① ［日］田中英夫、竹内昭夫：《私人在法实现中的作用》，李薇译，载《为权利而斗争——梁慧星先生主编之现代世界法学名著集》，中国法制出版社 2000 年版，第 387 页。

② See William E. Kovacic, *Private Participation in the Enforcement of Public Competition Laws* (http://www.ftc.gov/speeches/other/030514biicl.htm.)，转引自李俊峰《私人实施反垄断法问题研究》，博士学位论文，华东政法大学，2007 年，第 8 页。

事法律为例，从 19 世纪起，私人就可以在刑事案件中提起自诉。直到今天，虽然大量的资源被分配到对犯罪的公诉中，但仍有大量刑事案件是由当事人自诉提起的。[①] 刑事法律的经验表明，过度依靠刑事自诉可能会导致私人的勒索，过度依靠公共机构诉讼极易出现诉讼的偏好，刑事自诉和公共机构诉讼的垄断都容易被滥用。我们所需要的是适合特定时期、社会需要的，公共实施与私人实施的适当结合，并且要有防止滥用的责任体系。[②] 另一个重要的公法形式——宪法，也几乎完全是依靠私人实施的。环境法律和消费者保护法律也被认为是公共实施与私人实施的结合。因此，在很多公共法律领域中，私人实施是一个已经明确的特征。

　　私人实施和公共实施都可以作为法律的实施方式，但在不同的部门法中，由于所保护利益、两种方式的优劣、政治社会影响等因素，对法实施体系的设计存在选择问题。哪些因素是影响法律选择私人或公共实施机制的关键呢？也就是说，哪些部门法法律体系的确立涉及公共实施与私人实施的选择问题？很多学者对此进行了讨论，主要观点如下：第一，受害者是否知道违法者的身份的信息。如米切尔·波林斯基、斯蒂芬·谢弗认为，在受害人知道实施伤害的主体是谁时，由受害者提起私人诉讼具有激励效用，并且可以利用受害者掌握的信息惩罚违法行为，因此，合同法与侵权法的执行本质上主要是私人的。然而，当受害人并不知谁伤害他们且辨别（或逮捕）加害人有困难时，适用公共实施也许就更可取。[③] 第二，是否具有特定的侵害者，是否损害了特定受害者的权益。如李波认为，"法律可以分为两种类型：'反公害法'和'反私害法'。违反'反公害法'的行为没有特定的受害者，或者该违法行为的受害者是一个很大的群体，而且相对于起诉的成本来说群体中每个人受到的损害都非常小。也可以说，违反'反公害法'的行为对公众整体或公众群体产生损害。'反公害法'的例子包括环境保护法、政府采购法、民权法的有些条款、公

---

① Kent Roach, Michael J. Trebilcock, "Private Enforcement of Competition Laws", *Osgoode Hall Law Joural*, Vol. 17, October 1997, pp. 471 – 472.

② Errol Meidinger, Barry B. Boyer, "Privatizing Regulatory Enforcement: A Preliminary Assessment of Citizen Suits under Federal Environmental Laws", *Buffalo Law Review*, Vol. 34, No. 1, Feb. 1985, pp. 833 – 964.

③ Steven Shavell, A. Mitchell Polinsky, "The Economic Theory o f Public Enforcement of Law", *Journal of Economic Literature*, Vol. 38, No. 1, Mar. 2000, pp. 45 – 76.

共场所汽车停车管理规定等。相反，'反私害法'旨在维护特定的受害者的权益，例如合同法。反私害法通常是由违法行为的受害者来执行的。而由于违反'反公害法'的行为通常没有特定的（或缺乏有诉讼积极性的）受害者（受害者为国家或受害者组织起来除外），因此立法机关必须设计执行'反公害法'的机制。立法机关可以组建、授权并要求政府机关来执行'反公害法'（即建立公共执法机制），或者建立一个执法权的私人市场（即建立私人执法机制）"[①]。也就是说，通常只有没有特定受害者或者受害者不知道违法者违法信息的情况下，才涉及私人实施与公共实施之间的选择和定位问题。这种选择在公法和私法的混合领域，如环境法、消费者权益保护法等法律中体现得尤为明显。

（二）环境法中的私人实施

有效的环境保护需要有效的环境法律以及相应的法律实施。但环境法律并不会自我实施，需要政府或公民实施法律。由于遵守环境法律的成本很高，违反环境法律的投资者和企业会比遵守者具有价格上的竞争优势，因此，如果没有面临惩罚的结果，投资者和企业都不愿意遵守环境法律。政府或公民实施法律的行为，会迫使企业遵守法律。[②] 由于环境问题具有外部成本，环境法常常被认为属于公法，而主流观点认为，公法应该由政府机构实施。因此，政府被认为是有能力、资源和责任去有效实施法律的唯一主体，私人实施者在很多情况下会缺乏动力、资源和专业能力去实施环境法律。

基于上述理论假设，一直以来，环境法的公共实施被认为是维护环境法的权威、保障环境实施效果的关键，很多学者甚至将环境法公共实施的效果与环境法实施的效果画等号。但实践中，环境法公共实施存在的问题，直接导致企业、公民的环境行为缺乏规范，环境守法意愿下降，环境违法行为增多，而最终造成环境法实施有效性的不足。政府之所以未能有效实施环境法律，最重要的原因在于，对政府而言，环境问题不是其优先考虑的问题，并且政府没有实施环境法律的兴趣和动力。相反，遭受侵害

---

① 李波：《公共执法与私人执法的比较经济研究》，北京大学出版社 2008 年版，第 3 页。

② Rachel T. Kirby, "Giving Power to The People: Comparing The Environmental Provisions of Chile's Free Trade Agreements with Canada and The United States", *Sustainable Development Law and Policy*, Vol. 10, Iss. 1, Fall 2009, p. 67.

的私人比公共机构拥有更多的信息、更强大的动力去寻求损害赔偿、其他补救措施等各种形式的矫正正义。① 并且，公民有保护他们自己使用的自然区域的兴趣，他们可以直接对他们周围的环境违法行为进行监督。基于此，环境法的私人实施模式逐渐在立法和实践中得到确立。有些国外学者甚至认为私人实施模式可以代替公共实施，解决环境问题的外部成本。例如，学者 Terry Anderson 和 Donald Leal 认为，可以将环境划分为清晰的私人产权和契约权利，然后由私人和企业通过司法程序来实施这些权利。也就是说，用一种私人实施的模式来替代环境保护的行政或管理模式。契约和财产权利的法律规制以及侵犯这些权利后的侵权责任，会促使双方将行为的成本内化，避免外部成本的发生。环境保护的私人实施可以主要依靠私人通过司法程序进行。② 但 Edward Brunet 等学者反驳了 Terry Anderson 的观点，认为，私人实施的方式很大程度上依靠律师的专业技能和诉讼程序，这种实施模式的成本巨大，程序复杂。对于私人而言，提起环境诉讼是不经济的，其将面临复杂的技术问题、冗长而很难决定的判决、高昂的律师费用。Terry Anderson 和 Donald Leal 所提出的，由法院实施环境法律的方式不具有可实现性。③ 此外，私人实施的作用也遭到了质疑。一直以来，私人实施被认为是公共实施威慑作用的补充，但有学者认为，私人实施可能并不能发挥预计的威慑作用。从遵守法律的角度，在很多案件中，它并没有起到应有的作用。原因在于：第一，刑事处罚和制裁的加重减少了对诉讼等私人实施行为补充威慑功能的需要。近年来，各国加强了对环境污染行为的刑事处罚力度，公共机构现在有更大的权力去对大部分的违法行为加以更严重的制裁，这使得对私人实施补充威慑功能的需要减少。第二，公共机构与环境违法者经常会通过企业和个人承认违法行为、停止侵害、赔偿损失等方式来达成宽大处理的协议。如果侵害人知道合作行为会便利私人要求环境损害赔偿或提起诉讼等，行政机关在争取环境违法者的配合时会更加困难。第三，环境问题与经济发展、社会稳定等各类问题

---

① Kent Roach, Michael J. Trebilcock, "Private Enforcement of Competition Laws", *Osgoode Hall Law Journal*, Vol. 17, October 1997, p. 471.

② Terry Anderson, Donald Leal, *Free Market Environmentalism*, London: Palgrave Macmillan, 1991.

③ Edward Brunet, Debunking Wholesale, "Private Enforcement of Environmental Rights", *Harvard Journal of Law & Public Policy*, Vol. 15, Jan. 1992, pp. 311 – 324.

交织，很多环境违法行为甚至可能造成整体社会福利的增加。公共机构在实施环境法律时会综合考虑各方面的因素，进行自由裁量，避免造成整体社会福利的损害。但私人实施者并不考虑这些问题，其追求的是损害赔偿的最大化，这有可能造成过度威胁的后果，抑制企业的生产和创造力。

　　在我国，环境法律主要是由公共机构实施，但环境侵权、公益诉讼等法律制度也确立了私人实施环境法律的权利。那么，在公共实施与私人实施结合的环境法律中，私人实施的定位如何，在实践中是否发挥了作用，在多大程度上发挥作用，私人实施的确立和增强是否具有可行性与必要性，私人实施的增强是否可以提高环境法的实施效果就成为必须要讨论的问题。对于这些问题，反垄断法等经济法律对私人实施的讨论较多，环境法对此关注很少，这也是本书写作的起源和讨论的重点所在。

第二节　环境法的私人实施

一　环境法私人实施的概念及特征

（一）环境法私人实施的概念

　　环境公共物品应主要由国家即公共提供，但环境法的实施即是对环境违法行为的监督、制裁并不必然由公共启动或主导。在实践中，很多国家也开始重视私人实施在环境保护领域的重要作用，开始将私人实施法律作为实现环境公共目标的一种重要手段。学者也认为，私人实施在当前的经济社会中是普遍存在的特征。私人实施不仅在合同法、侵权法、财产法等政府作用有限，需要法院发挥作用的私法领域广泛存在。在环境保护领域的奖金激励等也具有私人实施的特征，私人实施在环保领域也存在，并应该得到提倡。[1] 但对于何为环境法的私人实施却存在不同观点。归纳起来，根据实施主体、涵盖的范围、实施的目的等方面的不同（具体可参见表1）环境法私人实施的概念从狭义到广义，主要有以下几种认识：

　　第一，环境法的私人实施是指环境违法行为的受害者通过提起诉讼维

---

[1] Landes William M. , Posner Richard A. , "The Private Enforcement of Law", *Journal of Legal Studies*, Vol. 38, No. 1, Jan. 1975, p. 42.

护自己的权益，惩罚违法行为。环境法私人实施的主体是环境违法行为的受害者，不包括政府以及其他非受害私主体；其实施的依据是私法而不是公法；实施的行为方式仅仅指诉讼；实施的目的是保护个体权利而不是维护公共利益，私人提起诉讼的行为也会对公众及环境产生一些利益，但这种利益不是既得利益，而是一种政府给予的意外结果，属于"反射利益"。①

第二，环境法的私人实施是指社会组织和个人为实现及维护民事权益即个体私益，通过行使私人（个体或其集合）权利实施环境法律，典型为提起单独或共同环境民事诉讼，此外，还包括未进入诉讼程序的一系列方式，如自力救济与非诉和解等。但私人实施不包括社会组织和个人为实现及维护社会权益即集体公益，通过行使社会（集体）权利实施法律，如集团性诉讼、公益诉讼、环境抗争等。②

第三，环境法的私人实施是指私人通过向法院提起诉讼的方式维护环境公共利益的行为。环境法私人实施仅仅是指私人为了公共目的而对法律加以运用，也就是说，环境法私人实施只包括环境公民（公益）诉讼。

第四，环境法的私人实施是指所有非政府性的实施环境法律的行为。环境法私人实施的实施者可以是受害人也可以是环保组织、"私人总检察官"等；实施的目的既可以是维护私人利益也可以是维护公共利益；私人实施的行为贯穿环境法律的整个实施过程，即监督、追诉、裁判和执行过程中，都有鼓励私人参与的可能性。③ 具体而言，私人实施的行为包括为规制机关实施环境法而提供信息、参与环境协商、诉讼与控告等。④

表1　　　　　　　　　　环境法私人实施的不同概念比较

	私人实施			
范围	追诉	监督、追诉、裁判和执行	追诉	监督、追诉、裁判和执行

① ［韩］赵弘植：《私力执行是解决环境执法不力的良药吗?》，王明远译，载汤欣主编《公共利益与私人诉讼》，北京大学出版社2009年版，第151页。

② 赵红梅：《经济法的私人实施与社会实施》，《中国法学》2014年第1期。

③ 李俊峰：《私人实施反垄断法问题研究》，博士学位论文，华东政法大学，2007年，第9—12页。

④ *Law Society of Ireland*：*Enforcement of Environmental Law*：*The case for reform*，A report by the Law Society's Law Reform Committee（http：//lenus. ie/hse/handle/10147/46298）.

续表

	私人实施			
主体	违法行为的受害者	违法行为的受害者	任何公民或组织	任何公民或组织
主要方式	诉讼	诉讼、自力救济、非诉和解等	公民诉讼	检举、诉讼、自力救济等
保护的利益	私人利益	私人利益	公共利益	私人利益与公共利益

对于环境法私人实施概念的理解不能脱离其产生的背景与目的。法的私人实施和公共实施来源于英文的"private enforcement"和"public enforcement"。如上文所述，法经济学家通过对私人主体和公共机构在环境违法行为违法性信息的收集、违法行为的制裁等方面的行为进行分析，试图比较哪一类主体的行为更有效率、更经济。也就是说，法的私人实施是为了比较不同主体的实施效果而提出的，与公共实施相对的概念。具体而言，法的私人实施是指私人通过行使自己的权利发现违法行为，并通过向当局提供信息以及行使自己的权利尤其是诉讼权利，对违法者进行制裁。从法私人实施的概念可以看出，私人实施的主体是与公共机构相对应的私主体，不限于违法行为的受害者；实施的范围涵盖违法行为的发现、监督和制裁等法律的整个实施过程；私人实施行为所维护的利益并未区分公共利益和私人利益。对于环境法的私人实施而言，由于环境具有公私利益交织的特点，也很难区分私人运用环境法律的目的是维护自身权利还是公共秩序。据此，笔者认为，环境法私人实施的概念应采用广义理解，环境法的私人实施是指私人为维护自己的权益或社会公共利益，通过行使自己的权利实施环境法律，依法对环境违法行为进行监督、追诉、制裁和执行，以实现环境保护的目的。

（二）环境法私人实施的特征

从上述环境法私人实施的概念可知，环境法私人实施之"私人"不仅包括公民个体，还包括法人、社会组织等个体的集合；私人实施的方式具有多样性，包括诉讼、检举、自力救济等形式；私人实施中的诉讼不仅包括私人为自己利益所提起的私益诉讼，还包括为公共利益或集团利益而提起的公益诉讼、集团诉讼。具体来讲，可以从以下几方面的特征对环境法私人实施进行界定：

第一，环境法私人实施的主体具有特定性。环境法私人实施是与公共实施相对的概念，其主体是公民、法人及其他社会组织或团体等私主体。在有些情况下，政府、行政机关等公共机构及其工作人员也可以成为私人实施的主体。例如，美国《清洁空气法》规定："任何人"（any person）可以提起公民诉讼。"任何人"（any person）被定义为："人"是指个人、公司、法人、合伙、社团、州政府、市、镇等市政当局、州委员会、州政府机构、任何州际法律实体（包括所有的部门和机构）和美国联邦政府的任何机构。在此，政府及其行政机关根据法律的规定行使"任何人"都可以行使的权利，① 而不是行使法定的公共权力、履行公务，属于环境法私人实施的范围。同理，政府、国家机关的工作人员以私主体身份实施环境法律时，这些主体也属于环境法私人实施中"私人"的范畴。

第二，环境法私人实施的对象是正在进行和已经发生的环境违法行为。法的实施对象针对的是正在进行和已经发生的违法行为，这也是有学者将"private enforcement"译为私人执法或私人执行的原因所在。因此，环境法的私人实施主要针对的是正在进行或已经发生的环境违法行为，其强调的是一种事后的填补损害、纠纷解决、违法行为惩罚和制裁，而不是事前的预防。

第三，环境法私人实施中的"环境法"指的是成文法律。在对私人实施进行研究的过程中，很多学者认为，私人执行的方式还包括私人警察、私人监狱等，并对私人执行与公共执行从成本和效益等各方面进行了分析。② 笔者认为，本书所说的主要指的是一般意义上的，由国家强制力保障实施的法律。即国家拥有暴力威胁以及现有法律规范是本书研究的前提。因此，从这个意义上来讲，私人警察、私人监狱、私人之间对违法者的私下惩罚等执行机制都不属于本书的研究范围。本书所指的环境法私人实施是指私人在成文环境法框架下，在公共实施提供的暴力威胁保障下，通过自己的行为实施法定权利。

第四，环境法私人实施的依据主要为授权性法律规范，需私人主动积极行使。法律规范可以分为命令性规范和授权性规范。命令性规范又称为

---

① 也有一些学者认为，公民诉讼是一种权力而非权利。参见李静云《美国的环境公益诉讼——环境公民诉讼的基本内容介绍》，载别涛主编《环境公益诉讼》，法律出版社2007年版，第92—100页。

② 弗里德曼、斯蒂文·萨维尔、理查德·A. 波斯纳等都对此进行过详细的研究和论述。

禁止性规范和义务性规范，授权性规范又称任意性规范。授权性法律规范是指公民、公职人员、社会团体和国家机关可以自行决定做或不做某种行为的法律规范。环境法私人实施是指公民积极主动地通过自己的行为实施法律规范，而不是被动守法，其实施依据主要为授权性规范。例如，我国《环境保护法》第57条规定："公民、法人和其他组织发现任何单位和个人有污染环境和破坏生态行为的，有权向环境保护主管部门或者其他负有环境保护监督管理职责的部门举报。公民、法人和其他组织发现地方各级人民政府、县级以上人民政府环境保护主管部门和其他负有环境保护监督管理职责的部门不依法履行职责的，有权向其上级机关或者监察机关举报。……"第58条规定："对污染环境、破坏生态，损害社会公共利益的行为，符合下列条件的社会组织可以向人民法院提起诉讼：……"这两条是我国环境法私人实施中检举和公益诉讼的主要依据。在法律条文中，对私人拥有的检举权、诉讼权用了"有权""可以"来表达，而不是"应当""禁止"等词来表达，都属于授权性规范。对于授权性法律规范，公民如果想维护自己或他人的利益，必须要行使自己的权利提出要求。正如弗里德曼所言："一个挨饿的人有真实的利益和需要，但是如果他沉默地忍受，他没有提要求，法律机构不仅能够而且必然会不理他。""法律制度要有输入，从制度一端进来的原料。例如，法院要等某人提出控告，开始起诉，才开始工作。从广义上讲，对法律制度的输入是从社会发射出来的要求的冲击波。从狭义上来看，输入是启动法律程序的几张纸和一些举动。"①

二 环境法私人实施的基本方式

对环境法私人实施的含义理解不同，对环境法私人实施方式的认识就不同。在本书中，笔者认为，环境法的私人实施是指私人为维护自己的权益或社会公共利益，通过行使自己的权利实施环境法律，依法对环境违法行为进行监督、追诉、制裁和执行，以实现环境保护的目的。环境法私人实施的行为贯穿于整个法律实施的过程，包括由私人发起但由公共机构接管的行为，以及由私人发起并提起诉讼的行为。因此，环境法私人实施的

---

① ［美］劳伦斯·M.弗里德曼：《法律制度——从社会科学角度观察》，李琼英、林欣译，中国政法大学出版社2004年版，第4、13—14页。

方式主要有诉讼、检举和自力救济等。

（一）私人诉讼

对于何为私人诉讼，学者存在不同认识。例如，齐树洁教授认为，"环境诉讼可以分为私人诉讼和公益诉讼。私人诉讼就是传统的诉讼形式，其诉因包括妨害、侵扰、过失、高度危险活动的严格责任和河岸所有权原则等；公益诉讼则是以公妨害为起诉理由、诉讼目的是公共利益的一类案件的总称"①。也有学者，如王曦教授认为，私人诉讼就是私人执行（私人实施），是与公共执行（实施）相对的概念，是对公共执行的必要补充，其目的就是补充公共执行的空白和软弱，监督和推动政府实施环境法规。② 本书用私人诉讼指代私人向法院诉讼以提高环境质量的行为，是指经法律授权的私人主体以自己的名义向法院提起的要求法院对被告采取措施迫使其遵守环境法或追究其法律责任的行为。根据诉讼所针对利益性质的不同，可分为环境私益诉讼和环境公益诉讼，具体而言：（1）环境私益诉讼即传统的环境民事侵权诉讼，是指私人针对他人妨害、侵扰、过失、高度危险活动所造成的自身利益的损害，向法院提起诉讼，要求其停止侵害、赔偿损失等。在此，环境私益诉讼主要是指私主体为自身利益而提起的民事诉讼，不包含环境行政诉讼，原因在于：环境行政诉讼的提起者主要是环境行政相对人而不是一般的公民或者受害者，针对的是环境行政机关对其实施的具体行政行为，维护的一般是环境行政相对人自身的合法权益，而不能起到阻止或救济环境损害的目的。（2）环境公益诉讼是指私主体对行政机关提起诉讼要求其按照法律规定履行职责或对环境污染者提起诉讼，要求其遵守法律、履行法定义务。环境私益和公益具有交织的特点，在很多案件中很难简单区分私益诉讼和公益诉讼。因此，如果根据诉讼请求的不同进行划分，环境法私人实施的诉讼方式主要有三种：其一，受害者起诉环境污染者要求赔偿损害、停止侵害等；其二，私人起诉公共机构要求其按照法律规定履行职责；其三，私人提起诉讼要求环境污染者遵守法律。

（二）私人检举监督

私人检举监督是指私人对违法者违反环境法律的行为向公共机构进行

---

① 齐树洁：《我国环境纠纷解决机制之重构》，载何兵主编《和谐社会与纠纷解决机制》，北京大学出版社 2007 年版，第 243 页。

② 王曦：《美国环境法概论——执行与管理》，汉兴书局 1999 年版，第 256—257 页。

举报，由公共机构对违法者进行处理的行为。私人检举监督的行为包括对环境违法信息的收集，将环境违法信息通过电子、信件等方式告知公共机构。这里的公共机构不仅包括环境保护主管部门以及负有环境保护监督管理职责的部门等行政机关，也包括公安、检察等司法机关。私人环境举报监督的对象不仅包括公民、企事业单位等民事主体污染或破坏环境的违法行为，也包括行政机关未履行或怠于履行法定职责的环境行政违法行为。私人对环境检举监督的目的是通过行使自己的权利启动公共实施，要求政府履行职责，对环境违法行为进行制裁。

（三）私人自力救济

作为与公共救济并列的概念，私人自力救济又被称为私力救济或自力救济。从广义上讲，自力救济是指一群人或个人因其权益受损或遭受威胁，以非司法或行政的途径解决，以使其权益免受威胁并使受损者得到某种程度的补偿。[①] 具体到环境保护法领域，法定的环境私人自力救济方式又被称为环境纠纷解决代替途径（environmental dispute resolution 或 environmental dispute resolution alternatives，或 environmental ADR），包括斡旋、调解、仲裁等方式。本书所指的自力救济是狭义的概念，是指在没有中立的第三者介入的情形下，当事人依靠自身或其他人的力量解决环境纠纷，实现权利。狭义自力救济最重要的特征是无中立的第三者介入，[②] 其具体形式包括：（1）与环境违法者进行对话、协商等；（2）通过布告、媒体等方式公开公布环境违法者的违法行为，促使环境违法者自动遵守环境法律；（3）通过示威、集会、游行等环境抗争的方式达到环境保护的目的。在现实中，自力救济的这三种手段是紧密联系在一起的，在环境抗争的不同阶段，这三种方式可能会接替出现，因此，本书将环境抗争的整体阶段作为本书研究的重点。

---

① 肖新煌：《自力救济的实证研究》，台湾"行政院"环保署，1988 年，第 60 页。

② 关于私力救济民法、诉讼法、社会学等都有不同的理解，各国法律也进行了不同的规定。具体论述可参见徐昕《私力救济的概念》，《诉讼法论丛》2004 年第 9 卷。

第三节　环境法私人实施之相关问题

一　环境法私人实施与公共实施

环境法的公共实施是与私人实施相对应的概念，对环境法公共实施也有不同的理解。有学者认为"环境法的公共实施就是指环境保护行政主管部门代表国家公共利益通过行使其准立法权、执法权和准司法权来对环境违法行为进行规制"。这种观点将环境法公共实施的主体仅限于环保行政机关，实施的方式包括准立法行为、执法行为和准司法行为。① 但一般认为，环境法的公共实施，是指国家机关及其他具有法定职责的组织通过行使公权力实施环境法律，侦查、追诉和制裁环境违法主体的行为。作为环境法公共实施的主体，国家机关不仅包括环境保护主管部门以及其他负有环境保护监督管理职责的部门，还包括政府、其他国家行政机关、司法机关等一切公共权力机关。环境法私人实施与公共实施既有区别又有联系。

两者的区别在于：第一，两者的主体不同。环境法私人实施的主体是公民、法人及其他社会组织或团体等私主体，而环境公共实施的主体是公权力机关，包括政府、行政机关、司法机关、经授权或委托具有环境保护监督管理职责的机构或组织等。

第二，两者的方式不同。在法经济学中，法的公共实施主要是指公共机构发现和制裁违法者的行为，法公共实施的主要方式就是行政执法和刑事司法。具体到环境保护领域，环境法公共实施的主要方式为环境行政执法和环境刑事司法等②。环境行政执法，是指环境行政主管部门按照环境法律法规规定，依法对实施环境污染或破坏的单位或个人进行环境监督管

---

① 刘水林、王波：《论环境法公共实施与私人实施的结合与衔接》，《甘肃政法学院学报》2011 年第 6 期。

② 在美国，环境法公共实施的方式有一定的特殊性。环境法公共实施，作为私人实施的替代，在联邦层面可以通过行政程序（行政诉讼）或者通过民事诉讼以及刑事诉讼行为进行。行政诉讼是由行政法官在环境保护机构（环保总署）的行政法庭主持，行政活动可能导致对违法者进行民事罚款或颁布守法令，也可以两者并处，并且环保总署也可以与违法者协商签订和解协议。此外，环保总署也可以对环境违法进行调查，对违法者提起民事或刑事诉讼。民事诉讼的处罚包括罚款、禁止令等，刑事诉讼的处罚包括更高数额的罚款以及其他刑事处罚。

理的行政行为。环境刑事司法，主要是指公、检、法三系统依法联合对环境违法行为的事后监督与纠正，包括企事业单位或个人的环境犯罪行为、具有环境监督职责的人员的渎职犯罪行为、环境行政违法行为等，还包括公民与企业、企业与企业之间的环境民事纠纷解决等法院的事后救济行为。①

两者的联系在于：第一，私人实施和公共实施可以进行相互补充。一方面，私人实施在对违法行为的制裁中存在不足，例如，在违法者破产或者财产能力不足以支付民事罚款时，私人实施就是无效的。而公共实施者可以通过刑事惩罚实施法律，刑事制裁使得违法者面临人身方面的制裁，这种刑事的威慑力使得企业积极采取预防措施并遵守法律，弥补了私人实施的不足。另一方面，公共实施虽然在违法行为的发现等方面更具专业性，但公共实施存在能力不足、制裁不力的情况。这时，对于公共执行机构未关注的其他领域，违法行为就会增多，环境主体更倾向于不遵守法律。但私人实施的存在可以弥补这一不足，使公共执行机关可以更灵活更有效率地使用其执法资源。第二，私人实施和公共实施可以相互促进。一方面，环境法私人实施需要借助公共实施的威慑力，部分私人实施的目的就是启动或协助公共实施。另一方面，实践证明，公共实施者对污染者违法行为的制裁不力，其问题不在于救济方式或权力的不足，而在于公共实施者怠于履行职责。而公民诉讼、私人检举等私人实施方式，可以使公民参与到环境管理中，加强对环境监管不严、执法不到位行为的监督，促进公共实施。②

二　环境法私人实施与公众参与

在理论和实践中，公众参与也常常被认为是环境法实施的一种类型，环境法的私人实施与公众参与常被混淆。有学者就认为，强制和制裁是环

---

①　钭晓东、欧阳恩钱等：《民本视阈下环境法调整机制变革——温州模式内在动力的新解读》，中国社会科学出版社 2010 年版，第 175—176 页。

②　乔纳森·特利、赵弘植等学者的研究都证明私人实施可以促进公共实施，但也有学者持有不同意见，本书将在第五章具体论述。乔纳森·特利、赵弘植等学者的观点参见 [美] 乔纳森·特利、邓海峰：《私人总检察官在环境法执行过程中的作用》，黎明译，载汤欣主编《公共利益与私人诉讼》，北京大学出版社 2009 年版，第 128—147 页；[韩] 赵弘植：《私力执行是解决环境执法不力的良药吗?》，王明远译，载汤欣主编《公共利益与私人诉讼》，北京大学出版社 2009 年版，第 148—168 页。

境法实施的外生变量，而社会公众和企业对环境法作用发挥的主动参与和自我实施是环境法实施的内生变量。环境法效果要达到最优状态，从根本上做到标本兼治，必须将公众参与这一内在因素与强制和制裁等外在因素结合起来。① 从这一角度理解，公众参与被认为是私人守法和执法等行为的集合，公众参与包含环境法私人实施。但实际上，对于公众参与的含义，并未有一个统一认识，要区分环境法私人实施与公众参与，首先要明确环境公众参与的内涵和具体内容。

　　传统观点认为环境保护是一种公共产品，只能由政府提供，环境保护主要靠政府。政府控制环境污染的传统方法是"命令—控制"方法，随着环境法的发展，市场化的方法也被运用其中，环境税费、排污权交易等经济激励和刺激方法也得到广泛应用。但随着环境局势的不断恶化，政府和市场在解决环境问题时出现"失灵"。人们逐步意识到，环境的公共性，环境问题的广泛性、公害性、社会性和环境保护的公益性决定了环境保护一开始就需要公众的参与。国际社会普遍认识到环境问题的解决需要广大民众的参与。此后，公众参与作为环境法的一项基本原则在国际社会和国内立法中得到认可和确立。1992 年《里约环境与发展宣言》原则 10 规定："环境问题最好在所有有关公民在有关一级的参加下加以处理。在国家一级，每一个人都应有适当的途径获得有关公共机构掌握的环境问题的信息，其中包括关于他们的社区内有害物质和活动的信息，而且每个人都应有机会参加决策过程。各国应广泛地提供信息，从而促进和鼓励公众的认识和参与。应让人人都能有效地使用司法和行政程序，包括赔偿和补救程序。"同年通过的《21 世纪议程》在第三篇的十章中详尽地阐述了公众参与的内容。此后，公众参与环境保护已经成为一种国际趋势。而我国也将公众参与确立为环境保护法的基本原则，2014 年通过的《环境保护法》第 5 条规定："环境保护坚持保护优先、预防为主、综合治理、公众参与、损害担责的原则。"公众参与被认为是环境保护法的基本原则。公众参与作为环境法的基本原则在国际上已经得到普通认可，在我国法律中也得到确认，对此并无太大争议。但对于公众参与的内涵却存在不同认识。具体来讲，环境公众参与的内涵有广义和狭义之分。广义上的环境公众参与是指公众有权平等地参与环境立法、决策、执法、司法等与其环境

----

① 张璐：《论我国环保法律制度框架的重构》，《法学》2004 年第 12 期。

权益相关的一切活动。① 环境公众参与的主体是任何公民和社会组织，参与的范围包括环境立法、环境决策、环境执法等环境保护的所有环节。狭义的环境公众参与主要是指公众参与环境保护立法和决策的权利。如有学者认为，环境保护中的公众参与是指在环境保护领域里，公民有权通过一定的程序或途径参与与环境利益相关的决策活动，使得该项决策符合公众的切身利益。② 还有一种相对广义的认识认为，环境公众参与不仅指公众参与环境决策还包括对环境管理和执法的监督。环境事务公众参与是指公众通过一定的程序试图影响那些与其环境利益相关的决策或者监督环境保护实施的活动。③

　　对于上述认识，笔者认为，公众参与作为环境法的基本原则，是贯穿于环境保护法始终的，具有普遍意义的根本性准则。因此，对于其具体内涵的理解应采用广义说。环境法中的公众参与应是指公众有权依法参与环境保护决策、立法、执法、司法等所有与环境利益相关的活动。环境公众参与与环境法私人实施的联系在于：环境公众参与比环境法私人实施的范围要广，环境公众参与包含环境法私人实施。环境法的私人实施针对的是已有的环境法律法规，主要指的是通过实施现有环境法，对已经发生或正在进行的环境违法行为进行监督、诉讼、执行等。而环境公众参与贯穿于环境立法和实施的全过程，环境公众参与比环境法私人实施的范围更广些，还包括私人在环境立法中参与立法、在环境决策中获取环境信息、参与环境决策等。两者的区别在于：两者强调的重点不同，环境法的私人实施更强调私人行使权利的主动性和主导性，而环境公众参与具有较强的政治意味和宪政意义。一般认为，公众参与的含义是，具有共同利益和兴趣的社会群体对政府涉及公共利益事务的决策的介入，或者提出意见和建议的活动。④ 公众参与是民主的具体体现，是民主行政的反映，公众参与式民主甚至被认为是除代议制民主之外的另一种民主形式。"环境公众参与"这一词汇从字面去理解，仍然强调的是政府行为，主要是公众在政

---

　　① 汪劲：《环境法学》，北京大学出版社 2011 年版，第 106—107 页。

　　② 方洪庆：《公众参与环境管理的意义和途径》，《环境保护》2000 年第 12 期。

　　③ 唐萌：《迈向互动式公众参与理念——环境法中公众参与制度化研究》，博士学位论文，吉林大学，2009 年，第 10—16 页。

　　④ 刘红梅、王克强、郑策：《公众参与环境保护研究综述》，《甘肃社会科学》2006 年第 4 期。

府主导下对环境决策制定的参与。这也是有学者仅仅将公众参与理解为参与环境决策的原因所在。而环境法的私人实施强调的是针对环境违法行为，私人积极主动运用自己的权利实施环境法律，对违法行为进行制裁、惩罚和监督，其目的是促使企业、政府履行环境义务。

三　环境法私人实施与私人守法

法的实施常被认为包括立法、执法、司法、守法、法律监督等整个过程。一般意义上，法作为一种由国家制定或认可并由强制力保证实施的规范，其运行的过程中暗含着强制性、国家意志性。在法的运行过程中，国家、行政机关等公主体在立法、执法、司法中的地位和作用不言而喻，而公民、法人等私主体的作用却常常被忽略，仅仅在守法中作为被动守法的主体。在环境法中，这种情况更为普遍和严重。也因此，狭义的环境守法主要指的就是公民、法人等私主体的私人守法，是指环境法律中的私主体不违法，不作法律所禁止的事情或作法律所要求的行为。从这个角度去理解，环境私人守法与环境法私人实施较易分辨，不易混淆。环境私人守法强调的是私人一种被动、消极的行为，而环境法私人实施强调的是私人主体积极的、主动的行为，是指私主体根据环境法的授权性规范积极行使自己的权利、实施法律。

但如果从广义去理解，私人守法是指"私人依照法律的规定，行使权利（权力）和履行义务（职责）的活动"①。环境私人守法的内容既包括私人履行环境法律义务的行为，还包括私人行使环境法律权利的行为。而环境法私人实施指仅仅是私人行使法律权利的行为。据此，广义的私人守法包含私人实施，环境法私人实施与广义的私人守法紧密联系在一起。环境法私人实施主要是指私人通过积极行使自己的权利，对环境违法行为进行监督、追诉、执行和制裁，其最终的结果是使公民、社会组织和国家机关依照环境法律履行义务和职责。也就是说，广义的私人环境守法中，既包括环境法私人实施的行为，又包括该行为所造成的私人遵守法律履行义务的结果，也是环境法实施的结果，即法的实现。

---

① 张文显主编：《法理学》，高等教育出版社 2011 年版，第 196 页。

第二章　环境法私人实施之理论考察

第一节　环境法私人实施之理论基础

一直以来，对环境法私人实施的相关研究都是按照私人实施方式的不同分别进行的，对于每种实施方式，学者都提出了相应的理论基础。比如，一般认为，公益诉讼属于一种"公"的权利，其理论基础是公共信托理论、私人检察长理论等；私人私益诉讼、私人自力救济属于私法上的救济权，其理论基础是矫正正义、个人自治等；私人检举权属于公法上的权利，其理论基础是法治原则、人民主权原则和权力制约原则等。① 这种基于传统的公私法划分的立场，将私人在环境法中所拥有的权利分割开来进行的理论分析，并不能从整体上为私人实施环境法提供理论支撑。为什么私人可以成为环境法的实施主体？是否具有正当性和必要性？有何法理依据？为什么要将私人实施法律的权利进行整体分析？本章将从私人实施环境法律的权利来源入手，以环境法的属性、有效性为切入点，分析私人实施环境法的理论基础——契约理论、公私法融合理论、法的有效性和环境规制失败理论。

一　私人实施权利来源的理论基础

一般认为，国家是法律实施的当然主体，如凯尔森认为"国家的基本职能并不是三个而是两个：法律的创造和适用（执行）"，司法权和行

---

① 宁立成：《检举权的法理探析》，《河北法学》2011 年第 1 期。

政权的运作均为法律的适用（执行）。① 但国家（公共权利）是如何产生的呢？即国家执行权的权利来源是什么呢？国家是否是正当和必要的呢？对于这些问题，托马斯·阿奎那、杜林、卡尔·马克思、霍布斯、洛克和卢梭等思想家都进行过经典的分析和论述，提出了神权论、暴力论、阶级论和契约论等理论。其中，霍布斯、洛克和卢梭等人的社会契约论是在现代国家和法律起源方面影响较大的学说。

在国家兴起以前，法律的私人执行是一种常态："在初民社会和古代社会，刑事（实际上包括所有其他的）法律实施几乎全部是由私人来进行的。在好几个世纪中，英国议会和市政当局（包括私人公司和个人）曾为查获违法者和对其定罪支付补助金。在违法行为被处以罚金的情况下，罚金就在英王和实施者之间分割。在此不存在任何公诉人，而且警察也只是在名义上是公共的。"② 但为什么国家会随着社会的发展而产生并且是必要的？在霍布斯看来，是因为私人惩罚软弱无力，达成多边契约的交易费用又太高，并且还总有人企图坐享其成。③ 除非借助于公共权力的威慑和惩罚，否则任何社会秩序和社会合作都难以为继，甚至连最基本的安全也不能保证，所有人会生活在"一切人对一切人的战争状态"之中。④ 霍布斯认为，应该通过建立一个强大的国家"利维坦"来终结这种混乱而可怕的状态，通过公共权力的惩罚和威慑来矫正个体只顾自己利益、不惜侵害他人的利己天性。⑤ 而公共权力的产生是因为"把大家所有的权力和力量付托给某一个人或一个能通过多数的意见把大家的意志化为一个意志的多人组成的集体。这就等于说，指定一个人或一个由多人组成的集体来代表他们的人格，每一个人都承认授权于如此承当本身人格的人在有关公共和平或安全方面所采取的任何行为，或命令他人做出的行为。在这种行为中，大家都把自己的意志服从于他的意志，把自己的判断服从

---

① 凯尔森如此界定的原因在于，他认为司法权、行政权与立法权，在法律适用以及法律创造上，并不存在严格的对应关系，司法本身也具有法律的创造性功能。［奥］凯尔森：《法与国家的一般理论》，沈宗灵译，中国大百科全书出版社1996年版，第299页。

② ［美］理查德·A. 波斯纳：《法律的经济分析》，蒋兆康译，中国大百科全书1997年版，第779—780页。

③ ［英］霍布斯：《利维坦》，黎思复、黎廷弼译，商务印书馆1985年版，第128—129页。

④ 同上书，第93—97页。

⑤ 桑本谦：《私人之间的监控和惩罚——一个经济学的进路》，山东人民出版社2005年版，第24—25页。

于他的判断"。

卢梭、霍布斯等人的社会契约论认为，每个人都是自由而平等的，都拥有自然权利，人们把自己的自由权利让渡给一个共同体即国家，国家通过人们权利的让渡获得权力，国家权力存在的目的是保护公众权利、维护公共秩序。国家是公共权利和公共利益的代表，能够运用每个人赋予的全部力量和手段，建立暴力机器去维护秩序。依据社会契约理论，私人权利是公共权力的来源和基础，国家作为个人利益的代表是法律制定和实施的当然主体，但国家并不是法律实施的唯一主体。原因在于：

第一，权利的部分让渡。根据社会契约理论，私人让渡自己的权利给国家，国家保障私人权利不受侵犯。但私人权利的让渡并不是全部，当国家不能保障权利不受侵害时，私人可以收回让渡的权利，保留原有的救济权。

第二，对权力的制约。国家并不能直接实施法律，需要具体的执行机构进行执行，而执行机构存在自身利益，并可能侵犯个人或公共利益。卢梭在《社会契约论》中就指出主权者与政府并不同，他认为："在一个状况良好的共和国家里，主权者就是集体行动的所有公民。所有公民聚在一起就能代表公意和国家法律"，所谓公意是主权者的意志，以公共利益为目标，公意的抽象表现就是法律。而政府"是国家的行政机构，负责处理特殊事件和国家的日常事务"，政府是法律的执行者，如同主权者借助法律的形式来执行立法权一样，国家也需要一个政府来执行行政权，但政府有自己的组织机构，其意志往往与公意不同甚至冲突。政府是行政权力的掌握者，按照人民的意愿和委托执行法律，但政府存在滥用职权的行为。[①] 对于公共权力的滥用和膨胀，需要私人权利进行制衡和监督。

二　私人实施方式整合的理论基础

（一）公私法的划分

公私法的划分起源于公元 3 世纪的罗马时代，法学家乌尔比安首次提出了公法和私法的划分，他在《学说汇纂》中写道："它们（指法律）有的造福于公共利益，有的造福于私人。公法见之于宗教事务、宗教机构和

---

① ［法］让·雅各·卢梭：《社会契约论》，何兆武译，商务印书馆 2011 年版，第 10、26—28 页。

国家管理机构之中。"查士丁尼在《法学总论》里进一步明确了这一划分，"法律学习分为两个部分，公法与私法。公法涉及罗马帝国的政体，私法则涉及个人利益"。之后，公私法的划分经过不断发展，并在各国的法律制度中得到普遍承认和确立。对于公法和私法的划分标准存在不同意见，归纳起来主要有以下几种：

第一，利益说。支持利益说的学者认为，公法维护公共利益，私法维护私人利益；规定公共利益的是公法，规定私人利益的是私法。但对于何谓公共利益，何谓私人利益，存在不同看法。例如，纽曼认为，公共是指利益效果所及范围，即以受益人的多寡的方式决定，只要大多数的不确定利益人存在，即属公益，强调在数量上的特征。而庞德则认为，利益是人类个别的或在集团社会中谋求得到满足的一种欲望或要求。① 据此，有学者认为，公共利益是指社会共同的主张、需求与愿望；私人利益，即个人的主张、需求和愿望。②

第二，主体说。持该学说的学者将法律关系的主体作为划分公法和私法的标准，公法法律关系的主体是代表公共权力的国家或政府；私法法律关系的主体是私人或团体。

第三，公共权力说。持该学说的学者认为，"在法律没有力量即没有公权力之前，无所谓公私；基于权利所有者的让渡或授予，才形成了公共权力，权力成为国家与法律存在的依托和载体，权利则是国家与法律获得正当性的渊源，权利之所及，便是权力或职责之所在；反之，权力之所及，则是权利之相对方即义务之所在。公民权利与公共权力是所有社会法律关系的连接纽带和端点。基于此，整个社会关系便可分为两个方面：一是公共权力相互之间及其与私权利之间的关系，二是私权利与私权利之间的相互关系。而这两个方面实际上又包括了三个层次：公共权力与公共权力之间、公共权力与私权利之间、私权利与私权利之间的关系。以此出发，可以概括出分别调整上述两大类社会关系的法即公法和私法：凡调整公共权力之间以及公共权力与私权利之间的关系、进而凡涉及公共权力的运行、以公共权力为恒定的调整对象之一的法为公法，其调整对象包括公

---

① ［美］庞德：《通过法律的社会控制法律的任务》，商务印书馆1984年版，第81—82页。
② 贺林波、李燕凌：《论公共服务视野下的公私法关系》，《江西社会科学》2013年第11期。

共权力与公共权力之间的关系、公共权力与私权利之间的关系，而调整权利与权利之间的关系、以权利作为调整对象与内容的法为私法"①。

然而，上述分类方法都存在一定的局限性。例如，对于利益说，在很多情况下公共利益和私人利益之间并没有一个泾渭分明的界线，两者常常交织在一起。边沁就曾指出，社会公共利益只是一种抽象，它不过是个人利益的总和。因此，一般认为，应从利益、主体、调整法律关系等方面去综合考量某一法律的属性。另外，随着 20 世纪以后公私法不断融合，公法私法化和私法公法化现象大量出现，公法和私法的划分也愈加困难。并且，一些新产生的部门法很难将其简单地归为公法或私法。德国法学家拉德布鲁赫指出："在新产生的法律领域中，如经济法和劳动法，人们既不能将其说成是公法，亦不能将其说成是私法。"这一观点进一步发展，形成了将法律分为公法、私法和社会法的三元论观点。"由于对'社会法'的追求，私法与公法、民法与行政法、契约与法律之间的僵死划分已越来越趋于动摇，这两类法律逐渐不可分地渗透融合，从而产生了一个全新的法律领域，它既不是私法，也不是公法，而是崭新的第三类：经济法与劳动法。"② 一般认为，社会法的特征在于，其目的是维护社会整体利益，可以采取刑事、民事、行政等多种调整手段和诉讼程序，对社会利益进行综合调整。但社会法的观点，也遭到了批评，如日本学者美浓部达吉就认为，社会法只不过将公法和私法结合于同一的规定中而已，并不是在公法和私法之外另行构成第三区域。③

（二）环境法的属性——公私法融合

从目前全国人大常委会对中国法律部门的划分看，环境法横跨行政法和经济法两大部门，④ 但学者一般认为，环境法已经成为一个新兴的、独立的法律部门，然而，对于环境法的性质却有不同的认识。归纳起来，主

---

① 汪习根：《公法法治论——公、私法定位的反思》，《中国法学》2002 年第 5 期。

② ［德］拉德布鲁赫：《法学导论》，转引自陈俊《公私法之分与合的理论思考》，《法学家》2007 年第 2 期。

③ ［日］美浓部达吉：《公法与私法》，黄冯明译，中国政法大学出版社 2003 年版，第 40—41 页。

④ 2011 年 3 月 10 日上午，全国人大常委会委员长吴邦国在十一届全国人大四次会议第二次全体会议上宣布，中国特色社会主义法律体系已经形成。我国的法律体系大体由在宪法统领下的宪法及宪法相关法、民法商法、行政法、经济法、社会法、刑法、诉讼与非诉讼程序法七个部分构成。

要有以下几种观点：

第一，环境法是社会法。环境法是以社会利益为本位，综合运用公法和私法的手段，以可持续发展为价值的法律。所谓社会利益，是"公民对社会文明状态的一种愿望和需要"①，体现全体成员的共同利益。

第二，环境法是公法。环境保护的职权在国家，环境法律关系的主体必有一方是国家或其机关，环境法保护的是环境公共利益。② 还有学者认为，环境法属于公法中的行政法，主要原因在于：环境法保护的利益具有公共性、共同性和普遍性；环境法适用强行（制）性的公法原则而非平等自愿的私法原则；从环境立法的内容来看，与民法规范、刑法规范相比，行政法规范的比重最大。③

第三，环境法兼具公私法的性质。环境法和自然资源法所调整的社会关系都存在体现平等、自由、个体性的社会关系，即私法关系；同时，在环境关系、自然资源关系当中还有干预、管理的社会关系，即公法关系。并且，在环境法和资源法的执法当中，既要贯彻国家意志，又要体现当事人意志。因此环境法、资源法被认为是公法与私法相融合的产物。

笔者以为，环境法律综合运用公法和私法手段，公权力和私权利相互影响，诉讼法和实体法相互作用，公共利益与私人利益相互渗透，兼有几个基本法律部门特点，④ 很难去区分其是私法还是公法。并且，公法与私法是一国法律体系的两个不可分割的方面，未来法律体系的发展中，"公私法的分类仍然有其意义，但法规范体系已不是静态、壁垒分明的二分体系，而是多元、动态的体系"。对于社会保障法和环境法等这些针对社会问题而出现的新兴法律，未来法律的立法模式将逐渐向公私融合立法发展，即按照某一具体领域，从私人权利到行政管制、刑事规制全部进行系统编排，打破公私法、实体法界线，用一个综合性法律解决某一领域的所有相关问题，以方便行政机关、司法机关、民众等社会各主体的适用。甚至，在未来的环境法律中，实体法和程序法的区分也会逐渐变弱，因为实

---

① 孙笑侠：《论法律与社会利益——对市场经济中公平问题的另一种思考》，《中国法学》1995 年第 4 期。

② 刘三木：《从环境的公共性看环境法的属性》，《法学评论》2010 年第 6 期。

③ 赵娟：《论环境法的行政法性质》，《南京社会科学》2001 年第 7 期。

④ 朱景文：《中国特色社会主义法律体系：结构、特色和趋势》，《中国社会科学》2011 年第 3 期。

体法和程序法两者相互联系、渗透，程序本身就包含实体的意义，而实体法律行为因程序瑕疵或违法也可能导致不成立或无效。两者都包含正义要求，包含着接近正义的条件以及接近正义的能力和手段，都有权利义务要求，人为地进行切割并无必要。①

这种公法和私法融合、实体和程序整合的趋势，在各国的环境法律中已经开始体现。如在《德国环境责任法》② 中，前 20 条分别规定了环境损害所应承担责任的认定、因果关系的证明、赔偿责任等传统意义上私法（民法）的内容，但第 20—22 条却分别规定了联邦政府制定行政法规的授权、违法行为的行政处罚和刑事处罚，而这些属于传统意义上公法的内容。那么延伸到环境法私人实施中，私人作为环境法律中重要的主体，在实施某种行为时，其身份具有多样性，可能是自私自利之人、集体之人、利他之人，其对于环境违法性所造成的损害所实施的救济或制裁等行为，是行使权利的行为，而这些权利之间具有关联性，也不能准确区分其是为维护自身利益还是社会公共利益，其权利行使的法律依据也混合了传统的公私法律，因此，打破公私法、实体法界线，综合性地分析哪种权利的行使能够更好地解决问题，比明确区分每种行为的性质更有意义。

（三）法的有效性理论

以上对公法、私法、社会法和环境法归属的论述都是一种文本的、理论的论述。弗里德曼在《法律制度》中提出的法的有效性理论，则是从实用主义、法实施效果角度为打破公法和私法、实体法和程序法的界线提供了坚实的理论支撑。弗里德曼认为："所谓法的影响，指群众的遵守、利用、规避法律规则的行动中与法行为有因果关系的那一部分。在法的影响中，符合法行为的意图的人们行动的变化则被称为法的效果。""当法律行为与某人的行为有因果关系，它就有了影响。当行为按希望的方向而动，当对象遵守时，法律行为就被认为'有效'。许多法律行为不是这样'有效'的。人们不予理睬或违反命令。故意不遵守可能是行为系统的一

---

① 李启家：《"环境法学的发展与改革"研讨会纪要》（http：//erelaw. tsinghua. edu. cn/news_ view. asp? newsid = 1225）。

② 《德国环境责任法》，张一粟译（http：//article. chinalawinfo. com/Article_ Detail. asp? ArticleId = 40280）。

部分，然而它还是考虑到法律行为的。"① 据此，法的有效可以分为两类，行为有效和制裁有效。行为有效是指法被规范义务人自愿地实际遵守，而不论该义务人是否有意识地这么做，或者是习惯所为，甚至不知道有这个规范。制裁有效是指在义务人的违规行为出现时，该违规行为受到制裁。②

弗里德曼打破了公私法划分的界线。在谈到法律行为是如何使法律制度有效以及影响法的有效性的因素时，他认为，制裁即威胁和许诺是对对象起作用的首要方式。除此之外还有同等地位人集团的影响；内在价值，即良心和有关态度；合法和非法的概念和值不值得服从等方式。③ 法律制裁是由法律规定或授权的制裁。很多法律的社会精力以及很多社会对法律的投资都用于支持实施或威胁制裁的制度，如刑法方面的侦探、警察、法警、检察官和监狱，和民法方面的法庭和巨大的行政机构。④ 而制裁依靠谁来进行发起、控制和执行？ 他认为，可以大量依靠不同机制。"市场是一种机制。市场是私人的，但它要靠国家行为建立、实行或鼓励。大力依赖强制的刑事司法制度是另一种机制。发许可证和行政管理构成另一种普通机制。另一种机制是允许或促进有关当事人谈判协商，还有一种是通过自由选举选择；还有任意选择。"⑤

弗里德曼已经不再区分公法和私法，而是强调法律制度的实在性，⑥无论行政规制、刑事制裁、民事协商，或者几种方式的结合，其最终目的都是法律的有效性和应用性。法的有效性理论就要求，不刻意去区分环境法的公法或私法性质，而是从如何解决环境问题，制裁环境违法行为的角度对法律制度进行考虑。从这个角度上讲，环境法的实施主体也就变成了

---

① ［美］劳伦斯·M. 弗里德曼：《法律制度——从社会科学角度观察》，李琼英、林欣译，中国政法大学出版社 2004 年版，第 52 页。

② 郑永流：《法的有效性与有效的法——分析框架的建构和经验实证的描述》，《法制与社会发展》2002 年第 2 期。

③ ［美］劳伦斯·M. 弗里德曼：《法律制度——从社会科学角度观察》，李琼英、林欣译，中国政法大学出版社 2004 年版，第 80 页。

④ 同上。

⑤ 同上书，第 108 页。

⑥ 李启家教授认为，弗里德曼所论述的法律制度有三个要素：一是实在性规则，不再区分公法和私法、实体法和程序法；二是体系化；三是形成新的法律秩序和法律文化。参见《 "环境法学的发展与改革" 研讨会纪要》 （http：//erelaw. tsinghua. edu. cn/news_ view. asp? newsid = 1225）。

多元的，既可以是公共机构也可以是私人；环境法的实施方式也是多元的，既可以是公法手段也可以是私法手段。环境法私人实施就是一种私人对环境违法行为进行监督和制裁的方式。私人选择不同的实施方式的最终目的是一致的，即通过使环境违法行为能够得到制裁达到制裁有效，进而使各类主体能够自动守法，达到行为的有效。

三　私人实施的法经济学理论基础

（一）环境规制的必要性

在大规模的工业化污染之前，环境问题主要是通过私人诉讼等普通法作为救济手段的。普通法（除刑法外）的特征主要有两个："一是主要依靠公民自己——受害人及其律师实施，对政府官员（法官和法院其他工作人员）的依赖程度最小；二是守法的激励产生于这样的威慑：如果加害人违反规则，他必须对受害人实施损害赔偿。这与依靠直接管制为主要手段的公共实施不同，直接管制对政府官员（公共管理机构的职员）的依赖极大，而且首先是竭力防止侵害的发生而不是对受害人实施损害赔偿。依据有关公害的普通法，污染者可能要被提起诉讼而向污染受害人支付损害赔偿。"[①]

随着大规模公害的出现，主要依靠私人实施的普通法手段出现了缺陷：

第一，大规模环境侵害造成大量小额多数人损害，对每个受害人所造成的损害过小而使私人提起诉讼的动力不足。虽然各国相继规定了集团诉讼的制度，将一些小额损害赔偿权利聚合起来而进行单一大规模诉讼，但复杂的程序及较长的诉讼时间，仍然使大多数的受害人放弃权利救济。而这时总损害相对于预防成本是相当大的，进行直接管制就不仅是有效的而且是有效率的。

第二，当环境污染行为造成的损害相对于加害人的支付能力是巨额的，他没有支付能力，那么他遵守法律的激励就会减小到最优水平之下。并且环境污染有时会损害人体健康，造成人员死亡。而用金钱来评估生命价值是极度困难的，并且是不够的，这时公共实施中的刑罚手段就是必

[①] ［美］理查德·A. 波斯纳：《法律的经济分析》，蒋兆康译，法律出版社2012年版，第540—541页。

要的。

第三，普通法管制的另一个问题是，特定加害人（甚至是一批加害人）与特定受害人之间的因果关系可能被削弱了。"如果我们明确地知道一件核反应堆事故将使癌症病员增长 0.1%，但我们并不知道到底哪一位癌症病员是由该事故引起的，这就很难通过侵权制度而使核反应堆的所有人承担事故的成本。空气污染也提出了这一问题，以及另一问题：加害人身份的不确定性。源于空气污染的特定损害（例如，肺病、弄脏晾晒的衣被、恶臭）通常都是由许多污染者的排放而引起的，而且很难用普通法的方法将所有污染者聚合在一个单一的诉讼中，也不可能在特定污染者和损害者之间建立一种因果关联。"①

第四，环境具有外部性问题，当污染者造成环境污染时，通过私人提起诉讼等方式来进行救济，就出现了时效的滞后性，这时候污染可能已经造成不可逆转的生态恶化后果，并可能对当代人及后代人造成不利影响。此时，基于公益的目的，环境规制就成为更好的选择。

综上所述，为了克服普通法的缺陷，更好地维护公共利益，由政府等公共机构通过制定相应的法律和政策，并据此进行环境规制就成为必需。

（二）环境规制失败理论

从 20 世纪 70 年代开始，环境规制开始遭到质疑，规制失灵现象出现，人们发现由公共机构实施的直接规制并未如预期般实现环境公益的目标，并且还出现无效率现象。对于规制失灵的各种表现，产生了很多解释的理论，如公共选择理论、预算最大化理论②、规制俘获理论等。其中规制俘房理论不仅解释了被规制者如何通过各种手段和压力影响与"贿赂"规制者使法律和政策的制定符合自身利益最大化，而且还分析了被规制者如何影响公共执行机构，使法律实施的过程和结果弱化。在环境规制的理论框架中，公共机构是中立的公共利益的代表者。但实际中，"公共执法人员也是自身利益的追求者，其自身利益与公共利益并不直接相关，公共机构既不能从降低执法成本中受益，也不会从坚守执法收益中受损，那么

---

① ［美］理查德·A. 波斯纳：《法律的经济分析》，蒋兆康译，法律出版社 2012 年版，第 542—543 页。

② 公共选择理论及预算最大化理论的内容及相关问题的分析，可参见［英］安东尼·奥格斯：《规制：法律形式与经济学理论》，骆梅英译，中国人民大学出版社 2008 年版，第 68—71 页。

公共机构就会对提高执法效率漠不关心"①。这就导致被规制者通过利益同盟、贿赂等方式俘获被规制者，再加上公共机构的自由裁量权为规制俘获行为提供了空间，最终导致公共机构实施法律的不足或无效率。

通过私人实施环境法律形成与环境规制机构的分权与制约，可以弥补公共机构环境规制的不足。私人诉讼、检举、自力救济等行为可以通过对污染行为的事后监督来间接监督激励环境规制机构，或以针对环境规制机构的行政诉讼直接监督激励环境规制机构。② 以公民诉讼为例，一方面，政府公共机构享有自由裁量权，可以决定对环境违法行为进行处理的规模、数量及具体违法者的选择等，这会导致出现公共实施的执法不足和选择性执法问题。但通过公民诉讼对环境主体的污染等行为提起诉讼，可以弥补公共机构规制的不足。另一方面，公民可以对环境机构不履行职责的行为提起诉讼，这使得公共机构不得不全面履行法律，制裁环境违法行为，否则公共机构将面临严厉的惩罚。③ 从这个意义上讲，私人实施法律的行为可以防止公共机构的俘获，使公共机构免受自由裁量权广泛、被规制主体的不当影响等可能导致实施无效率的情况。

第二节　环境法私人实施之内在逻辑

一　环境法私人实施的逻辑起点

（一）环境法私人实施的性质为权利

环境法私人实施的方式根据目的的不同可以分为为公共利益的实施和为私人利益的实施。但何为"公共利益"，标准是什么，公共利益和私人利益如何区分认定，却是一直存在争议的问题。笔者认为，公益是指不特定多数人所能直接感受、享受的利益。区分私人为公共利益的实施行为和为私人利益的实施行为有以下判断标准：（1）该实施行为针对的是否是

---

① 余光辉：《论我国环境执法机制的完善——从规制俘获的视角》，《法律科学》2010 年第5 期。

② 张忠华：《降低环境规制俘获的对策研究》，《学术交流》2010 年 2 月。

③ Catherine Mongeon, "Environmental Conservation Organization v. City of Dallas Creates Unnecessary Burdens for Citizen Suits under the Clean Water Act", *Ecology Law Quartrly*, Vol. 36, Aug. 2009, p. 241.

自身损害或维护自身利益。如果私人进行诉讼、检举或自力救济是为了对自身受到的损害寻求救济、维护私人利益，则该行为属于私人为了私益实施环境法，只是私人此类行为有时可以间接起到保护公益的目的。（2）该实施行为所维护的是特定人的利益还是不特定多数人的利益。为维护不特定多数人的利益而实施环境法律的行为属于为公共利益的实施行为。不特定多数人的利益不等于多个人的利益。在很多情况下，人们将多人提起的环境诉讼也认为是环境公益诉讼，这一方面是由于该类诉讼涉及人数众多，是从人数上判断；另一方面，是因为诉讼所要维护的利益是通过环境媒介实现的或者是在环境的作用下受侵害的。① 但实际上，从本质上而言，该类型诉讼仍然是私益诉讼。在环境违法行为造成大规模的环境侵害时，如果该侵害对象是特定的，无论受害人是几百人还是几千人，都属于多数人的私益而非公益。（3）实施行为的诉求利益是否归属于社会。环境问题的复杂性在于，污染或破坏环境的行为不仅会以环境为媒介造成人身或财产的损害，还会造成自然环境本身的损害。在这种情况下，私人可以具有双重身份：特定的受害者和公民。此时，在对私人实施环境法的行为进行判断时，需明确：私人针对环境污染行为实施环境法律时，如果其诉求利益归属于具体的公民、法人或其他组织，则属于为了私益的实施行为；如果是针对违法行为对环境本身造成的损害而实施环境法律，提出相关诉求，如要求违法者恢复自然的生态功能、赔偿功能恢复期间对公众造成的损害、承担评估损害费用等，则属于为了公共利益的私人实施行为。

一般认为，私人为自身利益实施环境法律的行为，是行使法律赋予其权利的行为，如监督权、起诉权、检举权等。但对于私人为公共利益实施环境法律行为的性质存在不同意见。有学者认为，私人为了多数人利益通过检举、提起公益诉讼等行为实施环境法律，都属于其行使权力而不是权利的行为。主要观点和理由如下：

第一，法律通过设置环境公益诉讼，赋予私人扮演"私人检察长""私人司法部长"的角色，对环境违法者提起"公"诉，从而监督和推动环境法律的实施。从本质上而言，公民诉讼和检举都是私人借助公共权力的行为，是国家执行权力的让渡，是国家将本属于自己的公共权力交给公

---

① 冯汝：《确立村民委员会环境公益诉讼原告资格的社会与法律基础》，《中南大学学报》（社会科学版）2013年第3期。

民来执行。公民诉讼权和检举权具有权力属性，也就是国家属性，而不是
公民属性。[①]

　　第二，设立环境法私人实施相关制度的出发点就是为了弥补环境法公
共实施的不足，私人实施或执行法律的行为应与政府执法行为的性质一
致。由于政府没有足够的执法资源对每一个违法行为进行监控、监督和制
裁，公民和环保组织就成了更有效、更经济的监控。"公民诉讼和检举等
为公共利益的环境法私人实施行为对于环境执法状况的改善起到的作用是
不可估量的，它不仅是政府环境执法的重要补充，而且已成为政府与公众
共同打击环境违法行为的有效机制。"[②]

　　对于上述观点，笔者认为，无论公民诉讼、检举等为公共利益的私人
实施行为在帮助公共执法方面发挥的作用多么重大，从本质上看，这些行
为仍然是私主体行使法律赋予其权利的行为。原因在于，权力与权利具有
显著不同的特征，私人实施环境法律的行为不符合权力的特征。具体而
言：第一，权力具有强制性。权力意味着具有某种行为资格或能力的主体
必须从事某种行为，如未依法行使权力，将会构成失职或违法。但权利指
法律承认并保护法律关系的主体具有从事一定行为或不行为的资格或能
力，并不意味法律要求他必须从事这样的行为。尤其是对于授权性权利，
行为人可自由选择是否从事该行为。第二，"权力与国家强制力密切联
系。国家机关行使职权，在多数情况下，直接或间接伴随着国家机关的强
制力。公民在其权利遭到侵犯时，一般只能要求国家机关的保护，而不能
由公民自己来强制实施"[③]。"与此不同，权利虽然也有公共的一面，但权
利自身无法维护或执行，要依靠公共机构。所以权利持有人必须要维护自
己的权利。抽象的权利，和利益一样，对法律制度没有影响，起作用的是
要求。权利持有人必须要维护它，要使用法律机构。"[④] 对于环境公益诉
讼和检举而言，公民是否起诉、是否检举是由其自由决定的，并且其行为

---

　　① 李静云：《美国的环境公益诉讼——环境公民诉讼的基本内容介绍》，载别涛主编《环
境公益诉讼》，法律出版社 2007 年版，第 92—100 页。
　　② 徐祥民、凌欣、陈阳：《环境公益诉讼的理论基础探究》，《中国人口·资源与环境》
2010 年第 1 期。
　　③ 沈宗灵：《权利、义务、权力》，《法学研究》1998 年第 3 期。
　　④ ［美］劳伦斯·M. 弗里德曼：《法律制度——从社会科学角度观察》，李琼英、林欣译，
中国政法大学出版社 2004 年版，第 267 页。

的目的是要求国家的保护。私人实施环境法的行为本身不具有强制力，不具有权力的特征，是行使权利而非权力的行为。

（二）环境法私人实施的逻辑起点是义务的履行

根据权利义务相对应理论，有权利就有义务。私人实施环境法是私人积极行使其权利的行为，其所对应的是政府、国家机关、企业等主体的义务。私人在实施环境法的过程中必须借助公权力或者违法者履行义务的行为才能实现诉求，得到利益上的补偿或使环境质量提升。环境法私人实施的最终目的也是促使政府、行政机关或企业等主体履行法定义务。

在私人实施环境法律中，公民权利需要国家义务的保障，公民权利的实现依赖政府积极的回应和实施。正如当代著名的公法学家霍尔姆斯和桑斯坦所言："几乎每一项权利都蕴含着相应的政府义务，而只有当公共权力调用公共资金对玩忽职守施以惩罚时，义务才能被认真地对待。没有法律上可实施的义务，就没有法律上可实施的权利。"[1]

根据不同的分类标准，国家义务可以被分为不同的种类，例如，根据义务内容的不同可分为国家给付义务、国家保护义务、国家实现义务等。[2] 但最传统的分类方法是将国家对公民权利的义务分为"消极义务"和"积极义务"，与"消极权利"和"积极权利"[3] 相对应。私人在实施环境法中行使的权利既有"消极权利"又有"积极权利"，与此相对应，需要国家的积极义务和消极义务的履行。具体而言：一方面，在环境权益受到侵害或政府不作为时，公民向法院提起诉讼要求司法机关提供司法救济，或者向行政机关、检察机关等国家机关进行检举，司法机构受理、审判环境案件或国家机关对相关事实调查处理就是履行义务的行为，如果国家不履行这些积极义务，私人的权利就无法得到实现。公民积极实施权利也是希望通过国家义务的履行，达到保护自己合法权益或公共权益的目

---

① 〔美〕斯蒂芬·霍尔姆斯、凯斯·R.桑斯坦：《权利的成本——为什么自由依赖于税》，毕竞悦译，北京大学出版社2004年版，第26页。

② 国外许多人权法学者结合人权的分类，对国家对人权保护的义务进行了分类。如分为尊重义务、保护义务、确保义务和促进义务；尊重义务、保护义务、实现义务等。我国许多宪法学者也从基本权利的国家义务方面，对国家义务的内容进行了分类论述。具体参见杜承铭《论基本权利之国家义务：理论基础、结构形式与中国实践》，《法学评论》2011年第2期；龚向和、刘耀辉《论国家对基本权利的保护义务》，《政治与法律》2009年第5期。

③ 积极权利是指通过国家积极介入保障公民在社会经济生活领域的权利，是要求国家积极作为的权利。消极权利即自由权，是要求排除国家妨害、国家相应不作为的权利。

的；另一方面，针对政府、国家机关等公共机构的环境违法行为，私人通过实施法律寻求救济是为了确保自身环境权利免于遭受国家的侵害，国家履行的是一种消极义务。

相应地，私人与具有平等关系的违法者之间也具有对应的权利义务关系。私人针对环境违法行为所行使的检举权、起诉权、取得赔偿权等权利，所对应的是违法者停止侵害、赔偿损失等义务的履行。

二　环境法私人实施的动力

动力是推动人行为的内在力量。对于私人实施环境法来讲，动力是私人行为的内在前提和推动力量。为什么私人会积极实施环境法？是什么推动私人主动行使自己的权利？笔者认为，环境法私人实施的动力主要基于经济、环境利益、道德三个方面。

（一）环境私人实施的经济动力

在对人的行为进行分析的时候，经济学家提出了一个经典的影响深远的"经济人"假设。经济人，即假定人从事行为的目标都是理性的，其目的都是获得经济好处，获得物质补偿的最大化。正如亚当·斯密在《国富论》中所述，"……每个人都会尽其所能，运用自己的资本来争取最大的利益。一般而言，他不会意图为公众服务，也不自知对社会有什么贡献。他关心的仅是自己的安全、自己的利益。但如此一来，他就好像被一只无形之手引领，在不自觉中对社会的改进尽力而为。在一般的情形下，一个人为求私利而无心对社会作出贡献，其对社会的贡献远比有意图作出的大"。一般认为，私人实施环境法的最大动力是经济动力，是实现自身利益最大化。在人们受到环境侵害时，私人通过诉讼或自力救济等方式对自己的利益进行填补，并且私人会从不同的实施方式中选择对自己利益最大化的方式。但这种维护私益的行为，会对环境产生反射性利益，在一定程度上也会起到改善环境状况、维护环境公共利益的作用。而对于环保组织而言，环保组织通过会员费用、捐款和基金维持自己的生存。通过提起公益诉讼、参与环保行为等，环境保护组织的影响力扩大，进而可以增加其资金来源、维持其生存和发展。并且，环保组织会对自身实施环境法的行动方案根据成本和收益做出选择，一般会倾向于选择对自身利益最大化的实施方式。

　　(二) 环境法私人实施的环境利益动力

　　环境法私人实施的动力是要求更好的环境质量，保护公众环境利益。经济人假设提出后，西蒙等人对其进行了修正，提出了"有限理性"的概念，认为人是介于完全理性与非理性之间的"有限理性"状态。人不仅是自私的，也是理性的，这决定了其对经济利益、自身利益的追求是有限度的，在必要的情况下，人们会让渡部分个人利益，以成全公共利益。并且，人不仅是"经济人"，还是"社会人""生态人"。在经济水平达到一定程度，环境问题凸显的情况下，人在满足了一定物质和经济需求后，会希望有更舒适的生活环境，更好的环境质量，要求环境问题得到解决。

　　一般认为，环境问题具有外部性，政府通过实施立法赋予的环境保护职责是改变外部性现象的唯一方式。但环境质量的下降证明，仅仅依靠政府实施环境法律是不够的。由于存在执法资源短缺不足、规制俘获等问题，在实践中，政府常常不愿或不能实施环境法律的问题。在这种情况下，要求更好的环境质量、维护环境公共利益就需要公众参与环境法律的实施，这也是环保组织出现的原因与公众提起公益诉讼和进行检举的动力。

　　为什么环保组织会出现并发展呢？ 学者 Weisbrod 提出的非营利组织经济理论可以对该问题进行解释。① 该理论认为，非营利组织之所以存在，是因为政府在提供公共物品方面存在缺陷，而民众对此有更高的期望，这时需要成立该类组织对政府的缺陷进行弥补，以达到为公众提供更高质量公共物品的目的。该理论也指出，依靠私人、非营利性组织完全弥补政府提供公共物品的不足是不现实的，但它们能满足环境等部分公共物品供应的不足。环保组织可以通过诉讼等多种方式，参与环境治理，与政府共同提供环境公共物品。"环保组织自身也认为，只有民众才是保证法律得以有效实施的最终的主体，公众有权对体现自己利益的法律的实施予以检查，有权使法律得以良好实施。例如，美国著名的环保团体——野生生物保护者曾就自己提起环境公民诉讼的目的做了如下宣告：'我们的最

----

　　① 一般认为，1975 年菲尔普斯汇编的论文集《利他主义、道德和经济理论》是非营利组织经济理论的开端。该论文集中以 Weisbrod 的《三域经济中的志愿性和非营利性部门的理论》一文最具开创性。1988 年，Weisbrod 将其研究成果整理成为专著，标志着非营利组织经济理论的成熟。参见郭磊、陈立齐《非营利组织的经济理论：演进与评述》，《经济学动态》2012 年第 6 期。

终目的当然不是提起诉讼，而是保护野生生物和其他自然资源。然而，如果没有公民实施之机会，我们相信环境保护将会承受灾难。尽管我们提醒政府应该履行其身为生物多样性和所有环境价值受托人之义务，但是，只有公众才能最后确保公众利益之保护。'"①

（三）环境法私人实施的道德动力

"经济人"假设提出后也遭受了一定的质疑。有些人认为，人们行动的动力不仅仅是为了满足私利、实现经济利益，还有可能是为了道德和法律。亚当·斯密本人也在《道德情操论》中阐述了人性不同于经济人的道德性的体现：同情心，正义感（合宜感），行为的利他主义倾向等。他的这种思想后来被发展成"道德人"理论。"道德人"理论指出，人不仅是利己的还是利他的，利他行为也是理性的，有共同利益的人试图通过利他行为，增进他人利益或社会福利，实现团体利益最大化。利他是利己的延伸；公共利益是个人利益的延伸。利他行为与利己行为具有内在的统一性，利他行为的最终后果其实也是为了利己。私人实施环境法提起环境公益诉讼、对与自己无关的环境违法行为进行检举，其本质就是利他主义的，其动机很大程度上是道德的驱动。环境具有公共性的特征，私人生活在环境共同体中，私人受道德的驱动为了环境公共利益实施环境法，实现环境质量的提高，最终也能达到实现自己环境权利的目的。

三　环境法私人实施的作用

法的私人实施在现代国家兴起前就存在。现代环境法的私人实施制度自 20 世纪六七十年代环境公益诉讼确立，迄今也已有近 50 年的历史。私人已经成为推动环境法实施的重要力量。在环境法的实施中，私人实施弥补了公共实施的不足，与公共实施互为补充，共同推动环境目标的实现，具有重要的作用。环境法私人实施的作用具体体现在以下几个方面：

第一，环境法私人实施可以使公众受损利益得到救济。私人是环境污染和环境破坏行为的最终受害者，按照"有损害必有救济"的原则，公民受到环境侵害应有必要的救济途径。但环境法的公共实施侧重于对违法行为的处罚，并不能完全满足保护环境、赔偿受害人损失等需要。而通过

---

① 徐祥民、凌欣、陈阳：《环境公益诉讼的理论基础探究》，《中国人口·资源与环境》2010 年第 1 期。

行使诉讼、自力救济等权利，公众可以以自身的行为使环境及自身所受到的损害得到有效救济。

第二，环境法私人实施具有监督作用。环境法私人实施的监督不仅是对环境违法者的监督，还包括对行政机关的监督。在公共机构实施环境法律的过程中，违法者会通过贿赂、收买等方式与执法者串通、勾结，导致行政机关环境行政执法不力，使环境违法行为逃脱法律制裁。而私人主体通过检举、诉讼等多元方式参与法律实施，可以避免公共机构受被规制对象的不当影响或自身利益的影响，对行政机关起到监督作用。

第三，环境法私人实施可以启动公共实施机制。如果环境法的实施中没有私人的参与，公共机构将会基于各种原因不执行、不能执行或怠于执行环境法律，就会出现环境法实施效果不佳的状况。但通过环境法的私人实施，私人基于自身利益或道德驱动，会启动法律的公共实施，环境法的目标也会通过私人实施而自动实现。例如，私人提起诉讼启动了司法机关的执法行为，私人举报违法行为启动了行政机关的行政执法行为。

第四，环境法私人实施可以威慑和制裁违法者。环境法私人实施的威慑作用体现在三方面：（1）经济威慑。私人通过诉讼、检举或者自力救济等方式实施法律，都涉及要求相对方的义务履行，并且在很多情况下，相对方面临巨额的经济损失。例如，在美国，对于已经确定的环境损害，在诉讼中可以按日处以巨额的民事罚款。即使没有民事罚款，恢复环境、赔偿损失等所要花费的数额往往巨大，对环境违法者来讲也是一种经济制裁。而在私人检举中，如检举成功，违法者面临的就是严厉的公共实施行为，如罚款、责令停止等，这对环境违法者来讲也是一种有力的威慑。（2）对潜在违法者的威慑。私人实施法律使得环境违法行为被发现的概率更大，这意味着环境违法者违法成本更高。这对其他环境主体也具有潜在的暗示作用，诱导其他潜在违法者，在基于成本考虑的情况下，放弃环境违法行为，采取措施避免环境违法行为的发生。正如弗里德曼所说："人们经常说制裁之所以重要在于它的必然性。正是这点使得监督如此有力。然而，起制止作用的不是真的或客观的危险，它是觉察到的危险，感到制裁会真的降临到某人头上，即潜在违法者眼里的危险。"（3）非官方的耻辱、名誉毁损等威慑力。私人通过实施环境法对环境违法者进行制裁，除带来正式的经济制裁外，还附带有其他非官方的惩罚，如自身的羞愧、企业名誉的毁损等。"羞愧和贬黜是惩罚形式。羞愧、失去地位、邻居和朋友的敌对态度、个人不舒服是官方处罚义务的普通处罚。耻辱是加给一个人或集团的轻蔑标记。羞愧是被侮辱者的内心状态。法律和准法律经常试图把引起羞愧作为制裁。谴责是常见的惩罚。它起作用是因为它给人加上轻蔑标记（影响旁观者）或通过羞愧促使悔过。普通制裁要花钱，贬黜却争取公众舆论，付出很少的直接代价就建立起有力的制裁。"① 也正因为非正式的惩罚能够对行为人产生影响，私人在实施环境法律时往往会选择通过新闻、媒体、网络等方式对环境违法行为进行曝光，其目的就是使得这种非正式惩罚产生作用。

第三节　环境法私人实施之利弊分析

一　环境法私人实施的相对优势

（一）环境法公共实施的不足

虽然各国规定的环境法公共实施的具体方式有所不同，但行政机关对环境违法行为进行管制，司法机关对环境行为进行监督和制裁是最主要的两种方式，这两种方式在实践中都存在问题和弊端。具体而言，环境管制在实践中存在的弊端主要有：

第一，公共机构作为代理人的逻辑局限。正如一般法学理论认为，政府是公共利益的代理人。政府、行政机关等公共机构作为代理人，对环境进行治理，对环境违法行为进行制裁。但公共机构自身也存在利益，其利益、目标与公共利益、环境目标常常背离。公共机构的逻辑目标并不是追求社会利益的最大化，而是追求自身利益的最大化，或是预算的最大化。② "当法律的实施符合执法者的最大利益时，他便会尽可能地推动这一进程。相反，当法律的实施将会导致执法者自身利益受到损害或使其陷于某种尴尬境地时，执法者便会想方设法来拖延或阻止法律的实施，或消解法律的实施强度，从而导致各种反规范行为的出现。"③ "在委托—代理

① ［美］劳伦斯·M.弗里德曼：《法律制度——从社会科学角度观察》，李琼英、林欣译，中国政法大学出版社2004年版，第117—118页。

② ［美］曼瑟尔·奥尔森：《集体行动的逻辑》，陈郁等译，上海三联书店2011年版，第1—8页。

③ 吕尚敏：《行政执法人员的行动逻辑》，博士学位论文，苏州大学，2012年，第76页。

关系下，由于缺少完善的激励与约束机制，代理人可能违背委托人的意志，形成'道德风险'，使委托人的环境权益无法完全实现。"①

第二，政府多元目标的冲突。"作为代理人，政府有着多元化的目标，除生态环境治理目标外，政府还不得不兼顾其他诸如经济增长、就业、社会稳定等经济政治目标。在决定政府行为的综合目标体系中，并非所有的目标都具有同等的重要性。由于人力、物力及财力资源的稀缺性，当众多发展目标发生冲突的时候，经济利益往往是有形的、可量化的，而环境利益往往是无形的、难以用货币衡量的，作为远期目标的生态环境效益往往被忽视。并且，在环境效应外部化的前提下，政府，特别是地方政府，为了追求本地区的经济利益，可能以破坏生态环境为代价来获得GDP 的增长。地方政府之间如此博弈的结果，同样会产生'公地悲剧'的结局。许多跨流域、跨地区的生态环境问题，就是不同地区政府间的不合作博弈造成的。"②

第三，预算限制。由于实施法律的公共机构只能从国家财政获得一份固定预算，因此"理性的"公共机构将会把有限的预算收入支出到能够获得最大效用的地方。③ 这种情况在环境法公共实施的实践中也普遍存在。例如，在环境执法过程中，由于受制于有限的预算，取证工具、监测手段等执法资源存在不足，开展全面执法难度很大，选择性执法现象也就不足为奇。并且，公共机构工作人员的工资也是预算内固定的，那么工作人员就会谋求预算外收入，在环境执法过程中，滥权、越权、权力寻租现象就会发生。④

第四，公共机构易受规制俘获。在环境规制过程中，污染企业通过收买、贿赂等方式，俘获环境规制机构或通过俘获其他政府部门来对环境规制机构施加压力，使环境规制机构对违法行为不作为或提供有利于自身的规制，实现降低治污成本、获取竞争优势的目的，同时导致环境规制

① 樊根耀：《关于环境法实施效率的经济学分析》，《西安电子科技大学学报》2003 年第2 期。

② 同上。

③ 桑本谦：《私人之间的监控和惩罚——一个经济学的进路》，山东人民出版社 2005 年版，第 161 页。

④ 于文轩：《环境执法如何走出企业法律成本困境》，载国家环境保护总局环境监察局编《环境执法研究与探讨》，中国环境科学出版社 2005 年版，第 367 页。

失效。

对于环境司法问题，归结起来主要在于，司法机关在执行环境法律、解决环境纠纷方面发挥的作用较小。虽然在世界范围内，各国都通过各种措施加强司法在环境保护中的作用，如建立环境法庭、环境法院，重视刑法对生态环境的保护作用、加大对环境犯罪的制裁力度，① 加强行政机关、司法机关的沟通与合作等。虽然这些措施使环境司法的功能有所加强，但仍有不足。原因在于，司法克制是司法权的一种固有观念，司法权被认为是消极被动的。法院对环境案件的介入是被动的，实行的是不告不理原则。法院对案件的介入，必须借助检察院、企事业单位、公民个人或者环境行政机关的诉或告，否则，只能作为观望者。尤其是刑事司法更是如此。作为一种最严厉的处罚形式，刑事处罚从提起到裁判都保持着克制的特性。环境刑事司法虽然在一定程度上震慑了环境违法行为，但其适用范围和广度是有限的。

（二）环境法私人实施的比较优势

公众是环境污染和破坏的最终承受者，也是环境公共利益的最好保护者。公众针对环境违法行为实施环境法律，相比公共实施具有以下优势：

第一，环境法私人实施在某些情况下具有信息优势。公共机构具有专业的监测和侦查技术，能够较为便利地获取与环境违法相关的信息，但受制预算、执行成本等各方面的因素，即使最强有力的公共机构也不可能对所有环境违法行为进行监控、监督，充分执行所有的环境法律。在很多情况下，环境违法行为的受害者比公共机构更早、更全面地发现和了解违法行为，可以第一时间调查和收集证据，并且损失者比公共机构更清楚环境违法行为所造成的损失情况。

第二，环境法私人实施比公共实施在某些情况下更有效率、更便捷、更有动力。我国农村环境污染的发现和处理便是很好的例子。当前，我国农村环境污染状况严重，环境污染不仅侵害了广大农民的环境权，更侵害了农民的生存权。农村环境污染相比城市污染来说，还有其独特的特点：（1）农村环境污染多元化。农村污染源复杂，既有农业污染也有乡镇企业、养殖业等产生的废物，这就给环境的监测和监督造成了很大困难。

---

① Robert W. Adler and Charles Lord, "Environmental Crimes: Raising the Stakes", *The George Washington law review*, Vol. 4, October 2010, p. 59.

（2）环境管理不足。我国环境保护部门一般只设置到县级，在少数地区的乡镇设置有环保办公室、环保助理、环保员等环保机关。[①] 但即使在一些农村环境管理机构相对健全的地区如江苏省，县级环保部门的工作人员（包括部分乡镇的专职环保人员）还不到农业总人口的万分之一，每 1 人要平均管辖 18 平方公里。环境管理很难向农村延伸。[②] 因此，当环境污染行为出现时，公共实施受到人员、能力等多方面限制，行政机关并不能及时监测和发现，并对违法者进行制裁。此时，私人实施具有比较优势，原因在于：其一，这些环境违法行为就发生在农民的周边甚至"后院"，私人能够更容易发现和获知违法行为，由私人向公共机构提供违法信息、启动公共实施，比公共机构通过调查、监控等行为发现违法行为成本更低、更有效率。并且，这样一来，环境法的实施就不会因为公共部门的不作为或不能作为而出现失效的情况。其二，当自身权益受到侵害时，私人直接向法院提起诉讼要求救济，比公共执行要便捷。其三，私人通过自己的行为可以改善附近环境，保护自身的环境权益和自身经济利益，私人实施环境法律的动力要比公共机构更加强烈。

第三，环境法私人实施可以克服环境规制的不足。环境规制俘获理论表明，由于来自保护被管制者利益方面的压力、影响和贿赂，规制机构在执行法律、满足公益目标上是低效的。公共选择理论表明，公共机构为追求自身利益最大化在执法过程中会与环境公共利益的目标发生冲突。在环境规制过程中，环境行政不作为、环境执法不力、选择性执法是不可避免的规制的内在局限。由于私人实施环境法的动力或是为了维护自身利益、或受道德驱动维护环境公共利益，并不需要对公众对私人的实施行为支付工资，私人在实施过程中并不存在被收买、贿赂等"俘获"的空间，也不存在法律所保护的利益与自身利益冲突的情况。因此，环境法私人实施可以克服环境执法中存在的腐败、渎职、懈怠、滥用职权等弊端。

二 环境法私人实施的局限性

任何事物都有其固有的局限性，环境法私人实施也不例外。环境法私

---

① 王树义主编：《环境法前沿问题研究》，元照出版社 2012 年版，第 396 页。

② 冯汝：《确立村民委员会环境公益诉讼原告资格的社会与法律基础》，《中南大学学报》（社会科学版）2013 年第 3 期。

人实施的局限性主要体现在执法过度、动力不足、威慑不足等方面。

第一，实施过度之可能。波斯纳曾对私人过度执法的问题进行过论述，他认为，"在制度设计的私人执法体系中，罚款是执法者的收入来源，私人为了获取高额罚款或赔偿金，会竞相充当私人执法者，并且把所有的资源用于发现和指控，被吸引而来的私人会超过最优数量。这样一来，查获违法行为的概率就会高于贝克尔设定的较低水平，导致法律的'执法过度'以及'威慑过度'，超出'最优公共执法'的威慑强度。与私人比较而言，公共执法者不受利益最大化的驱动，在把何种资源用于法律执行方面，能作出更为理性的决策"①。如前文所述，本书所界定的"环境法的私人实施"与经济学分析中的"私人执法"并不相同。但在各国对于环境法私人实施的法律制度中，为了刺激私人实施的动力，也规定了许多特殊的激励制度，如侵权诉讼中的惩罚性赔偿制度，公益诉讼中的罚金制度，环境检举的奖励制度等。这些制度提高了私人实施环境法律的积极性，但也可能造成过度实施的状况，造成司法资源的浪费。并且，由于各类环境案件在环境违法信息的获取、责任的证明等方面存在难度差异，这也可能造成在某些环境违法领域或某些案件中私人实施过度情况的发生。

第二，实施不足之可能。与实施过度相比，私人实施更可能出现的是实施不足的情况。环境违法行为所造成的损害，很多属于发散性损害。"所谓发散性损害是指受害者为数众多，但其个别遭受的以金钱损失衡量的损害又往往相对很小或较小，或者仅遭受到难以用金钱损失衡量的秩序性损害，以及经过长期累积未来才有可能实际显现因而因果关系不好确定的潜在性损害。这样的损害即使不被受害者所忽略，但由于单个损害与追诉成本及风险不成正比，受害者对此受损也通常采取理性的漠不关心，真正拿起法律武器维护自身民事权益即个体私益的人可谓凤毛麟角。"② 环境损害属于发散性损害和易腐蚀性损害。该类损害容易受到私人忽略，由于考虑成本与收益，私人基于自身利益实施环境法律的动力不强。而对于私人基于公共利益实施环境法，主要受道德和环境责任的驱动，该动力的作用更加有限，并不会出现大量"积极公民"不为自身利益纯粹为了环

① 万宗瓒：《法经济学视角下的"私人执法"》，《前沿》2012 年第 13 期。
② 赵红梅：《经济法的私人实施与社会实施》，《中国法学》2014 年第 1 期。

境公共利益实施法律。并且，这类私人实施行为也面临资金和能力的限制，并不能做到面面俱到。比如，环保组织基于资金和成本的考虑，更倾向于选择较易证明、胜诉概率较高、成本较小的案件，对环境利益的保护具有随意性和非中立性，容易忽略特殊群体、偏远地区等不易发现和保护的人群、地区的环境利益。

第三，威慑力不足。私人实施的威慑力主要来自诉讼中对环境违法者的制裁，检举后行政机关的处罚行为，自力救济中的赔偿或自身名誉等。但一方面，这种威慑需要司法机关、行政机关等国家公权力机关的强制力做后盾；另一方面，这种威慑对环境违法者来讲主要是违法成本的提高，是经济制裁。正如斯蒂文·萨维尔所述："如果社会仅仅用金钱制裁威慑这些行为，威慑就相当不足了。尤其是，对许多这样的行为处以制裁的概率相当小，为了取得尚可接受的威慑效果，那么必要的金钱制裁的数额就必须规定得非常之大。但是很可能许多犯有这类罪行的人并没有多少财产。因此为了威慑的需要，就必须发挥监禁的作用。另外，由于对那些已经有犯罪倾向的人进行威慑有一定困难，这就使得具备剥夺性的监禁手段很有价值。"① 对环境违法行为的制裁而言，相对于公共实施中的刑事处罚等直接针对人身的制裁措施，私人实施的威慑力不足。

---

① ［美］斯蒂文·萨维尔：《法律的经济分析》，柯华庆译，中国政法大学出版社 2009 年版，第 146 页。

第三章　国外环境法私人实施的实践

第一节　国外环境法私人实施的发展与现状

一　环境私人诉讼

环境私人诉讼指的是经法律授权的私人主体以自己的名义向法院提起的，要求法院对被告采取措施迫使其遵守环境法律或追究其法律责任的行为。按照诉讼的目的及案件类型的不同，可将私人诉讼分为：受害者对污染者提起的普通民事诉讼；人数众多的当事人提起的大规模侵权诉讼即集团诉讼（又称为群体诉讼、集体诉讼）；任何人都可以为维护公共利益对污染者或行政机构提起的诉讼即公民诉讼（又称为公益诉讼、民众诉讼）。

（一）普通民事诉讼

1. 美国

在美国，私人受害者对污染者提起的普通民事诉讼主要是民事侵权诉讼。这里所指的环境侵权民事诉讼主要是指因妨害、侵扰、污染等造成私人权益受到损害，受害人为私人利益而提起的诉讼。在美国侵权法中，"妨害"一词被广泛应用，针对妨害提起的诉讼可以是普通环境侵权民事诉讼，也可能是公民诉讼或集团诉讼。所谓"妨害"可以分为公的妨害及私的妨害。私的妨害是指对于他人使用土地的不合理干扰。[①] 针对符合私妨害构成要件，造成私人权益受到损害的行为，受害人可以提起侵权民事诉讼。公的妨害行为，是指对于公众共同的利益所为之不合理的干扰行

---

① 参见［美］文森特·R. 约翰逊《美国侵权法》，赵秀文等译，中国人民大学出版社2004年版，第119页。

为，包括对于公共健康、公共安全、公共和平、公共舒适或公共便利的重
大干涉行为等。① 针对公共妨害，如果提起请求损害赔偿的个人诉讼，原
告所受的损害，必须与一般公众的公共权受侵扰所致损害的类型不同，这
时私人所提起的损害赔偿诉讼属于本书此处所说的普通侵权民事诉讼的范
围。如果提起禁止或消除之诉，原告必须符合下列情形之一：（1）具有
请求个人损害赔偿的权利；（2）具有代表州或有关事项的行政机关或公
务员的权限；（3）具有作为一般公民的代表或公民诉讼中的公民或集团
诉讼中的集团的一个成员的诉讼资格。② 此时，后两种类型的针对公共妨
害的诉讼不属于此处所说的受害人为私人利益而提起的普通侵权民事诉
讼，而属于下文的集团诉讼或公民诉讼。

　　受害者提起普通环境侵权诉讼的法律依据主要有：民法中关于妨害、
侵权的一般规定，以及《超级基金法》《清洁空气法》《清洁水法》等大
量环境专门立法中有关环境侵权及民事责任的规定。根据美国法律的规定
和司法实践，提起普通环境侵权民事诉讼的"私人"既可以是具有法定
权利和能力的人、环保组织或其他私主体，也包括以私主体身份提起诉讼
的州或地方政府。私人提起普通环境侵权民事诉讼的救济方式，主要为两
种：损害赔偿与侵害排除（即禁令）。

　　在美国，不仅私人可以针对违法行为提起民事诉讼，美国司法部代表
美国环保局向联邦法院或州首席检察官向州立法院也可以提起民事诉讼案
件。后者属于民事司法执法案件，是美国特有的制度。虽然私人提起的环
境侵权民事诉讼和民事司法执行案件两者都属于民事诉讼案件，并且针对
的对象都是环境违法行为，都可以通过和解解决，但两者存在很大的不
同：第一，适用情形不同。一般而言，当环境违法行为发生和经营者不遵
守行政命令时，政府、环保部门等公共机构会通过行政程序进行执法，民
事司法执法措施只有在特定情形下适用，主要包括：违法者拒不服从；案
件复杂可能导致诉讼；预估罚金额预期会超出行政案件法定限额；需要提
供禁令救济（特别是紧急救济）；政府希望建立一个法律判例典型；行政
执法措施本身违法等。而民事侵权诉讼案件的提起主要是由于环境违法行

---

　　① Restatement（Second）of Torts，§§821A-821C，转引自陈聪富《环境污染责任之违法
性判断》，载陈聪富主编《侵权违法性与损害赔偿》，元照出版社2008年版，第91页。
　　② 王明远：《美国妨害法在环境侵权救济中的运用和发展》，《政法论坛》2003年第5期。

为造成私人权益的损害。① 第二，民事司法执法措施的结果通常是禁令救济（由违规者自行采取措施）和处罚（罚金）。传统的普通侵权民事诉讼的结果通常是禁令和对遭受人身伤害或财产损失的私人方给予赔偿。总而言之，民事司法执行案件本质上仍是公共机构执行、实施法律的行为，其虽通过民事诉讼的形式来实现，但仍属于公共实施。

2. 日本

在日本，环境受害人对于受到的人身或财产损害可以通过环境侵权民事诉讼获得救济。私人提起的环境侵权民事诉讼可以分为两类：第一类是针对相邻关系、环境妨害等一般的环境损害而提起私人诉讼。这类诉讼主要的法律依据有《民法》《民事诉讼法》《民事调停法》等民事法律；第二类是环境危害行为造成大规模损害形成公害，造成人体或财产损失时，受害人提起的民事诉讼。这类诉讼的主要法律依据为《公害纠纷处理法》以及环境保护的专门法律，如《关于公害健康被害特别措施法》《关于水俣病认定业务的临时措施法》《公害对策基本法》《噪声控制法》《大气污染防治法》《水污染防治法》等。这两类私人提起的环境侵权诉讼的主要区别在于：前者适用过错责任原则，② 后者主要适用无过错责任原则。③但需要注意的是，私人针对公害所提起的民事诉讼也并非全部适用无过错责任原则。根据《公害对策基本法》第 2 条第 1 款的规定："公害，是指由于工业或人类其他活动所造成的相当范围的大气污染、水质污染（包括水质、水的其他情况以及江河湖海及其他水域的水底状况）、土壤污染、噪声、震动、地面沉降（矿井钻掘所造成的下陷除外）和恶臭气味，以致危害人体健康和生活环境的状况。""公害无过错责任的适用对象为大气污染、水质污染和放射性污染等有害物质所引起的公害，对于因噪声、振动、地面沉降、恶臭等造成的环境损害，并不适用无过错原则。并且对于适用无过错归责原则的公害案件，赔偿范围仅限于对生命、健康损

---

① OECD 编：《环境守法保障体系的国别比较研究》，曹颖、曹国志译，王金南审校，中国环境科学出版社 2010 年版，第 83—85 页。

② 《日本民法》第 709 条规定："因故意或过失侵害他人权利或受法律保护的利益的人，对于因此所发生的损害负赔偿责任。" 参见渠涛《最新日本民法》，法律出版社 2006 年版，第 151 页。

③ 例如，日本《大气污染防治法》第 25 条第 1 款规定："工厂或企业由于企业活动而排放的有害于人体健康的物质造成生命或健康的损害，该工厂或企业应对损害负赔偿责任。"

害的救济，对于财产的损害则不适用无过错原则。"①

在日本，对于私人提起的环境公害案件的救济方式包括排除危害、赔偿损失、恢复环境原状等。从总体上看，环境公害案件主要是受害人针对空气污染、水污染等造成的健康损害所提起的诉讼。除四大公害案件外，比较有代表的案件还有：多奈川火力诉讼、千叶川铁诉讼、西淀川诉讼等。②此外，私人提起的环境公害案件还包括对设施公害、产业公害、都市公害、农渔业公害等造成的损害提起损害赔偿和请求停止的诉讼。③

（二）集团诉讼

集团诉讼又称为群体诉讼、集体诉讼，是指一人或数人代表人数众多的集团成员的共同利益而提起的诉讼。广义的集团诉讼不仅指美国的集团诉讼，还包括日本的选定代表人诉讼、我国的代表人诉讼、德国的团体诉讼等多数人诉讼。

1. 美国集团诉讼

在美国，针对环境污染所造成的"小额多数"环境侵权以及大规模环境侵害行为，私人可以提起环境集团诉讼。《布莱克法律词典》将"集团诉讼"定义为"由一人或一小群人代表更大的一群人进行的诉讼"。通常认为，集团诉讼是允许一人或数人代表他们自己或者那些声称受到同样侵害或以同样的方式被侵害的其他人而起诉或被诉的制度。④1938年《联邦民事诉讼规则》规定了集团诉讼制度，1966年联邦最高法院对其进行了修改完善，使得包括环境保护在内的各类集团诉讼案件数量猛增，"由于将集团诉讼视为是向经济上的弱势当事人提供司法正义的设置，因此联邦最高法院对集团诉讼存在很高的热情，而且以一种自由的模式来解释新规则导致了集团诉讼的繁荣"⑤。之后，最高法院对集团诉讼进行了限制，

---

① 王胜明主编：《中华人民共和国侵权责任法》，中国法制出版社2010年版，第322—323页。

② 具体案例介绍可参见［日］浅野直人《日本的环境法和民事诉讼的动向》，张弘、吴华译，《研究生法学》2001年第1期。

③ 参见杜婉宁《公害赔偿责任之研究——以日本〈公害健康被害补偿法〉为中心》，硕士学位论文，私立中国文化大学，1994年。

④ Mary Kay Kane：《美国法精要（影印本）民事程序法》，法律出版社2001年版，第252页，转引自李响、陆文婷《美国集团诉讼制度与文化》，武汉大学出版社2005年版，第16页。

⑤ Linda Silberman, "The Vicissitudes of the American Class Action – With a Comparative Eye", *Tulane Journal of International & Comparative Law*, Vol. 7, 1999, p. 201.

并于 2003 年、2007 年对《联邦民事诉讼规则》进行进一步的修订。根据《联邦民事诉讼规则》第 23 条（a）款的规定，提起集团诉讼需满足以下前提条件：（1）集团人数众多，以至于所有成员进行共同诉讼并不可行。（2）集团具有共同的法律或事实问题。（3）代表人提出的请求或抗辩能够代表集团的权利要求或抗辩。（4）代表人能公正并充分地保护集团的利益。① 第 23 条（b）款规定了集团诉讼的类型，集团诉讼必须满足第 23 条（a）款中的条件，并且符合以下条件之一："（1）提起的集团诉讼：如果集团成员单独起诉或者应诉可能导致如下风险：（A）对集团各成员所作的矛盾或不一致的判决，可能会给予集团对立的一方当事人确立不同的行为标准；（B）对集团各成员所作的判决会在实际上处分并非该判决当事人的其他成员的利益，或在实质上损害或妨害他们保护自己利益的能力。（2）集团对方当事人，基于普遍适用于整个集团的理由，实施或拒绝实施某种行为，因此应将集团视为一个整体，做出适当、最终的禁止性救济或相应的宣告性救济。（3）法院裁定集团成员共同的法律或事实问题，相对于仅影响个别成员的问题而言占支配地位，且集团诉讼较其他诉讼方式更有利于就纠纷做出公正有效的判决。"② 其中上述第 23 条（a）款中的两类集团诉讼被称为'必要的集团诉讼'，通常不允许当事人选择退出。《联邦民事诉讼规则》第 23 条还对集团诉讼的相应程序问题进行了规定。

综合来看，在美国，人数众多的当事人提起环境侵权集团诉讼，可以基于同一事实或同一法律关系；集团中的一人或数人被视为代表集团中所有的当事人起诉；集团诉讼的参加采用未退出即为参加的程序，但必须通知所有的集团成员，集团成员在接到通知后，可以申请退出诉讼，同时也可以要求亲自参加诉讼；判决的效力及于没有申请退出的所有集团成员。

2. 日本选定代表人诉讼

在私人提起的环境公害诉讼案件中，一般受害人人数较多，这时日本《民事诉讼法》规定的选定代表人诉讼就会被引入。著名的四大公害案件，即 1967 年新潟和 1969 年熊本水俣病诉讼、1968 年富山痛痛病诉讼、

---

① Federal Rule of Civil Procedure Rule 23. Class Actions（http：//www. law. cornell. edu/rules/frcp/rule_ 23）.

② 胡敏飞：《论美国的环境侵权集团诉讼》，《法学评论》2007 年第 3 期。

1969 年四日市哮喘病诉讼①都是以选定代表人诉讼的方式得到解决的。②

与美国的集团诉讼不同，在日本的选定代表人诉讼中，具有共同利益的众多当事人经过严格的法定程序，将诉讼授权委托给其中一人或数人，由他们作为选定代表人代表众多当事人的利益进行诉讼。③ 在诉讼中，其他当事人退出诉讼，不再行使诉讼权利，由选定代表人以自己的名义行使权利，判决的后果及于所有当事人。④

（三）公民诉讼

根据各国法律的规定，私人可以针对民事主体或行政机关的环境违法行为，为维护环境公共利益而提起诉讼，此类诉讼被称为环境公民诉讼、住民诉讼或公益诉讼。

1. 美国公民诉讼

1970 年美国《清洁空气法》修改，在该法案中议会授予私人对违反环境许可的企业提出禁令，创造性地规定了公民诉讼制度。《清洁空气法》规定，任何人都可以提起公民诉讼。"任何人"被定义为："人"是指个人、公司、法人、合伙、社团、州政府、市、镇等市政当局、州委员会、州政府机构、任何州际法律实体（包括所有的部门和机构）和美国联邦政府的任何机构。⑤ 从这个时候起，一系列的联邦法律规定了公民诉讼条款，如《清洁水法》《濒危物种法》《超级基金法》《饮用水安全法》《有毒物质控制法》《资源保护与再生法》等。⑥ 至今，公民诉讼已经成为美国私人实施环境法律的一项基本制度，得到了广泛实践。美国环境公民诉讼依被告的不同，可分为两类：第一类是针对企业、联邦政府、州政府等在内的各类主体违反环境污染防治义务的行为提起的诉讼；第二类是专门针对政府机构违反法定义务的行为提起的诉讼。

私人实施的能力和作用取决于法律对私人实施者的救济方式，公民诉

---

① ［日］松村弓彦：《环境法》，成文堂 2004 年版，第 2—3 页。

② ［日］淡路刚久：《日本环境纠纷处理的历史和现状》，杨素娟译，载王灿发主编《环境纠纷处理的理论与实践》，中国政法大学出版社 2002 年版，第 23 页。

③ ［日］原田尚彦：《环境法》，于敏译，法律出版社 1999 年版，第 185—190 页。

④ 宋宗宇、钱静：《环境诉讼中的群体诉讼制度——兼论完善我国环境诉讼中的代表人诉讼制度》，《河北法学》2004 年第 12 期。

⑤ U. S. Code § 7604.

⑥ Wendy Naysnerski, Tom Tietenberg, "Private Enforcement of Federal Environmental Law", *Land Economics*, Vol. 68, No. 1, Feb. 1992, pp. 28 – 48.

讼的救济方式主要有：（1）禁令救济。私人可以通过诉讼请求法院发布禁止令，要求环境污染者停止违法行为，恢复原状或要求行政机关履行职责，遵守法律。（2）罚款。在美国的公民诉讼中，原告可要求法院判决环境污染者支付一定数额的罚款。该罚款应支付给国库，罚款的最高额度可高达75000美元。在确定罚款数额时，应考虑的因素包括：违反法律所获得的利益，恢复的费用，与其他遵守法律的竞争者相比其节省的成本及获得的好处，违法行为持续的时间，对环境造成的影响等。

在公民诉讼的早期，几乎所有的公民诉讼都是由环保组织提起的。有数据显示，1982年前，针对企业提起的公民诉讼数量不多，环保组织提起的公民诉讼主要针对的是行政机关，而不是议会制定法律时所希望和预期的污染者。出现这种情况的原因主要有两个方面：一是相比对环境污染者提起的诉讼，对环保署提起的诉讼具有更广泛的政策影响。二是证明企业违反环境标准是非常昂贵和困难的，而环境行政违法行为较易证明和发现。在此情况下，相对于庞大的企业数量而言，有限的公民诉讼数量并不能起到威慑作用，因为每个公司都认为自己不是下一个被起诉者。但近年来，公民诉讼的数量呈现上升趋势，提起诉讼的主体也已经变得更加多元，不仅包括环保组织，还包括公司、土地所有者、开发者、企业主以及更常见的州和宗教组织等。[①]

2. 日本民众诉讼

日本的公益诉讼只包括行政公益诉讼，没有所谓民事公益诉讼。行政公益在日本被称为民众诉讼，是指私人为纠正国家或公共团体不符合法律规定的行为，以选举人资格或自己在法律上利益无关的资格提起的诉讼。[②] 日本行政法学家认为，私人提起环境民众诉讼的目的不是维护自己的环境利益，而是制约环境机关或具有公共权力的机构行使行政职权的行为，维护公共利益。[③]

在日本，私人提起环境民众诉讼的主要法律依据为日本《行政事件

---

　　① 吕忠梅、吴勇：《环境公益实现之诉讼制度构想》，载别涛主编《环境公益诉讼》，法律出版社2007年版，第21页。

　　② 林书泓：《环境公民诉讼制度初探》（file：///C：/Users/dell/Desktop/citizen＿suits. pdf）。

　　③ 参见台湾财团法人环境品质文教基金会之环境公民诉讼网站（http：//www. envi. org. tw/lawsuit/index. htm）。

诉讼法》《地方自治法》等行政法律，以及相关的公害法律。依据这些法律，日本民众诉讼的形式有选举无效诉讼、当选无效诉讼及住民诉讼，环境民众诉讼属于住民诉讼。根据《地方自治法》第 242 条之规定，住民诉讼是指具有住民资格的人为防止或矫正地方公共团体①的会计财务行为，由住民向监查委员会为一定之请求，而监查委员会在 60 日内进行监查或虽进行劝告，但对于地方公共团体最后所为之改善措施仍有不服，始提起之行政诉讼。对于私人所提起的民众诉讼，日本法院持较宽松态度，尤其是在私人民众资格认定方面较为宽松。在司法实践中，提起环境民众诉讼中的住民既包括自然人也包括法人，具有住民资格的私人提起民众诉讼不需要具有权利或法律上的利益受损。民众诉讼的类型可以分为四种：（1）向执行机构或职员，请求停止全部或部分违法的财务会计行为；（2）请求撤销行政处分或确认违法的行政处分无效；（3）请求确认该执行机构或公务员怠于执行职务为违法；（4）请求当地公共团体的执行机构或公务员进行损害赔偿或返还不当得利。②通过环境民众诉讼，私人可以间接地对环境违法行为进行执法，并要求违法者承担责任。如在田子浦港湾淤泥诉讼中，私人通过请求确认政府使用公款对企业造成的淤泥进行整治的行为违法，使得污水排放者承担了损害赔偿责任。③

二　环境私人检举

（一）美国环境私人检举的实践

在美国，针对已经发生或正在进行的环境违法行为，私人不仅可以通过诉讼寻求司法途径解决，也可以通过举报、向行政机关提出异议等方式，对环境违法行为进行监督和制裁。

1. 检举

在美国，检举人主要是指的内部检举人，又被称为吹哨人，是指揭露

---

① 地方公共团体是日本行政法概念，是日本的行政主体之一。地方公共团体是指直接依据宪法享有自治权、独立于国家的地域性统治团体。地方公共团体又分为普通公共团体（都、道、府、县及市、町、村）和特别地方公共团体（特别区、地方公共团体组合、财产区及地方开发事业团）。

② 李仁淼：《地方自治中的住民自治——以日本之住民诉讼制度为中心》，《台北大学法学论丛》2008 年第 65 期。

③ 详细案情请参见郑介勋《论我国环境诉讼上之原告适格问题——以日本与我国主观诉讼与客观诉讼类型之区别为中心》，硕士学位论文，台湾中正大学，2013 年。

或举报某一机构发生的不当、不实或违法行为的人。吹哨人所检举的行为包括多种类型的违反法律、危害社会公共利益的行为，其中包括违反环境法律和对环境造成危害的不当行为。吹哨人可以在机构内部进行检举，也可以向律师、媒体、联邦和州政府、法律执行机构、其他组织等进行检举揭发。为了避免检举人遭到报复，联邦法律还规定了对吹哨人的保护制度，其理念在于帮助实施法律的人不应因其行为而受到报复或损失。第一部规定保护私人告密者的联邦法律是 1863 年的《The False Claims Act》（FCA），中文被称作《联邦虚假申报法》，或《联邦反欺骗政府法》《联邦反不实请求法》，也被称为"林肯法"。该法案的目的是应对美国内战期间供应商的贪污、欺诈以及滥用联邦资金的行为。在该法案中，规定了私人吹哨者在政府胜诉后可以分得一定比例的罚金，并且政府保护私人吹哨者免于被非法解雇。

　　美国第一部规定了吹哨人及其保护制度的环境法律是 1972 年的《清洁水法》。《清洁水法》规定，任何员工如果认为自己被解雇或遭受不公平的待遇是与其实施《清洁水法》、检举或揭露其所在机构的环境不当或违法行为、提供信息给州或联邦政府有关，那么，该员工就可以向职业安全与保健管理总署提出书面投诉。① 此后，《安全饮用水法》《资源保护和回收法》《危险物质控制法》《综合环境反应、补偿和责任法》（《超级基金法》）②、《清洁空气法》③ 等其他联邦环境法律中也规定了相似的条款。在美国环境法律中，作为吹哨人的"员工"范围很广，公共机构和私人机构的员工都被包括在内，具体包括小时工、监管者、经理人、管理者、合作者、工作人员甚至是独立承包人等。④ 在不同的环境法律中，环境吹哨者受到保护的行为稍有不同，但总体来讲，私人吹哨者受保护的检举或实施环境法律的行为范围很广，包括：作证；协助、参与或以任何方式参与环境法律的执行；向环境机关提供信息进行检举等。甚至如果私人员工反对管理者违反环境法律的行为或不遵守管理者违反环境法律的命令，但并未向环保机关、政府等进行检举，该行为也同样受到保护。在环境法律

---

　　① 33 U. S. C. §1367.

　　② 42 U. S. C. § 9610.

　　③ 42 U. S. C. § 7622.

　　④ Stephen M. Kohn, *Concepts and Procedures in Whistleblower Law*, New York：Quorum Books, 2000, p. 345.

中专门规定有关员工的检举及其保护的原因在于，公司、社会组织、公共机构等主体是否违反环境法律，员工是最好的信息来源，对私人检举者进行保护可以使其更好地提供相关信息。

2. 向特定机构提起环境异议程序

环境合作委员会的公民提议程序是美国特有的私人针对政府的环境行政违法行为进行监督的程序。在北美自由贸易区建立前，为防止自由贸易区对环境造成负面影响，加强环境保护。墨西哥、加拿大和美国制定了《北美自由贸易协定》（North American Free Trade Agreement，NAFTA）的附属协定——《北美环境合作协定》（North American Agreement on Environmental Cooperation，NAAEC）。为了执行该合作协定，环境合作委员会成立（Commission for Environmental Cooperation，CEC）。《北美环境合作协议》第14条和第15条规定了公民异议程序，任何公民和组织对政府未有效执行环境法律的行为都可以向环境合作委员会提出投诉。在符合以下几个条件时，公民的投诉会被环境合作委员会秘书处考虑：第一，使用指定的语言；第二，能够确认提出意见的公民或组织；第三，提供了足够的信息使环境合作委员会秘书处可以对投诉进行审查，包括任何书面证据、证明文件等；第四，目的是提高政府的执行而不是危害工业；第五，如果投诉针对的问题已经通过书面形式与政府进行了沟通，请指出政府的回复；第六，投诉的公民或组织必须是在一国境内居住或成立。①

（二）日本环境私人检举的实践

公害苦情商量制度是日本重要的私人寻求公共机构协助，实施环境法律的制度之一，与我国的环境检举制度较为类似。根据《公害对策基本法》的规定，地方公共团体与相关行政协力，专门设置处理公害苦情的窗口和人员。公害问题具有公法和私法混合的特点，因此，私人通过公害苦情窗口既可以请求对行政机关的公害行政行为进行矫正，也可以请求对环境民事适法行为进行咨询、指导、调查、纠纷解决等。具体来讲，私人请求公害苦情商量的行为可以分为以下几类：第一，针对环境违法行为所造成的损害，请求协助协商解决，进行损害赔偿或采取措施防止侵害等救济；第二，请求对公害行政机关的行政违法行为采取措施；第三，请求对

---

① Commission For Environmental Cooperation（http://www.cec.org/Page.asp? PageID = 122&ContentID = 2732&SiteNodeID = 567&BL_ ExpandID = #A14）.

环境违法行为进行调查；第四，提供环境违法行为的信息，对发生公害者进行通报检举。由于公害苦情制度的实施具有简易、迅速、效率高等特点，该制度已经成为日本私人实施环境法律的重要方式。

从公害苦情制度针对的具体违法行为来看，在 1972 年，日本全国受理苦情件数为 87764 件，发生源主要集中在大气污染、水污染、土壤污染、噪声、振动等七大典型公害；到 1992 年，日本全国公害苦情受理苦情件数，约为 76186 案件，其中七大典型公害案件 44976 件。[①] 从数据可以看出，私人通过公害苦情制度针对废弃物投弃、家庭生活等其他污染案件寻求处理的情况增多，七大典型环境公害案件呈下降趋势。

三　环境私人自力救济

(一) 美国的环境私人自力救济

美国环境私人自力救济的方式较多元化，包括抗议、游行、静坐、陈情、协商等。其中，协商和解是环境私人自力救济的最为重要的方式之一。环境协商是指当事人进行面对面的沟通，以致获得双方乐意接受之方法，解决环境问题争议的途径。环境协商和解系以达成某种共识为基础。[②] 从 20 世纪 70 年代初期开始，环境协商作为一种新的解决环境污染纠纷的方式，在美国逐渐得到重视和运用。在当时，环境协商对私主体和环境违法者而言都是一种不同传统诉讼方式的纠纷解决方式。在诉讼中，私人与环境违法者对抗，法官居中进行裁判，而在环境协商中需要双方达成某种共识和合意，做出共同的决策。环境协商相对于诉讼而言，经济成本较低，耗时较短，对于双方来讲都是一个双赢的选择。[③] 但环境协商合意的达成，也需要私主体具备相应的条件和能力。在与环境违法者进行协商时，私人需要能够掌握环境污染者的相关信息，能够在环境利益与经济利益之间进行权衡，能够掌握谈判技巧与环境污染者进行谈判等。这对于

---

① 台湾"行政院"研究发展考核委员会编印：《公害纠纷处理政策与法制之研究》，行政院研究发展考核委员会，1995 年，第 153 页。

② 汤德宗：《美国环境法论集》，台北无花果企业有限公司 1990 年版，第 91 页。

③ James E. Crowfoot, Julia Marie Wondolleck, *Environmental Disputes*：*Community Involvement In Conflict Resolution*，Bermuda：Island Press, 1990, pp. 2 - 4.

私主体而言，是一个巨大的挑战。① 这些问题在环境协商的实践以及环境法律不断完善的过程中，逐步得到解决。首先，越来越多的民众联合起来，组成或依靠环保组织来增强实力。环保组织也通过扩大组织成员，增加自己的影响力和行动力。并且，从 80 年代后期开始，环保组织逐渐改变以往通过与企业、政府对抗解决环境问题的方式，更倾向于通过谈判协商而不是对立来达到环境保护、经济发展与环境权益保护的共赢，主张以合作协商为基础的"第三方道路"。② 环境保护基金会、弗吉尼亚大学环境协商研究所等各环保基金会和环境协商研究机构也相继成立，呼吁和支持以环境协商代替传统的诉讼途径。其次，随着环境法律的不断完善，政府和企业的环境公开义务不断增强，私人可以更为便捷、容易地获得环境信息，这为私人进行环境协商提供了信息的支撑和保障。最后，随着环境公民诉讼制度的确立和环境规制的不断加强，法院及公共机构对环境违法者制裁更加严格，这也使得环境协商成为环境违法者更优的选择，在协商过程中双方合意更容易达成。

（二）日本的环境私人自力救济

在 20 世纪 70 年代，随着工业化进程的加快，日本的环境污染和破坏现象严重，而当时的日本法律并未针对私人对环境损害进行救济及对污染行为进行制裁作相应的规定。因此，在公害问题出现的初期，民众主要是通过抗议、游行等环境抗争的自力救济形式谋求事件的解决。由于没有相应的法律支撑，私人大规模的抗议、斗争没有起到促使企业关注环境问题、解决环境纠纷、对受害者进行赔偿的目的。因此，民众继而选择向法院提起诉讼。日本法院突破当时的法律规定，对企业处以巨额的损害赔偿金，这给环境违法者造成极大的威慑，也促进了日本公害法律制度的完善，为企业与私人之间的环境协商提供了保障。之后，公害防止协定这一环境协商机制逐步形成。

日本的公害防止协定，是指地方自治团体、居民团体等，针对已经发生或未来可能发生的损害，与公害源的排放者或公共设施的管理者，基于

---

① James E. Crowfoot, Julia Marie Wondolleck, *Environmental Disputes: Community Involvement In Conflict Resolution*, Bermuda: Island Press, 1990, p. 6.

② 高国荣：《美国环保运动与第三条道路》，《中国社会科学报》2011 年 9 月 20 日第 13 版。

双方合意，对损害赔偿、环境污染者或管理者需采取的措施等进行规定。日本的公害防止协定包括两类：一类是地方自治团体与企业等其他主体所签订的协议，另一类是大量居民团体与企业签订的协商协议。从性质和内容上看，前一类公害防止协定的主体之一地方自治团体虽属于独立于日本中央政府的法人，但也是具有行政职能的地方政府，其与企业所签订协议应属于行政协议，不属于我们所定义的具有自力救济性质的环境协商。而后一类公害防止协议的双方主体分别为私人组成的环保团体与企业等环境污染者，双方所签订协议的内容以损害赔偿为主、公害防治为辅，其性质属于我们所定义的环境协商，是私人自力救济的一种。据数据显示，在20世纪八九十年代，这类私主体与企业等签订的协议约占协议总数的10%—20%之间，每年数量为二三百件。与企业签订的公害防止协议的主体主要是由乡里居民所组成的自治会、公害对策委员会或公害对策居民会议等团体。①

第二节　环境法私人实施的国外经验

一　激励与限制机制平衡

为避免环境法私人实施不足与过度情形的出现，各国在进行私人实施的制度设计时，都非常注意兼顾激励和限制机制的平衡。在环境私人诉讼中，激励和限制规则的并重体现得尤为明显。

在美国的环境私人诉讼中，一方面，法律通过律师费用、诉讼费用承担规则的设定、团体诉讼制度的确立等方式，减少私人在诉讼中费用方面的负担，克服个人诉讼能力不足和负担过重的问题，鼓励私主体提起团体诉讼、公民诉讼等各类环境诉讼。另一方面，美国在诉讼的运用实践中，也始终注意对滥用加以严格的限制。主要体现在：第一，在侵权法改革中对激励规则进行限制。具体措施包括：规定非经济损失的上限，改变证明标准，限制惩罚性损害赔偿等。第二，在诉讼法修正中增加对集体诉讼的限制。1966 年美国《联邦民事诉讼程序法》修正，此后，法院开始限制

---

①　林大候：《日本公害防止协定的内容及其作法之研究》，台湾经济研究院委托研究计划研究报告，第15、35页。

集团诉讼的实践，主要方式是根据《联邦民事诉讼程序法》第 23 条（b）款第 3 项要求原告代理人承担巨大的对集团诉讼潜在人员进行告知的费用。此外，《2005 年集体诉讼公平法》又对集团诉讼进一步进行了限制。① 第三，在环境公民诉讼中设置限制性规则。为防止公民诉讼的滥用，美国法律对公民诉讼的提起规定了相应的限制条件：（1）60 天的诉前通知。除危险废物案件外，公民提起公民诉讼前，应向政府或环境违法者发出诉前通知。诉前通知的期限为 60 天。设置该规则的目的是可以给予政府实施其职责或环境违法者遵守法律、改正违法行为的最后机会，减少不必要的诉讼行为。（2）"勤勉执法"对公民诉讼的禁止。如果联邦政府或州政府已经对污染者提起了诉讼，或者正在"勤勉执法"，那么私人原告一般不能再提起诉讼。② 这一规则也体现了立法者仍然将公共实施作为第一选择，试图在公共实施和私人实施中保持平衡的努力。

在日本，相应的选定代表人诉讼、诉讼费用的承担规定也激励了私人通过诉讼方式实施环境法律。但为了防止滥诉情形的出现，日本法律也规定了限制性条例。例如，在环境民众诉讼中，由于任何符合住民资格的私人都可以提起诉讼，因此，为了预防私人浪费司法资源、为了避免自身私益干扰行政行为，日本《地方自治法》第 242 条设置了监查请求程序作为诉讼的前置程序。根据该条规定，普通地方公共团体的住民，针对普通公共团体的首长、委员会、委员或公务员，有违法或不当支出公款，取得、管理或处分财产，缔结或履行契约、承担债务或其他义务，违法或不当怠于执行课征公款或管理财产之事实，应于监查请求期间内，提交违法或不当行为的书面证明向监查委员会提出监查请求，请求防止、纠正该行为或纠正怠于行使职责的事实，或请求应采取措施填补因该行为或怠于行使职责的事实导致普通公共团体所受损害。只有对监查委员会及公共团体采取的应对措施不服，私人才可以提起环境民众诉讼。

二　环保组织为重要的实施主体

2008 年美国学者针对环保组织在实施环境法律中的作用进行了调查。

---

① J. Maria Glover, "The Structural Role of Private Enforcement Mechanisms in Public Law", *William & Mary Law Review*, Vol. 53, Iss. 4, Mar. 2012, pp. 1137 - 1217.

② Wendy Naysnerski, Tom Tietenberg, "Private Enforcement of Federal Environmental Law", *Land Economics*, Vol. 68, No. 1, Feb. 1992, pp. 28 - 48.

调查人群主要是实施过环境法律的环保主义者,[1] 包括：2004 年 1 月 1
日—2006 年 3 月 13 日所有公民诉讼（包括针对违法者的和针对政府的）
的原告、被告和律师，所有向环境合作委员会提交意见的非政府组织和非
政府组织的律师；向政府提出撤销州许可的请求人等。[2] 调查的问题包
括：第一，是否信任政府及认为政府所做出的决定是对的。第二，对以下
八个组织哪个组织最信任：美国政府、行政部门、新闻界、最高法院、议
会、政府管理机构、非政府组织和州政府。0 分是非常不信任，6 分是非
常信任。调查显示，政府的评价得分是 2.44 分，这表明了公民对政府的
信任是有限的。同时，调查者显示人民对非政府组织的信任比其他机构都
要高。[3]

　　美国环保组织在过去的几十年间发展迅速，在促进环境政策的形成、
环境法律的完善以及实施等方面发挥了重要的作用。[4] 诉讼是环保组织实
施环境法律的最有效的方法之一。美国的十大环保组织包括奥杜邦协会、
野生动物保护协会、美国环保协会、美国绿色和平组织、资源保护选民同
盟、国家公园保护协会、全国野生动物联盟、自然资源保护委员会、塞拉
俱乐部、荒野协会。其中，"美国环保协会、自然资源保护委员会、塞拉
俱乐部法律援助基金会都是以法律为主要武器的环保组织。通过环境诉
讼，环保组织可以迫使政府切实履行职责，使环境法得到有效执行。"[5]
这些环保组织提起了多起具有代表性的案件，如塞拉俱乐部诉内政部长莫
顿案、"地球之友"诉莱德劳公司环境污染案等，这些诉讼案件促进了公
民诉讼等法律制度的发展。并且，与个体公民相比，这些环保组织有足够
的专家和资源监督企业和政府的行为，并在认为必要时提起诉讼。以公民

---

　　① 调查人群是环保主义者，因为他们是最有兴趣和动力用一种或多种机制参与环境实施的
群体。

　　② 根据《信息自由法案》，调查人员从美国环境保护署处得到了所有提出撤销州许可请求
的相关信息，并与请求人取得了联系，进行了调查。

　　③ Tom Tyler, David L. Markell, "Using Empirical Research to Design Government Citizen Partici-
pation Processes: A Case Study of Citizens' Roles in Environmental Compliance and Enforcement", *Kan-
sas Law Review*, Vol. 57, No. 1, Feb. 2010, p. 1.

　　④ M. E. Kraft, *Influence of American NGOs on Environmental Decisions and Policies*, *From The
Role of Environmental NGOs—Russian Challenges*, Washington: National Academy Press, 2001,
pp. 141 – 143.

　　⑤ 高国荣：《1980 年代以来美国主流环保组织的体制化及其影响》，《陕西师范大学学报》
（哲学社会科学版）2011 年第 6 期。

诉讼为例，议会制定环境公民诉讼的目的是希望普通民众能够针对环境污染者提起诉讼，但实践中公民个人提起诉讼的现象很少，主要由环保组织如美国自然资源保护委员会提起。为了资助公民诉讼的提起，美国自然资源保护委员会还建立了一个自给自足的法案实施项目，用一个案件中获得的律师费用来支持以后的案件。塞拉俱乐部、地球之友等六个基金、组织组成的倡权联盟加入了美国自然资源保护委员会的行动。有数据显示，这六个组织的诉讼通知占了 1982—1984 年 214 个公民诉讼通知中的 162 个，占了总数的将近 2/3；政府或地方的环境组织所发出的诉讼通知占了其他的 1/3。[1] 此外，环保组织在对环境违法行为的检举和监督方面也发挥着重要作用。在美国的环境举报制度中，环境保护组织作为"看家狗"与"吹哨者"，监督和举报政府和企业的环境违法行为，并通过游说、听证、游行等各种法定或非法定的方式提出意见，促使政府或企业实施更有利于环境保护的行为。[2]

三　法律援助和律师的作用

1. 美国

对于私人而言，环境案件本身具有专业性、复杂性等特征，并且，私人相对于违法者在财力、能力等方面常处于弱势地位。这就意味着，律师在诉讼的提起及整个过程中会发挥关键的作用。环境律师可以帮助公民、企业、环保组织等私主体运用联邦、州和地方法律以及普通法来保护他们的权利。[3] 但处于弱势群体的私人常常无法承担律师以小时计算的高昂法律服务费用。在美国，对于这个问题的解决有两个途径：一是通过市场化的方式，由律师进行风险代理。律师与私人之间约定，律师在胜诉后才按照一定的比例收取律师费用。由于环保诉讼费用较高，环保组织是诉讼的主要提起者。环保组织雇佣律师对违反环境法律者提起诉讼的情况居多。二是大量的法律援助组织和公益律师在环境诉讼中发挥重要的作用。美国

① Tom Tyler, David L. Markell, "Using Empirical Research to Design Government Citizen Participation Processes：A Case Study of Citizens' Roles in Environmental Compliance and Enforcement", *Kansas Law Review*, Vol. 57, No. 1, Feb. 2010, p. 3.

② 郑少华：《试论美国环境法中非政府组织的法律地位》，《法学评论》2005 年第 3 期。

③ Tony Uhl, Environmental Lawyer-Nonprofit, Private Practice, or Business (www. sage. wisc. edu/.../Environmental%20Lawyer (Private). doc).

的法律援助体系分为刑事法律援助和民事法律援助，环境私人诉讼主要涉及民事法律援助。1974 年美国政府成立了美国法律服务公司（the US Legal Services Corporation，LSC）为民事法律援助服务提供资金。美国服务法律公司的资金主要来自国会拨款，但其本身并不直接参与法律援助服务，而是主要负责将资金提供给私人、民间法律援助机构和律师事务所，并对资金的使用进行监督。法律服务公司资助的法律援助项目主要是为低收入人群在家庭暴力、房地产纠纷、劳务纠纷等方面提供法律帮助，其中也包括为弱势群体涉及的环境纠纷案件提供法律援助。[1] 除了法律服务公司援助的项目外，美国还存在公益项目。在美国服务法律公司援助的法律项目中，律师为需要帮助的人提供法律援助仍可获得一定报酬，但在公益项目中的律师，却是完全志愿、免费地提供法律服务。为了公共目的或帮助穷人，律师义务到法律援助机构工作一定时间或接受一定数量的公益案件。[2] 在美国有些地方，如佛罗里达州的奥兰多市，律师协会要求所有的律师必须参与公益项目或者捐助一定的资金替代公益服务。除此之外，美国还有大量大学的法学院开设了法律诊所，这些法律诊所已经成为法律援助机构的重要组成部分。公益项目和法律诊所代理大量涉及公共利益的案件，包括消费者权益保护、环境保护、歧视等案件。这些项目和机构为因资金问题无力提起环境公益诉讼的私人提供了有力的帮助和支持。

　2. 日本

　　在日本，法律援助包括法律咨询与建议、调解谈话等诉讼前的援助活动以及与诉讼相关的法庭援助活动。如果希望在诉讼中获得法律援助需要符合三个条件：第一，"无资力"，即没有负担诉讼费用的经济能力；第二，"案件并非显属无胜诉希望"，即有胜诉的可能性；第三，符合法律援助的宗旨，即诉讼的目的应与实现公平和正义的目标相符。[3] 法律援助对于公害问题、消费者权益保护等与公共利益有关的案件会给予优先且特

---

　① LSC, the US Legal Services Corporation (http：//www. lsc. gov/about/what – is – lsc)．

　② Helynn Stephens, "Price of Pro Bono Representations：Examining Lawyers' Duties and Responsibilities：for Many Reasons Lawyers Owe a Duty to Provide Legal Services to Those Who Can't Afford Them, and the Mandatory Pro Bono Model is Best for That Goal", *Defense Counsel Journal*, No. 1, January 2004, pp. 71 –79.

　③ 王舸：《日本法律援助制度简论》（http：//www. moj. gov. cn/yjs/content/2010 – 08/18/content_ 2247282_ 2. htm）。

别的考虑。

除了法律援助制度，在提起以四大公害诉讼为代表的大型公害诉讼中，律师更是发挥了重要作用。概括起来，律师在公害诉讼中的作用，主要体现在以下几个方面：

第一，专业帮助。在公害诉讼中，为保证律师团的影响力和专业水平，律师团都是由有威望的老律师以及具有专业能力、公益精神的中青年律师组成。在调查和起诉过程中，律师团深入实际了解受损情况，并与医生、研究人员和专家一起对因果关系、损失情况等进行调查和证明。

第二，精神支持。在公害纠纷中受害人与违法者地位具有不对等性。受害人以加害企业为被告，作为诉讼原告正面提起诉讼并非易事。并且，加害企业仍会想尽一切办法，甚至与行政主体一起对提起诉讼的人们施加种种压力，并不断试图分离和瓦解受害人。例如，对于在骨痛病诉讼中充当原告的受害人来说，提起诉讼就意味着有可能被剥夺户籍。在此过程中，律师对受害人进行鼓励，对毅然站出来作为参加诉讼的受害人给予了勇气和信心。

第三，筹集诉讼活动费用。为减轻受害人的经济负担，在提起诉讼时，律师不收取费用，在获胜阶段再收取律师报酬。此外，律师们积极争取诉讼求助制度，请求暂缓支付部分或全部裁判费用。并且，为了筹得维持公害诉讼的高额费用，公害诉讼辩护团与受害人一道，向支持诉讼的团体和个人呼吁捐款，全力筹集款项。很多跻身辩护团的律师们还筹集资金，自己出钱维持诉讼活动。①

四　私人实施的方式互补和促进

环境法私人实施的几种主要方式各有优缺点。私人诉讼制度威慑力较大、结果确定，但诉讼对私人的诉讼能力要求较高、对案件的审理范围也有限定、程序复杂。相比来讲，检举和自力救济在经济、时间等方面成本较低、较便捷、简单，但检举和自力救济在对私主体权益保护的全面性、威慑力度等方面存有劣势。因此，从国外经验来看，各国都为私人提供了多元的实施环境法律的方式，这些方式之间形成了一个完善的互动体系，

---

① 日本律师协会主编、王灿发监修：《日本环境诉讼典型案例与评析》，皇甫景山译，中国政法大学出版社 2011 年版，第 7—9 页。

相互补充相互促进。

私人实施方式之间的互动体现在：第一，环境协商不成时，可以进行检举或者诉讼。私人与环境违法者可以进行协商要求其停止侵害、消除污染、赔偿损失等。当协商失败时，私人可以寻求向相关行政机关检举、向法院进行诉讼等其他私人实施的方式。第二，对环境检举结果不满时，可以进行诉讼。环境检举人可以分为与违法行为有利害关系的私人和无利害关系的私人。当环境行政机关对检举信息怠于处理，或处理结果并未使检举人满意时，有利害关系的私人可以针对自身权益的损害提起环境民事诉讼或单纯为公共利益提起公益诉讼，而无利害关系的私人也可以提起公益诉讼。第三，环境诉讼整个过程中，都可以进行协商。在环境诉讼前或诉讼中，私人都可以停止诉讼，与环境违法主体达成和解协议。

环境法私人实施方式之间的相互补充相互促进体现在：一方面，环境私人诉讼的完善促进环境协商的发展。例如，在20世纪70年代初期，在美国，私人在环境协商中处于完全的弱势。在早期的《清洁水法》的公民诉讼中，公司经常拒绝在私人提起公民诉讼前通过停止违法行为、协商等方式对环境违法行为进行处理。但是，公民提起公民诉讼后，几乎所有公司的抗辩都被法院驳回。公民诉讼的争议和问题逐渐在案件审理中被解决，① 法院也对环境公民诉讼制度持支持态度。随着环境公民诉讼的发展，法院败诉的判决对环境污染者起到了威慑作用，使得他们在私人提起诉讼前自愿协商、采取措施、进行赔偿，以避免私人提起诉讼后耗时耗力，并且面临比协商更严重的惩罚。诉讼的完善为环境协商的进行提供了鼓励和保障的作用。另一方面，私人检举和自力救济也能促进诉讼的发展。司法是有限度的，私人提起过多的诉讼会使法院不堪重负，影响审判的质量及结果。而检举和自力救济对诉讼可以起到非常重要的分流作用，促使诉讼能够更好地解决法律上的难题，发挥威慑和终局裁定等方面的优点，从而更具有吸引力。②

---

① Michael S. Greve, "The Private Enforcement of Environmental law", *Tulane Law Review* Vol. 65, Dec. 1990, pp. 339 – 394.

② 齐树洁：《我国环境纠纷解决机制之重构》，载何兵主编《和谐社会与纠纷解决》，北京大学出版社2007年版，第262页。

五 私人实施与公共实施的结合

私人实施是与公共实施相对应的概念，两者相互区分又相互补充。从国外经验来看，两者的关系随着时间在不断地变化，最终两者互相结合形成互动关系。20 世纪以前，环境问题主要集中在自然资源的破坏、生活污染、相邻妨害等方面。这一时期环境法实施的特点是私人实施在环境法实施中占主导地位，私人实施针对的对象主要为自然资源纠纷，实施的依据是私法尤其是私法中的财产法。"19 世纪后期出现污染现象后，运用的法律武器仍然是妨害法，其私的妨害请求是基于实体禁止法和他人在使用财产时不合理侵害的原理。"① 20 世纪初，随着工业现代化带来大规模的环境损害，各国逐渐建立了环境规制法律体系，环境法的实施开始主要依靠公共机构的行政规制。法律将环境保护的主要责任赋予行政机关，由其对违法行为进行调查、举办听证、发布执行命令。但这个时候普通法的侵权责任在事后规制中仍发挥重要作用。20 世纪中后期，由于公共机构管理违法行为的能力逐渐显露出不足，各国的法律开始通过增加私人诉讼权利、加强私人检举的作用等方式增强私人事后实施机制，以充分发挥私人实施的优势。② 这个时候，环境法私人实施是制度设计的结果。法律通过委托私人而不是公共执行机构对违法行为进行执法，侧重的是对事后结果的救济而不是事前对市场主体的管制。其目的是对公共实施中管制机构的能力进行补足与限制，以更好地达到管制目标。

1990 年后，美国几乎再没有重要的环境法律颁布，这 20 多年环境法律处于停滞状态。出现这种现象的原因很多，但不能归结于公众对于环境保护的支持减少。虽然评估公众对环境保护的支持是很困难的，但从各方面看，公众对环境保护的支持是很强烈的。发生改变的是，公众不再只是通过政治程序或联邦地方法律等方式来表达对环境保护的支持，而更多的是通过私人在社会环境和市场上的交互来参与环境治理。私人环境治理成为一种新的治理模式，在环境标准的制定、监控、环境法律的实施等传统

---

① 汪劲：《论现代环境法的演变与形成》，《法学评论》1998 年第 5 期。

② The litigation state（2010）.

公共监管体系的领域发挥着作用。① 以往政府是法律的制定者和主要实施者，但现在在发生变化。政府的公共行为不再是达到环境保护目的的唯一方式。虽然政府、环境管理机构等公共机构在环境法律的实施中仍占据主导的地位，但在很多情况下，政府已经不是唯一的或最好的实施者。私人治理的存在表明私人或公共模式的改变，或两者的结合才能达到预期的目的。② 至此，私人实施环境法律被纳入公私合作进行环境治理的广泛范畴中，并在公私合作的框架下与公共实施进行互补和互动。

六 制度的保障与支持

在公民诉讼的实践和发展中，制度的不断完善给予了保障和支持。美国公民诉讼案件数量的变化以及主要诉讼类型可以说明这一问题。1982年后，美国公民诉讼的数量及对环保署的诉讼通知增多，并且大部分的公民诉讼案件是依据《清洁水法》提起的。数据显示，在 1978 年 2 月—1984 年 3 月之间，根据各类环境法律提起的诉讼通知有 349 件，其中有214 件都是根据《清洁水法》提起的。1984 年后公民诉讼的数量更出现了大规模增加的趋势，1984 年 5 月—1988 年 9 月，环保组织等各类主体共提起公民诉讼 806 件。与 80 年代相比，90 年代后环境公民诉讼的案件数量有下降趋势，每年案件数量平均 100 件左右，但主要仍然是依据《清洁水法》起诉。如"在 1996 年至 1998 年间，美国环境公民诉讼案件总数为 228 起，其中依据《清洁空气法》起诉的 12 起，依据《清洁水法》起诉的 216 起。近几年的情况也是如此，根据美国司法部统计，2008—2010 年，依据《清洁空气法》和《清洁水法》起诉的环境公民诉讼案件，总数为 227 起。其中，依据《清洁空气法》起诉的 36 起，依据《清洁水法》起诉的 191 起"③。出现这种状况的原因在于：第一，得益于清洁水法的环境监管框架。《清洁水法》第 402 条规定：任何人从一个点源排放任何污染物进入美国的水域，必须获得"国家污染物排放清除系统"（NPDES）许可证，否则即属违法。该法案建立了美国国家污染物排

---

① David P. Daniels, Jon A. Krosnick, "Public Opinion on Environmental Policy in the United States", in *The Oxford Handbook of U. S. Environmental Policy*, 2013, pp. 461, 467 – 470.

② Michael P. Vandenbergh, "Private Environmental Governace", *Cornell Law Review*, Vol. 99, No. 1, Feb. 2014, pp. 129 – 197.

③ 李静云：《美国的环境公益诉讼》，《中国环境报》2013 年 4 月 23 日第 3 版。

放削减制度，该制度禁止向任何水体排放废水的行为，除非该排放得到了许可。通过许可证的各项具体条款，水污染防治的具体要求，如不同污染物、不同点源的各种技术排放标准、水质标准、某类设施最佳排污管理实践等得以落实。这使得违法行为的标准具体而明确。公民诉讼主要是针对违法排放的行为提起诉讼。第二，得益于环境监测报告制度。《清洁水法》规定，公司申请污染物排放许可时必须向地方环保机关提供环境监测报告。根据这一要求，美国建立了一个完整的记录系统，记录了每一个私排放者具体违反排放标准的行为及排放情况。该系统及报告对公民是公开的，这使得违反者很容易被发现。环保组织花费不到半天的时间就可以培训学生志愿者审查监测报告发现违法行为，而后律师对调查结果进行审查，根据违法者违法行为的严重性及违法行为的次数和其他因素，环保组织发出诉讼通知。除非该案件被政府执行或者违法者达成了解决协议，对于违反排放的行为，环保组织都会提起诉讼，并且针对大部分公司的诉讼通知和诉讼是基本相同的。

第四章 我国环境法私人实施的实践

第一节 我国环境法私人实施的历史考察

一 古代环境法的私人实施

我国古代法律有两个重要的特征：一是法律由原始习惯演变而成，二是诸法合一，以刑为主，刑罚严酷。这两个特征在环境保护领域也得到了深刻体现。

在古代社会，由于对自然存在敬畏和崇拜，人们在利用自然的过程中产生了很多环境禁忌。这些环境禁忌虽然是属于社会习俗的范畴，但却是古代环境法的重要来源。到战国时代，社会经济飞速发展，生存环境日益恶化，环境矛盾激化，环境社会习惯不断充实调整上升为法律，有关环境保护的法律应运而生。1975 年 12 月，湖北省云梦县城关睡虎地 11 号秦墓出土了大量秦简。人们根据秦简的内容，整理出了秦国的法律——《秦律十八种》。在《秦律十八种》的《田律》中记录了大量环保条款，表明战国时期环境法已经产生并初具规模。也因此，《田律》被认为是我国环境法的起源。从内容上看，战国时期的环境法中，主要是保护野生动物资源、森林资源等自然资源的规定，如《田律》规定："春二月，毋敢伐材木山林及雍（壅）堤水。不夏月，毋敢夜草为灰，取生荔、麛卵鷇，毋毒鱼鳖，置阱罔（网），到七月而纵之。唯不幸死而伐绾（棺）享（椁）者，不是不用时。邑之紤（近）皂及它禁苑者，阱时毋敢将犬以之田。百姓犬入禁苑中而不追兽及捕兽者，勿敢杀；其追兽及捕兽者，杀之。河（呵）禁所杀犬，皆完入公；其他禁苑杀者，食其肉而入皮。"① 唐朝之后，随着社会生活的发展，对生活环境的保护逐渐得到重视，在唐朝的法典《唐律》中，专设"杂律"一章，对自然环境和生活环境的保护作了较为具体的规定。明、清时期的法律，大多沿袭了唐律的规定。②

对于违反环境法律的行为，古代法律规定了严酷的刑事处罚。西周周文王的"伐崇令"就规定"毋坏屋，毋填井，毋伐树木，毋动六畜，有不如令者，死无赦"。虽然"伐崇令"是战时的规定，有一部分军纪的性质，但其他古代资料也证明，对破坏环境行为的处罚是严酷的。如《管子·地数》中就记载："有动封山者，罪死而不赦。有犯令者，左足入，左足断；右足入，右足断。"《韩非子·内储说》记载："弃灰于公道者断其手。"在《唐律》中对破坏环境的行为也规定了笞杖等严厉的刑罚。如"诸不修堤防，及修而失时者，主司杖七十。毁害人家，漂失财物者，坐赃论，减五等"。"其穿垣出秽者杖六十；出水者勿论；主司不禁与同罪。""诸弃毁官私器物及毁伐树木、稼穑者，准盗论。"③

综观上述古代环境法的规定，在"率土之滨，莫非王臣，普天之下，莫非王土"的封建体制下，环境法的保持对象是皇家所有的自然资源。对于破坏资源的环境违法行为，私人享有举报权。所谓举报在中国古代又可称为"告发""告讦""告奸"等，是指向上司或有关部门揭露、揭发别人的隐私或短处。为了鼓励私人对违法行为的举报，古代对检举行为分别规定了惩罚和激励措施：惩罚性措施主要是指连坐制度，包括家族连坐、保甲连坐和科举、举荐制度下的连坐等；奖励措施包括配备专门人员、设施为检举提供便利，将罚金或没收财产的部分所得奖励给告发人等。虽然国家通过各项措施鼓励私人对违法行为进行举报，但由于古代环境法是以严厉的刑事制裁为主要方式的、具有公法性质的法律，私人在法律的实施中作用有限，环境案件主要依靠国家主动侦查，收集违法证据，以纠问式的诉讼方式进行处理，国家强权在环境违法案件中占有主导地位。也就是说，古代环境法以刑事法律为主，环境法的实施主要依靠国家

---

① 姜建设：《古代中国的环境法：从朴素的法理到严格的实践》，《郑州大学学报》（哲社版）1996 年第 6 期。

② 汪劲：《论现代环境法的演变与形成》，《法学评论》1998 年第 5 期。

③ 《古代中国的"环保法"》（http：//news. xinhuanet. com/energy/2013 - 03/06/c_ 124423954_ 2. htm）。

机构进行，私人主要发挥提供违法信息的作用，环境法的私人实施处于萌芽状态。①

二 民国时期环境法的私人实施

清末以后一直到中华人民共和国成立，中国社会一直处于战乱不断、动荡不安中。在这种情况下，环境法律的颁布与实施处于被忽视的地位。在中华民国时期的立法中，环境法律主要有 1929 年《渔业法》、1932 年《森林法》、1932 年《狩猎法》和 1942 年《水利法》等。这些法律主要集中在自然资源领域，对自然资源的权属、利用开发和保护做了相应的规定。以《森林法》②为例，在该法中根据林木种类、用途的不同，确定了其不同权属，并对盗窃、毁损、破坏森林的行为，规定了罚金、有期徒刑等处罚。在这一时期，私人遭受损害的救济与制裁主要依靠两种方式：一是依靠行政处罚和刑事处罚。例如，《森林法》第 67 条规定"于他人之森林内牧放牲畜者，处二十圆以下罚金。"二是私人可请求赔偿或补偿。如《渔业法》第 40 条规定："侵害渔业之权利者，除赔偿损害外，处二百圆以下罚金。"总体来看，在民国时期，私人在环境法的实施中虽拥有了一定的权利，如对环境损害所造成私人财产损失可要求赔偿，但私人实施针对的对象主要为自然资源纠纷，而自然资源是被作为财产、物③看待的。

三 新中国环境法的私人实施

1949 年新中国成立后，国家处于百废待兴的阶段，环境问题并不严重，也未得到重视。在这一时期，国家对森林、矿藏、水流等自然资源的保护较为重视，在 1954 年《宪法》中对矿藏、水流等自然资源的权属做了规定，并制定了若干纲要和条例，例如，1950 年《矿业暂行条例》、1953 年《国家建设征用土地办法》、1956 年《矿产资源保护试

---

① 陈欣新：《公法救济中的私人作用》，载汤欣主编《公共利益与私人诉讼》，北京大学出版社 2009 年版，第 259—260 页。

② 民国时期《森林法》于 1932 年颁布实施，此后历经多次修改，本处所用《森林法》仅指 1932 年颁布实施的法律。

③ 例如，1929 年《渔业法》第 11 条规定："入渔权视为物权。但除继承及转让外，不得为权利之标的。"

行条例》、1957 年《中华人民共和国水土保持暂行纲要》。在环境污染防治方面，1956 年由卫生部和国家建设委员会联合颁发《工业企业设计暂行卫生标准》。① 除此之外，对环境污染的治理均通过党中央、国务院、国务院行政主管部门下发的"红头文件"贯彻执行。从 60 年代中叶开始，中国政治的"左"倾错误发展到最严重的阶段，"文化大革命"导致了一场长期的、影响全局的灾难，国民经济到了崩溃的边缘，许多过去依靠行政手段建立起来的规章制度也受到批评而被否定。在整个法制体系被全盘破坏的情况下，法律的执行和实施全部停滞，与环境相关的法律也未能幸免。总而言之，从 1949 年到 20 世纪 70 年代，我国环境法处于孕育时期，在当时社会环境下，法律体系、机构尚未建立或遭到破坏，在没有民法、诉讼法等相关法律支持的情况下，环境违法行为的查处主要依靠政府的行政行为，私人实施在环境法律中的地位和作用更是微乎其微。

1972 年联合国人类环境会议召开，此后，1973 年国务院召开了第一次全国环境保护会议。会后，国务院批转了《关于保护和改善环境的若干规定》，形成了中国环境法规的雏形。1978 年《宪法》第 11 条规定："国家保护环境和自然资源，防治污染和其他公害。"该条的规定意味着环境保护首次被列入国家的根本大法之中。② 1979 年，我国颁布了《环境保护法（试行）》，这标志着我国第一部综合性环境法律的产生。在《环境保护法（试行）》中，第 8 条规定："公民对污染和破坏环境的单位和个人，有权监督、检举和控告。被检举、控告的单位和个人不得打击报复。"这标志着我国现代环境法私人实施的产生。由于1979 年《环境保护法（试行）》是在国际影响和推动下，自上而下制定的，因此，其内容主要以行政规制为主，以行政处罚和刑事处罚为制裁手段，对私人的作用并未进行详细的规定，只规定了私人对违法行为的监督、举报。在之后制定的环境单行法中这一情况有所改变。1982 年《海洋环境保护法》、1984 年《水污染防治法》、1987《大气污染防治法》等法律中，对私人的环境权利和义务、私人环境纠纷的处理都做了

---

① 张庆彩：《中国环境法治的演进与趋势研究——基于国际环境安全视角的分析》，博士学位论文，南京大学，2010 年，第 122 页。

② 汪劲：《论现代环境法的演变与形成》，《法学评论》1998 年第 5 期。

较为具体的规定。在民法、诉讼法等基本法律中也规定了与环境侵权及其救济相关的内容。例如，1986 年《民法通则》对危险作业和污染环境造成他人损害应承担民事责任进行了规定；1982 年《民事诉讼法（试行）》对民事诉讼程序做了具体规定。这进一步为私人实施环境法律提供了法律依据和程序支持。

80 年代中后期，我国环境立法进入全新阶段。1989 年，《环境保护法》修订后颁布实施，该部法律中增加了环境监督管理和法律责任的内容，也增加了对私人权利的规定，明确了环境污染的受害人请求环保主管部门处理或提起诉讼的权利。1991 年《民事诉讼法》修订时，立法机关在总结 20 世纪 80 年代以来法院处理群体性纠纷案件经验的基础上，确立了我国的群体性诉讼制度，即代表人诉讼制度。1992 年，《最高人民法院关于适用民事诉讼法的意见》对该制度进一步作出具体规定。① 代表人诉讼制度为环境侵权所造成的大规模环境侵权以及多数小额环境侵权提供了更便利的诉讼方式，避免了同一事件出现不同的判决结果，也可以节省成本，更好地保护环境受害者的权益。

90 年代后，随着我国工业的飞速发展和城市化进程的加快，空气、水、大气等环境污染问题更加严重，自然资源破坏加剧，大规模环境事件频频发生。为应对环境问题，我国环境法律的制定和修改速度加快。在世界范围内，环境问题成为全球共同的议题，环境法律的全球一体化特征越来越明显。可持续发展原则、公众参与原则也逐步影响我国的环境立法。我国环境法律中也更加重视公众的作用，私人的权利内容和保障措施相应增加，并更加细化。如 2008 年《水污染防治法》修订，在该法中增加了水污染环境侵权诉讼因果关系的证明、代表人诉讼、支持诉讼、法律机构和律师对诉讼的法律援助、环保部门的信息保障义务等多个方面的内容。之后，2009 年《侵权法》第八章对环境污染责任进行了专章规定，进一步明确了被侵权人请求赔偿的权利；2012 年《民

---

① 1982 年《民事诉讼法（试行）》中，尚没有出现代表人诉讼制度。1985 年，四川省安岳县 1569 户稻种经营户诉县种子公司水稻制种合同纠纷案中，审判机关尝试性地变通了当时立法中唯一可援引的共同诉讼制度，接受了田安邦等几位稻种经营户作为农民代表向种子公司提起的侵害诉讼，并胜诉，使法院判决对所有与该种子公司有同类购销合同纠纷的农户均有法律效力。"安岳种子案"的审理，开创了我国群体性诉讼之先例。参见董扬、王晗《开发商逾期交房，购房人理应获赔》，《人民法院报》2009 年 11 月 4 日第 8 版。

事诉讼法》修订，增加了公益诉讼的规定；2014 年新颁布的《环境保护法》设置了"公众参与"专章，这些都更进一步提高了私人在环境法中的地位。

综观新中国成立后我国法律中私人实施的规定（环境法律中有关私人实施依据的变化详见表2），环境法私人实施方式的演变具有以下特征：

第一，私人实施方式逐步多元，法律依据逐步完善。在 80 年代，私人主要是通过民法上一般的妨害、相邻关系等提起诉讼进行救济。随着专门环境法律及相关民事法律的制定及完善，环境代表人诉讼、环境公益诉讼、环境检举等私人方式得到发展。

第二，公共实施仍然是环境法实施的主要方式，私人实施被作为公共实施的补充。传统观点认为，由于环境问题具有外部性，环境污染的治理、环境质量的改善都是政府的职责，主要依靠政府的管制行为来实现。相应地，我国环境法律中也主要是关于公共实施的条款，关于私人环境权利行使、环境权益保护的实体和程序性规定很少，并且缺乏可操作性。以新修订的《环境保护法》为例，即使该法律更加重视公众参与的作用，其中有关私人权利的条文也不足 10 条，大部分条文仍然是关于监督管理、污染防治等具有行政性质的法律规定。

第三，私人实施方式的演变主要是自上而下进行。我国环境法律从一开始就是由政府推动的，环境法律的运作主要依靠政府启动和推进，公共实施占主导地位，私人处于被动地位。随着依靠行政强制手段的公共实施在环境法中存在问题，我国开始重视私人在环境法中的作用，在立法中通过具体制度增加私人实施环境法的可行性。公益诉讼、代表人诉讼等都是制度设计的结果，其目的是通过私人的参与对公共实施的不足加以补充，以更好地达到环境改善的目标。

表2　　　　　　　　　私人实施环境法律依据的变化

1979 年《环境保护法（试行）》	1989 年《环境保护法》	2014 年《环境保护法》
环境保护综合法 第八条　公民对污染和破坏环境的单位和个人，有权监督、检举和控告。被检举、控告的单位和个人不得打击报复。	第六条　一切单位和个人都有保护环境的义务，并有权对污染和破坏环境的单位和个人进行检举和控告。 第四十一条　造成环境污染危害的，有责任排除危害，并对直接受到损害的单位或者个人赔偿损失。 　赔偿责任和赔偿金额的纠纷，可以根据当事人的请求，由环境保护行政主管部门或者其他依照法律规定行使环境监督管理权的部门处理；当事人对处理决定不服的，可以向人民法院起诉。当事人也可以直接向人民法院起诉。	第五十七条　公民、法人和其他组织发现任何单位和个人有污染环境和破坏生态行为的，有权向环境保护主管部门或者其他负有环境保护监督管理职责的部门举报。 公民、法人和其他组织发现地方各级人民政府、县级以上人民政府环境保护主管部门和其他负有环境保护监督管理职责的部门不依法履行职责的，有权向其上级机关或者监察机关举报。 　接受举报的机关应当对举报人的相关信息予以保密，保护举报人的合法权益。 第五十八条　对污染环境、破坏生态，损害社会公共利益的行为，符合下列条件的社会组织可以向人民法院提起诉讼： （一）依法在设区的市级以上人民政府民政部门登记； （二）专门从事环境保护公益活动连续五年以上且无违法记录。 符合前款规定的社会组织向人民法院提起诉讼，人民法院应当依法受理。 提起诉讼的社会组织不得通过诉讼牟取经济利益。
民事法律 1986 年《民法通则》	2009 年《侵权责任法》	
第一百二十三条　从事高空、高压、易燃、易爆、剧毒、放射性、高速运输工具等对周围环境有高度危险的作业造成他人损害的，应当承担民事责任；如果能够证明损害是由受害人故意造成的，不承担民事责任。 第一百二十四条　违反国家保护环境防止污染的规定，污染环境造成他人损害的，应当依法承担民事责任。	第八章　环境污染责任 第六十五条　因污染环境造成损害的，污染者应当承担侵权责任。 第六十六条　因污染环境发生纠纷，污染者应当就法律规定的不承担责任或者减轻责任的情形及其行为与损害之间不存在因果关系承担举证责任。 第六十七条　两个以上污染者污染环境，污染者承担责任的大小，根据污染物的种类、排放量等因素确定。 第六十八条　因第三人的过错污染环境造成损害的，被侵权人可以向污染者请求赔偿，也可以向第三人请求赔偿。污染者赔偿后，有权向第三人追偿。	

	1982 年《民事诉讼法（试行）》	1991 年《民事诉讼法》	2012 年《民事诉讼法》
民事诉讼法	略	第五十四条　当事人一方人数众多的共同诉讼，可以由当事人推选代表人进行诉讼。代表人的诉讼行为对其所代表的当事人发生效力，但代表人变更、放弃诉讼请求或者承认对方当事人的诉讼请求，进行和解，必须经被代表的当事人同意。 第五十五条　诉讼标的是同一种类、当事人一方人数众多在起诉时人数尚未确定的，人民法院可以发出公告，说明案件情况和诉讼请求，通知权利人在一定期间向人民法院登记。 　向人民法院登记的权利人可以推选代表人进行诉讼；推选不出代表人的，人民法院可以与参加登记的权利人商定代表人。 代表人的诉讼行为对其所代表的当事人发生效力，但代表人变更、放弃诉讼请求或者承认对方当事人的诉讼请求，进行和解，必须经被代表的当事人同意。 人民法院作出的判决、裁定，对参加登记的全体权利人发生效力。未参加登记的权利人在诉讼时效期间提起诉讼的，适用该判决、裁定。	第五十三条　当事人一方人数众多的共同诉讼，可以由当事人推选代表人进行诉讼。代表人的诉讼行为对其所代表的当事人发生效力，但代表人变更、放弃诉讼请求或者承认对方当事人的诉讼请求，进行和解，必须经被代表的当事人同意。 第五十四条　诉讼标的是同一种类、当事人一方人数众多在起诉时人数尚未确定的，人民法院可以发出公告，说明案件情况和诉讼请求，通知权利人在一定期间向人民法院登记。 向人民法院登记的权利人可以推选代表人进行诉讼，推选不出代表人的，人民法院可以与参加登记的权利人商定代表人。 　人民法院作出的判决、裁定，对参加登记的全体权利人发生效力。未参加登记的权利人在诉讼时效期间提起诉讼的，适用该判决、裁定。 第五十五条　对污染环境、侵害众多消费者合法权益等损害社会公共利益的行为，法律规定的机关和有关组织可以向人民法院提起诉讼。

	1984 年《水污染防治法》	1996 年《水污染防治法》	2008 年《水污染防治法》
水污染防治法	第五条　一切单位和个人都有责任保护水环境，并有权对污染损害水环境的行为进行监督和检举。 因水污染危害直接受到损失的单位和个人，有权要求致害者排除危害和赔偿损失。 第四十一条　造成水污染危害的单位，有责任排除危害，并对直接受到损失的单位或者个人赔偿损失。 赔偿责任和赔偿金额的纠纷，可以根据当事人的请求，由环境保护部门或者交通部门的航政机关处理；当事人对处理决定不服的，可以向人民法院起诉。当事人也可以直接向人民法院起诉。 水污染损失由第三者故意或者过失所引起的，第三者应当承担责任。 水污染损失由受害者自身的责任所引起的，排污单位不承担责任。 第四十二条　完全由于不可抗拒的自然灾害，并经及时采取合理措施，仍然不能避免造成水污染损失的，免予承担责任。	第五条　一切单位和个人都有责任保护水环境，并有权对污染损害水环境的行为进行监督和检举。 因水污染危害直接受到损失的单位和个人，有权要求致害者排除危害和赔偿损失。 第五十五条　造成水污染危害的单位，有责任排除危害，并对直接受到损失的单位或者个人赔偿损失。 赔偿责任和赔偿金额的纠纷，可以根据当事人的请求，由环境保护部门或者交通部门的航政机关处理；当事人对处理决定不服的，可以向人民法院起诉。当事人也可以直接向人民法院起诉。 水污染损失由第三者故意或者过失所引起的，第三者应当承担责任。 水污染损失由受害者自身的责任所引起的，排污单位不承担责任。 第五十六条　完全由于不可抗拒的自然灾害，并经及时采取合理措施，仍然不能避免造成水污染的损失的，免于承担责任。	第十条　任何单位和个人都有义务保护水环境，并有权对污染损害水环境的行为进行检举。 县级以上人民政府及其有关主管部门对在水污染防治工作中做出显著成绩的单位和个人给予表彰和奖励。 第八十五条　因水污染受到损害的当事人，有权要求排污方排除危害和赔偿损失。 由于不可抗力造成水污染损害的，排污方不承担赔偿责任；法律另有规定的除外。 水污染损害是由受害人故意造成的，排污方不承担赔偿责任。水污染损害是由受害人重大过失造成的，可以减轻排污方的赔偿责任。 水污染损害是由第三人造成的，排污方承担赔偿责任后，有权向第三人追偿。 第八十六条　因水污染引起的损害赔偿责任和赔偿金额的纠纷，可以根据当事人的请求，由环境保护主管部门或者海事管理机构、渔业主管部门按照职责分工调解处理；调解不成的，当事人可以向人民法院提起诉讼。当事人也可以直接向人民法院提起诉讼。 第八十七条　因水污染引起的损害赔偿诉讼，由排污方就法律规定的免责事由及其行为与损害结果之间不存在因果关系承担举证责任。 第八十八条　因水污染受到损害的当事人人数众多的，可以依法由当事人推选代表人进行共同诉讼。 环境保护主管部门和有关社会团体可以依法支持因水污染受到损害的当事人向人民法院提起诉讼。 国家鼓励法律服务机构和律师为水污染损害诉讼中的受害人提供法律援助。 第八十九条　因水污染引起的损害赔偿责任和赔偿金额的纠纷，当事人可以委托环境监测机构提供监测数据。环境监测机构应当接受委托，如实提供有关监测数据。

第二节　我国环境法私人实施的现状及存在的问题

一　环境私人诉讼的现状及存在的问题

根据我国现有法律规定，当前私人通过诉讼实施环境法律的方式主要包括传统的环境民事诉讼（包括一般的环境侵权诉讼以及环境代表人诉讼）和环境民事公益诉讼。诉讼作为私人实施环境法律的重要方式，在填补环境侵害造成的损失、对环境违法者进行惩罚、给受害者提供救济等方面都发挥着重要作用。

从总体数量上看，2013 年前，私人提起的环境民事诉讼案件总数很少，在环境案件中所占比例较小，在民事诉讼案件中所占比例更小。据统计，2002—2011 年，全国法院受理各类环境刑事、民事、行政一审案件118779 件，审结116687 件，其中环境民事一审案件受理 19744 件，审结19450 件，环境民事案件受理数量是全部案件数量的 16.6%。① 如果与总体的民事案件相比，私人提起的环境民事诉讼案件更是微乎其微。2002—2011 年，全国法院受理各类环境民事一审案件 19744 件，审结 19450 件，环境民事案件只占同期民事一审案件的 0.04%。而与此同时，环境刑事案件占同期全部刑事一审案件的 1.16%，环境行政案件占同期全部行政一审案件的 1.49%（具体详见表3）。②

表3　　　　　　　2002—2011 年私人提起环境民事诉讼（一审）
案件数量横纵对比图

	2002—2011 年受理案件总数	占同期民事（刑事、行政）案件的比例	占同期环境案件总数的比例
环境民事案件	19744 件	0.04%	16.7%
环境刑事案件	83266 件	1.16%	70%
环境行政案件	15749 件	1.49%	13.3%
环境案件总数	118759 件	—	—

① 袁春湘：《2002—2011 年全国法院审理环境案件的情况分析》，《法制资讯》2012 年第12 期。

② 根据 2000 年民事案由规定中的"环境污染损害赔偿纠纷"、2008 年民事案由规定中的"环境污染侵权纠纷"、2011 年民事案由规定中的"环境污染责任纠纷"三个案由统计。参见袁春湘《2002—2011 年全国法院审理环境案件的情况分析》，《法制资讯》2012 年第 12 期。

各省市私人提起环境诉讼案件情况也是如此，私人在环境司法中作用有限。例如，"2007 年至 2011 年，江西省法院共审理各类资源与环境保护案件 5463 件。其中，刑事案件 2635 件，占 48.2%；民事案件 75 件，占 1.38%，行政案件 1793 件，占 32.8%。自然资源保护非诉执行案件 960 件，占 17.7%"①。又如，2010—2013 年 6 月，抚顺全市两级法院共审理各类涉及生态环境保护案件共计 1037 件。其中：刑事案件 435 件，占总案件数的 41.95%；民事案件 316 件，占总案件数的 30.47%；行政案件 89 件，占总案件数的 8.58%；非诉执行案件 197 件，占总案件数的 19%。② 更甚者，2012—2014 年 2 月，温州全市法院受理各类一审环境案件共计 4509 件，但其中只有民事案件 95 件，而这 95 件案件中有 94 件为同一企业违法排污造成多名农民起诉至法院的案件，也就是说实际只有 2 件私人提起的环境民事诉讼案件。③

近年来，为了解决环境诉讼中存在的困境和问题，发挥诉讼在环境保护中的作用，我国以实践为先导，试图根据环境立法的特殊性，建立适应环境案件审理需要的司法体制和裁判程序。④ 2007 年以来，贵阳、无锡、云南等省市纷纷成立环保法庭，最高人民法院也于 2014 年 6 月成立了环境资源审判庭。最高法环境资源审判庭的主要职责包括：审判第一、二审涉及大气、水、土壤等自然环境污染侵权纠纷民事案件，涉及地质矿产资源保护、开发有关权属争议纠纷民事案件，涉及森林、草原、内河、湖泊、滩涂、湿地等自然资源环境保护、开发、利用等环境资源民事纠纷案件；对不服下级人民法院生效裁判的涉及环境资源民事案件进行审查，依法提审或裁定指令下级法院再审；对下级人民法院环境资源民事案件审判工作进行指导；研究起草有关司法解释等。⑤ 最高人民法院环境资源审判庭的现有受案范围是以私人提起的环境资源民事案件为突破口及主要职责的。2015 年 6 月，最高人民法院还发布了《关于审理环境侵权责任纠纷

---

① 张忠厚：《关于全省法院生态环境司法保护工作情况的报告》（http：//jxrd. jxnews. com. cn/system/2012/08/02/012063267. shtml）。

② 丁冬：《抚顺发布生态环境案件审判白皮书》，《中国环境报》2013 年 11 月 25 日第 3 版。

③ 浙江省温州市中级人民法院课题组：《环境司法的困境、成因与出路》，《法律适用》2014 年第 6 期。

④ 吕忠梅主编：《环境法学概要》，法律出版社 2016 年版，第 245 页。

⑤ 《最高人民法院关于全面加强环境资源审判工作为推进生态文明建设提供有力司法保障的意见》（http：//court. gmw. cn/lawdb/show. php？fid＝148892）。

案件适用法律若干问题的解释》，对环境侵权纠纷的归责原则、举证责任的分配、数人排污的责任承担、环境服务机构的责任以及行为保全、专家意见等作了进一步的规定。随着环境法律的完善及环境司法专业化的推进，我国环境资源审判案件的数量有了飞速的增长。2016 年《中国环境资源审判》的数据显示，从 2014 年 1 月—2016 年 6 月，全国法院受理环境资源刑事、民事、行政一审案件 575777 件，审结 550138 件。近三年环境资源审判案件的数量是过去十年审判案件总数的 5 倍。在这些环境资源案件中，全国法院共受理各类环境资源一审刑事案件 39594 件，审结 37216 件；共受理各类环境资源一审民事案件 227690 件，审结 195141 件；共受理各类环境资源一审行政案件 68489 件，审结 57738 件。环境民事案件的数量大幅度增加。以每年平均审理案件数量计算，2014 年后，私人提起的环境民事诉讼数量是之前年均案件数量的近 32 倍（具体增长状况详见表4）。在全国民事案件中，环境民事案件所占比例也有显著提升，基本与刑事案件所占比例持平。以 2015 年为例，各级法院审结一审刑事案件109.9 万件，其中，污染环境、破坏资源等犯罪案件 1.9 万件；审结一审民事案件 622.8 万件，其中，涉环保民事案件 7.8 万件。①

表4   2014—2016 年私人提起环境民事诉讼增长状况

	2002—2011 年受理案件数量（件）	2014 年 1 月—2016 年 6 月受理案件数量（件）	年平均受理案件数量增长率（%）
环境民事案件	19744	227690	3150
环境刑事案件	83266	39594	36
环境行政案件	15749	68489	1125
环境案件总数	118759	335773	—

从数量上讲，2014 年以来，我国环境私人诉讼数量有了快速增长。但从审判内容与利益保护功能的发挥等实施状况来看，我国环境私人诉讼还存在以下问题：

第一，环境民事诉讼中资源合同纠纷较多，权属、侵权纠纷案件较少。当前各地环境法庭审理的民事案件主要涉及大气、水、土壤等自然资

① 《2015 年最高人民法院工作报告》（http://news. china. com/2015lh/news/11170076/ 20150312/19373609_ 1. html）。

源污染侵权纠纷民事案件；涉及与地质矿产资源保护、开发有关权属争议纠纷民事案件；涉及森林、草原、内河、湖泊、滩涂、湿地等自然资源保护、开发、利用等环境资源民事纠纷案件。在这些案件类型中，从全国来看，资源合同纠纷较多，而资源权属、侵权纠纷较少。以 2014 年为例，全国法院审结环境资源合同纠纷一审案件 72822 件，而审结环境资源权属、侵权纠纷一审案件仅仅 3331 件。根据最高人民法院法审管（2014）13 号《关于确定最高人民法院环境资源审判庭受理案件范围和具体案由的通知》的规定，资源合同类案件的主要案由包括探矿权转让合同纠纷、采矿权转让合同纠纷、供用电合同纠纷、供用水合同纠纷、供用气合同纠纷、供用热力合同纠纷、抵押合同纠纷（限于以资源作为抵押物的合同纠纷）、种植、养殖回收合同纠纷、中外合作勘探开发自然资源合同纠纷、农业承包合同纠纷（限于除耕地外的农业承包合同纠纷、林业承包合同纠纷、渔业承包合同纠纷、牧业承包合同纠纷等）。这些案件主要处理的是在自然资源开发利用中，合同的订立、履行、变更及终止而产生的纠纷，其主要法律依据仍然是《合同法》，其主要目的是保护合同当事人的合法权益，维护社会经济秩序，促进经济发展，而非保护环境。私人提起的环境诉讼对于环境污染防治和生态环境保护方面发挥的作用有限。

第二，环境公益诉讼案件数量少。在实践中，环境法庭案源不足、环境公益诉讼案件提起数量少的状况普遍存在。在专门的环境法庭中，私人提起环境民事诉讼和公益诉讼的案件数量也很少，环境案件主要为刑事诉讼和行政非诉执行案件。贵阳、无锡、昆明等地环保法庭的案件审理情况都说明了这一情况（具体数据统计见表5）。[①]

表5 环保法庭案件数量及类型

环保法庭	成立时间	统计时间	总收案	主要案件类型	公益诉讼案件
贵阳环保法庭	2007.11.20	2007.11—2014.5	700 多件	刑事	17 件
江苏无锡环保法庭	2008.5.6	2008.5—2014.5	800 多件	行政非诉执行	4 件
云南昆明环保法庭	2008.12.11	2008.12—2013.9	106 件	刑事	6 件

① 高洁：《环境公益诉讼与环保法庭的生命力——中国环保法庭的发展与未来》，《人民法院报》2010 年 1 月 29 日第 5 版。杨朝霞：《环境司法主流化的两大法宝：环境司法专门化和环境资源权利化》，《中国政法大学学报》2016 年第 1 期。

2014 年后,《环境保护法》《最高人民法院关于审理环境民事公益诉讼案件适用法律若干问题的解释》等法律规范确立和细化了环境公益诉讼制度,希望公益诉讼能够发挥监督和遏制环境违法行为、补充环境行政执法不足的作用。然而,法律制度的完善和司法机构的设置并没有改变公益诉讼的状况,由于诉讼主体资格的限制,我国公益诉讼的数量甚至有所减少。根据《中国环境资源审判》的数据显示,2015 年 1 月新《环境保护法》施行至 2016 年 6 月,全国法院共受理社会组织提起的环境民事公益诉讼一审案件 93 件。私人提起的环境诉讼在维护环境公共利益方面发挥的作用有限。

第三,群体性诉讼案件较少。近年来,我国环境污染事件高发,松花江水污染事件、云南阳宗海砷污染事件、渤海溢油案等环境污染事故屡屡见诸报端。[1] 对于这些大规模环境污染所引起的群体性纠纷,如果私人能够通过代表人诉讼制度进行救济,不仅可以使受害者所受损害得到赔偿,并且能够起到威慑污染者,追究其责任的作用。但在实践中,这些重大环境事件发生后,法院常常以各种理由,拒绝受理此类案件。例如,震惊中外的松花江特大水污染事件发生后,松花江沿岸的受害人提起的损害赔偿诉讼,黑龙江省、吉林省各级法院一个也没有受理。2010 年 7 月,大连漏油事件发生之后,对于受害人提起的损害赔偿诉讼,大连海事法院同样不予受理,造成大量污染受害人到北京上访。[2] 并且,即使特定群体利益受损的案件进入法院,在司法程序中也常被拆分为个人提起的诉讼。例如,2007 年丰台法院审理的丰北路沿线 165 位居民起诉某公司环境污染损害赔偿纠纷,即为 165 个自然人分别起诉的单一诉讼案件,而非群体诉讼。在环境案件中,私人针对大规模环境侵权提起代表人诉讼困难重重,代表人诉讼并未得到充分的应用。私人提起的环境诉讼在维护群体环境利益,解决大规模环境纠纷中所发挥作用有限。

二 环境私人检举的现状及存在的问题

(一) 环境私人检举相关概念

在我国,与环境私人检举制度相关的概念有举报、信访等。信访是我

---

① 王树义、冯汝:《我国环境刑事司法的困境及其对策》,《法学评论》2014 年第 3 期。

② 汪劲主编、王社坤、严厚福副主编:《环保法治三十年:我们成功了吗?》,北京大学出版社 2011 年版,第 284—290 页。

国特有的一项制度，环境检举、举报与环境信访三者常被联系在一起，混淆使用。但实际上，举报与检举概念相似，常被替换使用，但环境检举与环境信访却存在一定的区别。

广义的环境检举是指私人针对所有环境违法行为向有关国家机关报告的行为，包括公民、法人或其他社会组织的环境违法行为，也包括行政机关的违法行为。我国《环境保护法》第57条规定："公民、法人和其他组织发现任何单位和个人有污染环境和破坏生态行为的，有权向环境保护主管部门或者其他负有环境保护监督管理职责的部门举报。公民、法人和其他组织发现地方各级人民政府、县级以上人民政府环境保护主管部门和其他负有环境保护监督管理职责的部门不依法履行职责的，有权向其上级机关或者监察机关举报。接受举报的机关应当对举报人的相关信息予以保密，保护举报人的合法权益。"狭义的环境检举主要是指私人针对公民、法人或其他社会组织的环境违法行为向环境保护主管部门和其他负有大气环境保护监督管理职责的部门报告的行为。例如，我国《大气污染防治法》第31条规定："环境保护主管部门和其他负有大气环境保护监督管理职责的部门应当公布举报电话、电子邮箱等，方便公众举报。环境保护主管部门和其他负有大气环境保护监督管理职责的部门接到举报的，应当及时处理并对举报人的相关信息予以保密；对实名举报的，应当反馈处理结果等情况，查证属实的，处理结果依法向社会公开，并对举报人给予奖励。举报人举报所在单位的，该单位不得以解除、变更劳动合同或者其他方式对举报人进行打击报复。"

信访是我国特有的制度，《信访条例》第2条规定："本条例所称信访，是指公民、法人或者其他组织采用书信、电子邮件、传真、电话、走访等形式，向各级人民政府、县级以上人民政府工作部门反映情况，提出建议、意见或者投诉请求，依法由有关行政机关处理的活动。"《环境信访办法》① 第2条规定："本办法所称环境信访是指公民、法人或者其他组织采用书信、电子邮件、传真、电话、走访等形式，向各级环境保护行政主管部门反映环境保护情况，提出建议、意见或者投诉请求，依法由环境保护行政主管部门处理的活动。"根据《环境信访办法》第16条的规

---

① 《环境信访办法》是由当时的国家环境保护总局颁布，因此，只规定了向环境行政机关进行的信访。

定，环境信访的类型可以分为两类：一是批评建议类信访，包括对环境保护工作提出意见、建议和要求；对环境保护行政主管部门及其所属单位工作人员提出批评、建议和要求。此种类型的信访在大数情况下，信访内容与信访人没有直接利益关系，属于环境公益类信访。二是检举、揭发性信访。是信访人检举、揭发违反环境保护法律、法规和侵害公民、法人或者其他组织合法环境权益的行为。从以上规定可以看出，环境信访的范围广于环境检举、举报。环境检举主要是指公民、法人和其他组织通过邮件、电话等方式向有关国家机构举报所有环境违法行为的活动，不包括批评和建议活动。

在实践中，由于环境信访、检举部门常常是合二为一的，环境举报和检举常常被等同于环境信访，即是指公民、法人或其他组织通过书信、电子邮件、传真、电话、走访等形式向环境保护行政主管部门、各级人民政府、公安机关、司法机关等国家机关反映环境保护的情况，提出建议、意见或者投诉请求，依法由有关部门处理的活动。因此，下文中环境检举的数据及论述会涉及部分信访的内容，这也是我国环境检举存在的问题之一。

（二）环境检举现状

环境检举由于具有经济、便利的优势，在监督环境违法行为、解决环境纠纷、改善环境质量、增加公众参与等方面发挥了重要作用。2001—2012 年环境信访的数据统计（详见表6①）表明，每年通过来信、来访进行环境检举的数量都在 30 万件以上。2014 年，全国各级环保系统处理的投诉更是高达 150 多万件。② 举报的内容涉及水污染、大气污染、噪声污染等多方面，举报的方式包括网络、电话、信件等。环境检举已经成为一种私人实施环境法律和参与环境保护的重要方式。

表6   2001—2012 年环境信访数据统计

年度	来信总数（封）	水污染（件）	大气污染（件）	固体废物污染（件）	噪声与震动（件）	来访批次（批）	来访人次（次）
2001	369712	47536	144880	6762	154780	80575	95033
2002	435420	47438	160332	7567	171770	90746	109353

① 根据历年《环境统计年报》统计整理（http：//zls. mep. gov. cn/hjtj/nb/）。
② 《2014 年环境统计年报》（http：//zls. mep. gov. cn/hjtj/nb/2014tjnb/201601/t20160120_326695. htm）。

续表

年度	来信总数（封）	水污染（件）	大气污染（件）	固体废物污染（件）	噪声与震动（件）	来访批次（批）	来访人次（次）
2003	525988	60815	194148	11698	201143	85028	120246
2004	595852	68012	234569	10674	254089	86892	130340
2005	608245	66660	234908	10890	255638	88237	142360
2006	616122	73133	242298	8538	263146	71287	110592
2007	123357	23788	45986	3762	40638	43909	77399
2008	705127	106521	286699	14135	239737	43862	84971
2009	696134	100497	260168	15010	242521	42170	73798
2010	701073	91967	262953	12908	262389	34683	65948
2011	201631	数据无	数据无	数据无	数据无	53505	107597
2012	107120	数据无	数据无	数据无	数据无	53505	96145

从以上数据来看，我国环境举报的数量巨大，总体上呈上升趋势。之所以出现这种情况，一方面是环境举报自身具有简便、易行等特点，另一方面是我国出台了相关法律和措施促进和刺激环境私人举报。具体来讲有以下几个方面：

第一，建立相应的法律保障。为加强环保举报热线工作的规范化管理，畅通群众举报渠道，维护和保障人民群众的合法环境权益，根据《信访条例》以及环境保护法律法规有关规定，2010 年环保部制订了《环保举报热线工作管理办法》。该办法于 2011 年 3 月 1 日起实施，对环保举报热线的机构、职责和人员，工作程序，工作制度等做了明确规定。

第二，建立环境举报激励制度。我国大部分省市都开展了环保有奖举报并制定了相关规定，例如，《安徽省环境违法行为有奖举报暂行规定》（2013 年）、《黑龙江省环保厅环境违法行为有奖举报暂行规定》（2008 年）、《北京市环境保护局对举报环境违法行为实行奖励有关规定（暂行）》（2016）等。根据这些规定，群众可以通过有奖举报热线进行举报，对查证属实并立案处罚的环境污染行为，举报人可以获得相应的奖励。

第三，创新私人举报方式。以往传统的环境举报方式主要有电话、来信、邮件、走访等，但随着移动互联网的发展，环境举报方式与高科技技术相结合。除传统的来信来访方式外，环保举报热线、网络投诉的开通，使得环保举报更加便利。例如，2012 年全国各级环保系统共收到群众电话及网络投诉 89.2 万件，是通过来访和来信进行举报数量的 5 倍多。[①]
为了提高私人监督环境违法行为的便利性，2014 年环保部认可和支持的
"环保随手拍"手机软件推出；2015 年 6 月，全国环保微信举报平台——
"12369 环保举报"正式开通运行。这些新型举报方式，保证了举报信息
的完整性、及时性、可核查性以及办理流程的公开透明性和可监督性，更
广范围地实现了对环境违法行为的监督。

（三）环境检举存在的问题

从制度设计来讲，设置环境检举的目的和优势主要体现在以下两个方
面：第一，可以充分利用私主体所掌握和拥有的环境违法信息、违法者身
份信息。在很多情况下，环境损害的受害者或潜在受害者、普通公民比公
共执法机构更容易获得或拥有某些违法信息，如果能够利用这些信息，要
比在公共执法上耗费资源来揭露违法行为更为高效。通过环境检举这一途
径，可以使私主体的信息简单、便捷地为公共机构得知，这对于更好地制
止和惩罚违法行为以及降低法律实施的成本都具有重要作用。第二，为环
境受害者提供一种辅助的环境救济。对于很多大规模环境侵权造成的环境
损害而言，私人受害者提起诉讼的动力不足。但通过环境检举，环境违法
行为被公共机构查处，也能使环境侵害停止，起到辅助环境救济的功能。

正因为环境检举在以上方面具有优势，所以，适度地利用环境检举可
以减少执法成本、提高执法效率，更好地发挥私人在环境法律实施中的作
用。但在我国实践中存在的问题是，环境检举的辅助救济功能被过分利
用。在发生环境损害时，环境信访、投诉成为比诉讼更优的选择，甚至是
唯一的选择。私人之所以选择举报而非诉讼作为救济方式，一方面是因为
私人提起环境诉讼存在取证难、成本高、耗时长等问题；另一方面是因为
检举具有当然的优势：第一，经济便利。环境检举投诉与私人诉讼相比，
花费较少，操作简单，经济方便。第二，风险转移。对于受到环境损害的
举报投诉者而言，本来由其承受的诉讼失败的风险全部转由执法机构承
担，而执法机构完全能够承担此种风险。[②] 第三，可以借助公共实施机构

---

① 《2012 年环境统计年报》（http://zls.mep.gov.cn/hjtj/nb/2012tjnb/201312/t20131225_
265529.htm）。

② 李友根：《论公私合作的法律实施机制——以〈反不正当竞争法〉第 6 条为例》，《上海
财经政法大学学报》2010 年第 10 期。

的权力和手段。法律赋予了环境行政主管部门强制性的监督检查权,并且环境行政主管部门具有专业的环境监测设施和手段,能够保证环境违法行为被及时处理。

但私人对环境检举的过分依赖却对社会、司法造成了严重的危害。正如有些学者所言:"本应是一种柔性辅助制度的信访,事实上却成为'最后一种救济方式,而且被视为优于其他行政救济甚至国家司法救济'。'无讼''畏讼'的传统观念,司法无力的状况,对行政权的倚重,都使得检举被认为是一种便宜的方法,既体现了人性化的面向,也暗含着人治的传统思维和危险倾向,侵蚀着司法裁判的既判力、司法的独立性以及对法律的信仰。在这种意义上,信访或许真的是饮鸩止渴式的权利与制度安排,即属于一种蕴含着客观上引导人们曲折地追求避开正式的诉讼程序而实现权利救济的特殊权利与制度。"①

三　环境私人自力救济的现状及存在的问题

(一) 环境私人自力救济与环境群体性事件

环境自力救济的方式有协商、和解、集会、游行等。其中,公民与污染者以对话、协商方式达成和解或调解协议的,是典型的取代司法解决路径的非诉讼程序,也是法律所提倡的解决路径之一。协议只要不侵害第三者或公共利益,也不违背法律的强制性规定,其合法性毋庸置疑。但在我国实践中,环境私人自力救济最重要的方式是环境抗争。对于有关环境问题的解决,由于民众使用合法方式失败,转而通过集会、游行、示威、围堵等形式进行环保抗争和对抗。对于这些行为,学者一般称为环境群体性事件。所谓群体性事件是指由某些社会矛盾引发的,特定群体或不特定多数人(10 人以上)共同实施没有合法依据的规模性聚集,影响社会秩序,危害公共安全,甚至造成人员伤亡、公私财产损害的社会冲突。据统计,自 1996 年以来环境群体性事件的数量以每年 29% 的增速在增长,环境污染已经与违法征地拆迁、劳资纠纷成为造成群体性事件的三驾马车。环境群体性事件的称谓隐含着对私人环境抗争事件的定性,即非法性。在自力救济过程中也会出现救济过度的暴力性行为发生,对于这种行为一般认

①　林来梵、余净植:《论信访权利与信访制度——从比较法视角的一种考察》,《浙江大学学报》(人文社会科学版) 2008 年第 3 期。

为，属于非法的自力救济过度的行为，应该予以处罚，也不存在争议。但没有合法性依据的环境静坐、上访等行为从实质上是否非法？应如何对其定性处理，存在争议。面对我国环境群体性事件多发的情况，实践中应如何对其进行治理与预防，是我国环保自力救济存在的最大问题和挑战，需要进行具体分析。

（二）环境群体性事件的类型化

一般认为，环境群体性事件是指由环境诉求或环境问题引起的，有一定人数参加的，通过没有法定依据的行为对社会秩序产生一定影响的事件。环境群体性事件又被称为环境集体抗争，两者的概念虽有不同，但都是对同一事物不同角度、不同学科的阐释，一般未对其进行严格区分。[①]

相对于概念的认识，学者们对环境群体性事件类型化的理解呈现多元化状态。所谓类型化，简而言之，就是分类。[②] 在社会学科中，人们通过类型化的理论范式，按照不同的分类标准和方法，对纷繁芜杂的现象进行归类，以便更好地把握事物之间的异同及其本质规律。分类标准和方法的不同直接影响到对事物性质、特征、发展趋势等各方面的认识。对于环境群体性事件，学者们根据不同的分类标准进行了类型化划分，例如，根据发生地域的不同，分为农村环境群体性事件与城市环境群体性事件；根据按发生规模的大小，分为小规模、一般规模和大规模环境群体性事件等。笔者认为，类型化思维之所以在社会科学中被重视，主要是它契合了社会科学中的问题立场，类型化的方法可以更清晰地认识现实，解决问题。而上述几种分类方式侧重于环境群体性事件的发生地域和表现形态等，如果以环境群体性事件的治理为目的的话，上述分类较为简单，很难从中分析出各种类型事件的内在逻辑。只有对群体性事件的发生原因、核心诉求、参与主体、组织程度等进行深入的综合分析，通过科学合理的类型化诠释，才能有助于我们更好地提出切实有效的治理对策。因此，本书选择这种综合分类的方法，对环境群体性事件进行分析。

---

① 郭倩：《生态文明视阈下环境集体抗争的法律规制》，《河北法学》2014 年第 2 期。

② 梁迎修：《类型思维及其在法学中的应用——法学方法论的视角》，《学习与探索》2008 年第 1 期。

根据事件发生缘由、发生时间、参与主体等方面的不同，环境群体性事件可以被分为事后救济型群体事件和邻避型群体事件。事后救济型环境群体性事件又被称为由环境民事纠纷或环境污染行为引发的环境群体性事件，是指污染源已对民众造成了环境权的侵害，民众不堪其扰而进行抗争的行为。① 近几年，我国发生的"湖南浏阳镉污染事件""陕西凤翔血铅污染事件""广西靖西铝厂污染事件""浙江德清血铅超标事件"等属于此类环境群体性事件（具体事件分析见表7）。邻避型环境群体性事件又被称为由政府环境决策或邻避冲突引发的环境群体性事件，是指公众由于对拟建或在建的邻避设施不满而产生的各种形式的群体行为。所谓邻避设施，是指"在大层面，可以服务于广大地区民众或实现特定的经济目标，但是在地方层面，却对附近居民的健康与生命财产造成威胁的设施"②。2007年，"厦门PX事件"发生，邻避型环境群体型事件开始引起公众的广泛关注。之后，邻避型群体事件逐渐成为环境群体性事件的发展趋势，"启东反对排海工程项目事件""什邡反对钼铜项目事件""大连市反对PX项目事件"等邻避型环境群体性事件频繁发生（具体事件分析见表8）。

邻避型环境群体性事件与事后救济型环境群体性事件具有显著的不同特征，主要体现在：

第一，事件的性质不同。事后救济型群体事件是民众由于自身权益受到侵害后，在司法、行政等救济途径不畅通的情况下，迫于无奈选择的一种环保自力救济手段。这种事件类型随着环境质量的不断改善，环境侵权救济手段的完善，可以逐步地减少或避免。而邻避型群体事件更像是一种生态运动，即以自然之名来对抗社会支配，反对污染和环境破坏，希望改变社会或政治现状的集体行动。③ 正如阿兰·图海纳在《行动者的归来》中指出："在程控社会中，社会冲突的特性在于：统治阶级似乎全面掌控了社会生活，这种状况使得被支配者无法在社会和文化自主性的基础上发言和行动。他们因而被迫以唯一或可逃开支配的事物——自然——之名，

---

① 梁罗、王国婷、任荣明：《邻避型群体事件与事后救济型群体事件的博弈比较》，《生态经济》2014年第6期。

② Gabriel Ahlfeldt, Wolfgang Maennig, "Voting on a NIMBY Facility: Proximity Cost of an 'Iconic' Stadium", *Urban Affairs Review*, Vol. 48, No. 2, Jan. 2012, pp. 205 – 237.

③ Charles Tilly, *Social movements* 1768 – 2004, New York: Paradigm Publishers, 2004, p. 3.

表7　　事后救济型环境群体性事件分析①

事件名称	事件发生时间	发生地点	纠纷企业	事由	纠纷年限	方式及后果	解决措施	事前是否采取其他合理合法措施、何种措施	事前采取其他合理措施的结果
湖南浏阳镉污染事件	2009 年 5 月 28 日至 7 月 30 日	浏阳市浏阳镇	长沙湘和化工	湘和化工厂污染造成数人死亡、几百人镉中毒、土壤严重污染	2004—2009	多次上访，后与厂家和警方产生冲突，上千人围堵镇政府和派出所，造成数人伤亡	对农民进行生活补偿和农作物补偿；对污染进行治理；企业停产关团，对企业负责人和相关行政人员进行刑事处罚	是，多次向省市环保局举报污染问题，向各级政府集体投诉	2005 年和 2007 市环保局曾做出责令停产和罚款的处罚，但企业仍违法生产；镇政府人员对村民进行劝解安抚，无任何处理措施
陕西凤翔铅血污染事件	2009 年 8 月 11 日至 8 月 16 日	凤翔县长青镇	陕西东岭集团	东岭集团冶炼公司污染，导致儿童血铅含量超标	2006—2009	多次上访，后与企业产生冲突，数百人冲入厂区，砸烂设备	政府出资全面核查相关儿童血铅超标问题，并对确认儿童实施免费治疗；企业停产，相关人员救处分	是，2006 年因水污染问题与厂方协商，向政府投诉	未按环境影响评价实施搬迁，企业从未因污染受到处罚
广西靖西铝污染事件	2011 年 7 月 11 日至 7 月 13 日	靖西县新甲乡	靖西信发铝厂	信发铝厂无序采矿、生产以及后来围堵废水的行为导致了地下河道阻塞、中断，致使水库平移、村落破施，并造成当地唯一的地表河也出现严重污染、河水不再适宜饮用、灌溉	2007—2010	数名村民与厂家进行协商被暴力驱赶，后数千人与企业发生大规模暴力冲突，打砸企业财物，造成数人伤亡	要求企业进行整改，对相关责任人员进行刑事处理	是，因污染问题曾多次与各级政府协商及广西信访办交涉，并不断上访	事情一直未得到解决，村民也未得到补偿

① 本表中案例由作者以"环境群体性事件""环境污染导致的群体性事件"为关键词进行网络检索，并进行整理、分析与编制。

续表

事件名称	事件发生时间	发生地点	纠纷企业	事由	纠纷年限	方式及后果	解决措施	事前是否采取其他合理合法措施，何种措施	事前采取其他合理措施的结果
浙江海宁污染事件	2011年8月26日至9月16日	海宁袁花镇	海宁晶科能源公司	当地村民质疑浙江晶科能源公司污染导致鱼群死亡	2006—2011	多次上访，后与企业和警方产生冲突，企业财物被损，警车被砸等	环保部门依法对该企业作出处理。处理措施包括：环境行政处罚，停产整治等	是，投诉、信访	行政机关曾对该公司发出整改通知，还对其立案调查，之后还作出行政处罚，但企业在事件发生前仍未完成整改
浙江德清血铅超标事件	2011年3月	德清县新市镇	浙江海久电池股份有限公司	企业违法违规生产造成职工及家属、附近村民等数百人血铅超标	2003—2011	上访，后与企业产生冲突，数百人围堵公路和冲击工厂	企业停产整治；相关企业负责人被追究刑事责任；相关行政人员被追究行政责任；对湖州市实施全面区域限批，取消湖州市德清县生态示范区资格	是，部分职工群众到企业进行协商	未得到解决，也未得到政府重视

表8

邻避型环境群体性事件分析①

事件名称	事由	方式及后果	解决结果	事前是否采取其他合理合法措施，何种措施	事前采取其他合理措施的结果
2012年7月启东反对排污项目事件	反对江苏南通市政府对日本王子制纸排海工程项目的批准	启东市政府被群众围堵，部分群众强行冲破警察戒线，冲击、打砸国家机关办公大楼，共造成90余名执勤民警不同程度受伤，机关大楼办公财产损失236331元，停放在机关大院内的多部车辆受损	政府称"永远取消有关王子制纸排海工程项目"，部分人员以聚众冲击国家机关为由，故意毁坏环财物罪追究刑事责任	是，小规模和平游行	2012年6月9日，当地市民有过一次自发的、小规模的和平示威游行，但当地政府并未充分重视
2012年7月什邡钼铜事件	担心四川省什邡市宏达钼多金属资源深加工综合利用项目引发环境污染问题	市民到市政府门口聚集，少数群众强行冲击警戒线，硬毁橱窗等	决定停止该项目建设	是，信访	2012年2月21日，有市民通过"什邡之窗"网上信访栏目，就反映宏达集团钼铜污染问题，未引起重视
2011年8月大连市反对PX项目事件	大连金州开发区福佳大化PX工厂的500—600米堤坝中两段垮塌，虽未发现有毒气体泄漏，但造成公众的恐慌和不满	1万多名市民聚集在市政府门前，要求将福佳大化PX项目搬出大连，并在市内进行了游行	该事件促使中共大连市委和大连市人民政府当天作出将福佳大化PX项目立即停产并搬迁的决定，但实际上该项目停产不久后复产	是，在福佳大化PX项目落户后，就有大量市民进行质疑、反对	2009年开始，市民、人大代表者，向政府写公开信，在网站上发表意见等方式建议暂停福佳PX的运营，并进行专家论证，同时要求政府回应到民众的质疑，但没得到任何实际效果
2007年6月厦门PX事件	反对海沧PX项目	数千市民以"散步"名义上街游行	停止在厦门海沧区建设PX，将该项目迁往漳州古雷半岛兴建	是，和平散步	政府积极回应，进行环境影响评价向公众参与，未造成暴力性后果

① 本表中案例由作者以"环境群体性事件""邻避效应引发的群体性事件"为关键词进行网络检索，并进行整理、分析与编制。

来对抗社会支配。这也是生态运动的重要性所在：它诉诸生命来反对生产伦理、污染和核污染的危险。"① 在很多邻避型群体事件中，环境问题仅仅是事件发生的导火索，其背后隐藏的是诸多利益的冲突。公众往往以与政治无关的环境为名来作为一个发泄口，来表达对众多社会问题累积的不满以及参与社会事务的意愿。邻避型群体事件的多发，反映了我国公众参与意识和参与诉求的增强。作为权利的表达方式，这种事件会随着社会的不断发展逐步增多。

第二，参与主体不同。事后救济型群体事件的参与者主要是受环境污染的民众，一般是特定的受害者，人数虽多，但属于特定主体。而邻避型群体事件中的参与主体身份广泛且不特定。如上所述，笔者认为邻避型群体事件属于社会运动，而当前的社会运动与以前的社会主义劳工运动不同。正如阿兰·图海所言："1914 年前的劳工运动以未来、历史和进步之名发言。如今谁有力量和自信说出这类预言式口号？作为确定的主体，社会行动者不再能以历史之名，而只能以自身之名发言……"② 很多邻避型事件的参与主体只是因为要表达自己的意见，以自己之名发声。比如，在启动事件中，"当被问及为何去参加抗议（散步）？别人问，你是启东人吗？一句话就去了"③。

第三，发生的地域范围和针对的企业类型不同。从发生的地域看，事后救济型群体事件主要发生在农村，邻避型环境群体性事件主要发生在城市。从当事企业来看，事后救济型群体事件污染企业多为一般能源公司、与重金属相关企业、化工企业等传统污染行业，而邻避型群体事件主要针对的是垃圾焚烧厂、核能发电厂、PX 等风险未知的建设项目。

第四，发生的时间和公众诉求不同。事后救济型群体事件发生的背景一般是企业或者其他主体造成了环境侵害，事件发生在权益已经受到侵害后，受害者的诉求通常为要求赔偿损失，停止侵害。而邻避型群体性事件主要针对的是大型的、已经经过审批但未建或在建的风险未知的项目，事件主要发生在立项或施工阶段，危害一般并没有发生损害，是否有危害也

---

① ［法］阿兰·图海纳：《行动者的归来》，舒诗伟、许甘霖等译，商务印书馆 2008 年版，第 147—148 页。

② 同上书，第 31 页。

③ 刘嵩：《余杭事件：邻避思维难免，邻避冲突可免》（http：//news. ing. com/opinion/special/yuhangshijian/）。

不一定有科学依据，公众的诉求往往是停止建设。

第五，事件持续的时间不同。事后救济型环境群体性事件从环境污染行为的发生到最后暴力性群体事件的发生一般经过三年以上，历经周期较长。而邻避型环境群体性事件一般历经时间较短，且没有组织者、沟通者。很多情况下，我国的邻避型环境群体性事件夹杂着不理性、盲目的、发泄情绪的行为，呈现出突发性、直接性、抗争完就结束①等特点。

从以上分析可以看到，两类环境群体性事件存在诸多不同，从本质上而言，事后救济型环境群体性事件是环境私益受损而产生的冲突，而邻避型环境群体性事件主要是为预防未知的环境风险、维护环境公共利益而产生的冲突。在理论和实践中，两类事件之所以被进行整体分析，主要是因为两者在演变过程中存在共通之处，具体而言：在大规模群体性事件发生前，民众大部分都寻求过协商、信访、投诉、参与等合法方式解决问题，但并未取得效果；在事件发生中，暴力性、无序性特征明显，冲击厂家、与政府冲突、包围政府机关，甚至造成人身伤亡，巨大财产损失的现象普遍存在；在事件发生后，政府对事件的处理方式过度政治化，对于环境群体性事件的处理无相应制度规范。

由于本书所定义之环境法的私人实施是指私人为维护自己的权益或社会公共利益，通过行使自己的权利实施环境法律，依法对环境违法行为进行监督、追诉、制裁和执行的行为，事后救济型群体事件是私人实施的一种，而很多邻避型群体性事件所针对的项目，进行了环境影响评价，通过了审批，从形式上看是合法的，并不属于本书所界定的私人实施的范围，而应属于公众参与的一种手段。但从深层来讲，环保群体性事件的发生已经表现了在对项目进行决策、环境影响评价过程中，并没有真正地、实质地进行公众参与，实质可能存在违法。因此，本书将此类环境群体性事件也纳入环境法私人实施的方式中一并进行论述。

（三）环境群体性事件存在的问题

当前，对于邻避设施、环境污染引起的纠纷，民众可以通过协商、投诉、信访等方式进行解决，也可以通过环境影响评价的司法审查制度、环境代表人诉讼制度、环境公益诉讼制度等司法途径进行救济和利益维护。

---

① 何明修：《台湾环境运动的开端：专家学者、党外、草根（1980—1986）》，《台湾社会学》2001年第2期。

但实践表明，由于我国相关诉讼、司法制度的不完善，司法作为公民权利保障的最后一道防线，在环境群体性事件发生前的纠纷处理过程中完全缺位，在两类环境群体性事件中民众在寻求事情救济措施时都没有选择过诉讼方式。此外，民众实施其他温和、合法的手段后并未产生实际效果。在这种情况下，民众对依法抗争失去信心，进而诉诸冲突程度高的暴力手段。而也只有在大规模的具有无序特征的自力救济行动发生，产生由下而上的压力后，公权力才会积极认真地介入。① 但当公权力介入后，当前政府对环境群体性事件的处理是在维稳要求下的一种应急处理，并未形成一种良性的、制度化的处理机制。

对于事后救济型群体性事件的处理一般为：政府关停企业，相关人员接受刑事处罚。在某些情况下，政府甚至要做出相关赔偿，而实际上该赔偿应为企业的责任。对于邻避型环境群体性事件的处理一般为：政府出面做出决定，项目停建、搬迁。这种一刀切的方式忽略了该项目是否合法、合理以及企业是否因此遭受损失等问题，造成停建、搬迁的决定无法执行，项目重新私下开工的情形出现。这种处理方式形成的示范效应是，当再次有类似事件发生时，民众选择的仍然是激烈的自力救济方式。并且这种政治化的处理方式所带来的后果是，民众产生了"不闹不解决、小闹小解决、大闹大解决"的心态，更加促进了民众依靠"人"而非"法"来解决问题的心理。环境群体性事件政治化的处理方式更加重了民众对公权力既不信任又严重依赖，且完全放弃司法途径的困境。

第三节　我国环境法私人实施存在问题之原因分析

一　私人实施法律制度不完善

现有法律制度是私人环境法律的依据和制度保障。如前所述，我国环境法私人实施的法律制度是不断完善和发展的（我国私人实施环境法律的主要依据详见表9），但由于我国的环境法律部门立法现象严重，重视行政权的加强和使用，私人可供援用的法律制度规定较少，导致私人实施在运行的过程中并未能得到有力支撑。

---

① 叶俊荣：《环境理性与制度抉择》，三民书局1997年版，第213—214页。

表9　我国环境法私人实施的现有法律依据

	具体方式	我国现有法律依据
环境私人诉讼	起诉环境污染者要求损害赔偿	1. 《民法通则》 第一百二十四条　违反国家保护环境、防止污染的规定，污染环境造成他人损害的，应当依法承担民事责任。 2. 《侵权责任法》 第八章　环境污染责任 第六十五条　因污染环境造成损害的，污染者应当承担侵权责任。 第六十六条　因污染环境发生纠纷，污染者应当就法律规定的不承担责任或者减轻责任的情形及其行为与损害之间不存在因果关系承担举证责任。 第六十七条　两个以上污染者污染环境，污染者承担责任的大小，根据污染物的种类、排放量等因素确定。 第六十八条　因第三人的过错污染环境造成损害的，被侵权人可以向污染者请求赔偿，也可以向第三人请求赔偿。污染者赔偿后，有权向第三人追偿。 3. 《环境保护法》 第六十四条　因污染环境和破坏生态造成损害的，应当依照《中华人民共和国侵权责任法》的有关规定承担侵权责任。 4. 《水污染防治法》 第八十五条　因水污染受到损害的当事人，有权要求排污方排除危害和赔偿损失。 由于不可抗力造成水污染损害的，排污方不承担赔偿责任；法律另有规定的除外。 水污染损害是由受害人故意造成的，排污方不承担赔偿责任。水污染损害是由受害人重大过失造成的，可以减轻排污方的赔偿责任。 水污染损害是由第三人造成的，排污方承担赔偿责任后，有权向第三人追偿。 5. 《大气污染防治法》 第六十二条　造成大气污染危害的，有权要求排污方排除危害和赔偿损失。 6. 《固体废物污染防治法》 第八十五条　受到固体废物污染环境危害的单位和个人，有权要求依法赔偿损失。 7. 《环境噪声污染防治法》 第六十一条第一款　受到环境噪声污染危害的单位和个人，有权要求加害人排除危害；造成损失的，依法赔偿损失。 8. 《海洋环境保护法》 第九十条第一款　造成海洋环境污染损害的责任者，应当排除危害，并赔偿损失；完全由于第三者的故意或者过失，造成海洋环境污染损害的，由第三者排除危害，并承担赔偿责任。

	具体方式	我国现有法律依据
	起诉环境污染并要求损害赔偿	9.《民事诉讼法》 第五十三条　当事人一方人数众多的共同诉讼，可以由当事人推选代表人进行诉讼。代表人的诉讼行为对其所代表的当事人发生效力，但代表人变更、放弃诉讼请求或者承认对方当事人的诉讼请求，进行和解，必须经被代表的当事人同意。 第五十四条　诉讼标的是同一种类、当事人一方人数众多在起诉时人数尚未确定的，人民法院可以发出公告，说明案件情况和诉讼请求，通知权利人在一定期间向人民法院登记。 向人民法院登记的权利人可以推选代表人进行诉讼；推选不出代表人的，人民法院可以与参加登记的权利人商定代表人。 代表人的诉讼行为对其所代表的当事人发生效力，但代表人变更、放弃诉讼请求或者承认对方当事人的诉讼请求，进行和解，必须经被代表的当事人同意。 人民法院作出的判决、裁定，对参加登记的全体权利人发生效力。未参加登记的权利人在诉讼时效期间提起诉讼的，适用该判决、裁定。
环境私人诉讼	提起公益诉讼要求行政机关按照法律规定履行职责	无
	提起公益诉讼要求违法者遵守法律	1.《民事诉讼法》 第五十五条　对污染环境、侵害众多消费者合法权益等损害社会公共利益的行为，法律规定的机关和有关组织可以向人民法院提起诉讼。 2.《环境保护法》 第五十八条　对污染环境、破坏生态，损害社会公共利益的行为，符合下列条件的社会组织可以向人民法院提起诉讼： （一）依法在设区的市级以上人民政府民政部门登记； （二）专门从事环境保护公益活动连续五年以上且无违法记录。 符合前款规定的社会组织向人民法院提起诉讼，人民法院应当依法受理。 提起诉讼的社会组织不得通过诉讼牟取经济利益。

续表

具体方式	我国现有法律依据
环境私人检举 检举	1. 《环境保护法》 第五十七条 公民、法人和其他组织发现任何单位和个人有污染环境和破坏环境生态行为的，有权向环境保护主管部门或者其他负有环境保护监督管理职责的部门举报。 公民、法人和其他组织发现地方各级人民政府、县级以上人民政府环境保护主管部门和其他负有环境保护监督管理职责的部门不依法履行职责的，有权向其上级机关或者监察机关举报。 接受举报的机关应当对举报人的相关信息予以保密，保护举报人的合法权益。 2. 《水污染防治法》 第十条第一款 任何单位和个人都有义务保护水环境，并有权对污染损害水环境的行为进行检举。 3. 《大气污染防治法》 第三十一条 环境保护主管部门和其他负有大气环境保护监督管理职责的部门应当公布举报电话、电子邮箱等，方便公众举报。 环境保护主管部门和其他负有大气环境保护监督管理职责的部门接到举报的，应当及时处理并对举报人的相关信息予以保密；对实名举报的，应当反馈处理结果等情况，查证属实的，处理结果依法向社会公开，并对举报人进行打击报复； 举报人举报所在单位的，该单位不得以解除、变更劳动合同或者其他方式对举报人进行打击报复的，应当依照有关法律的规定承担责任。 第一百二十四条 违反本法规定，对举报人以解除、变更劳动合同或者其他方式打击报复的，应当依照有关法律的规定承担责任。 4. 《固体废物污染环境防治法》 第九条 任何单位和个人都有保护环境的义务，并有权对造成固体废物污染环境的单位和个人进行检举和控告。 5. 《环境噪声污染防治法》 第七条 任何单位和个人都有保护声环境的义务，并有权对造成环境噪声污染的单位和个人进行检举和控告。 6. 《环境信访办法》 第二条 本办法所称环境信访是指公民、法人或者其他组织采用书信、电子邮件、传真、电话、走访等形式，向各级环境保护行政主管部门及其所属单位工作人员反映环境保护情况、意见或者投诉请求，依法由环境保护行政主管部门处理的活动。 第十六条 信访人可以提出以下环境信访事项： （一）检举、揭发违反环境保护法律、法规和侵害公民、法人或者其他组织合法环境权益的行为； （二）对环境保护工作提出建议、意见和要求； （三）对环境保护行政主管部门工作人员提出批评、建议和要求。 对依法应当通过诉讼、仲裁、行政复议等途径解决的投诉请求，信访人应当依照有关法律、行政法规规定的程序向有关机关提出。 7. 《环保举报热线工作管理办法》（略）

续表

具体方式	我国现有法律依据
与违法者进行对话、协商等	1.《民法通则》 第五条　公民、法人的合法的民事权益受法律保护，任何组织和个人不得侵犯。 2.《水法》 第五十七条　单位之间、个人之间、单位与个人之间发生的水事纠纷，应当协商解决；当事人不愿协商或者协商不成的，应当申请县级以上地方人民政府或者其授权的部门调解，也可以直接向人民法院提起民事诉讼。县级以上地方人民政府或者其授权的部门调解不成的，当事人可以向人民法院提起民事诉讼。
环境私人自力救济 通过布告、媒体等方式公开环境违法者的违法行为，促使违法者自动遵守法律	《环境保护法》 第九条第三款　新闻媒体应当开展环境保护法律法规和环境保护知识的宣传，对环境违法行为进行舆论监督。
通过集会、示威、游行等方式抗争的方式达到环境保护的目的	《中华人民共和国集会游行示威法》 第三条　公民行使集会、游行、示威的权利，各级人民政府应当依照本法规定，予以保障。 第五条　集会、游行、示威应当和平地进行，不得携带武器、管制刀具和爆炸物，不得使用暴力或者煽动使用暴力。 第七条第一款　举行集会、游行、示威，必须依照本法规定向主管机关提出申请并获得许可。

（一）私人诉讼的制度障碍

1. 私人诉讼激励性制度不足

环境损害发生后，私人提起的环境诉讼与一般诉讼相比，有一定的特殊性，主要体现在以下几个方面：第一，环境诉讼的受害人多为经济实力较为弱势的公民，而对方当事人则常为具有一定经济政治影响力的企业，双方地位不对等。第二，环境污染具有长期性、隐蔽性等特点，相对于一般的诉讼，环境损害的证明具有技术性，环境诉讼中鉴定费用较高、耗时较长、因果关系证明困难。环境诉讼的这些特殊性使得受害人即使获得胜诉，其获得的有限赔偿与诉讼所付出的成本相比意义不大，私人提起诉讼的风险和成本较高。并且，由于环境损害可能造成多数人的小额损失，如单独提起诉讼，其所付出时间、费用并不能通过获得的赔偿补足。正是因为利用诉讼方式是不经济的，私人进而放弃诉讼，改由通过上访、群体性抗争等方式来维护自己的权利。对此，田中英夫、竹内昭夫在对私人积极行使自己的权利促进法目的的实现中如何发挥作用，存在的问题等进行研究时，也指出："在日本，基于私人主导权的法律实现手段之所以被一贯忽略，是与近些年偏重于反复强调日本人缺乏法意识、权利意识有直接关系。……那么法律家所应当做的就是努力使国民确信法才是保护他们利益、权利的有效武器。为此，就应当大力提倡基于私人主导权的法律实现手段。如果法律家期望国民的法意识、权利意识得以提高，就应当主张利用增加金钱利益的方法促进私人诉讼，努力消除实体法和诉讼法中的诉讼障碍，提供更加便捷的律师服务，并促使法院成为便于国民积极利用的服务机构。"① 而在我国环境法私人实施中，相同的问题也存在。如果希望私人实施环境法的作用能够发挥，期待私人以法为武器保护自身的权利并与邪恶作斗争，法必须在便宜性、实效性、经济性上对私人具有实践的魅力。但我国环境法律制度在促进私人实施方面存在障碍，缺乏对私人提起诉讼在经济利益上的激励、保障和制度支撑。②

① ［日］田中英夫、竹内昭夫：《私人在法实现中的作用》，李薇译，载《为权利而斗争——梁慧星先生主编之现代世界法学名著集》，中国法制出版社 2000 年版，第 383 页。

② 丁冬：《抚顺发布生态环境案件审判白皮书》，《中国环境报》2013 年 11 月 25 日第 3 版。

（1）未确立惩罚性赔偿制度

惩罚性赔偿，一般是指当不法行为加害于他人时，加害人除应赔偿被害人因此所受之实质损害外，由于加害行为具有特别危险性，加害人主观上具有特殊可归责性，为惩罚制裁加害人之加害行为，吓阻预防加害行为再犯，补偿被害人之损失，并鼓励诱导被害人执行法律，乃由法院判令加害人应额外支付被害人之一笔赔偿金额。由此可知，惩罚性赔偿是在填补性损害赔偿之外，另外应支付之一笔赔偿金，性质上属于一种复数赔偿或超额赔偿，虽名为赔偿被害人，实际上是对加害人的处罚。一般而言，惩罚性赔偿金制度主要具有以下四种功能："一，惩罚或应报，即道德上谴责非难不法侵害他人权益之加害行为，或对此等行为予以报应；二，吓阻，包括吓阻个别加害人再犯之特别吓阻，以及吓阻其他第三人再犯之一般吓阻；三，补偿，即补偿被害人不能证明或难以证明之损害，或补偿被害人提起诉讼主张权利所支出律师费、诉讼费等程序费用；四，诱导私人执行法律，即鼓励或诱导被害人以私检察长身份，追诉不法之加害行为，以维持法律秩序之和平。"①

惩罚性赔偿起源于英国，其后成为英美法系国家的一项重要制度。很多大陆法系国家认为，赔偿的目的主要在于损害填补，因而并未规定该项制度。随着对侵权行为惩罚和遏制功能的需要，惩罚性赔偿制度也被部分大陆法系国家逐步采用。我国在《侵权责任法》《食品安全法》等法律中确立了惩罚性赔偿制度。但按照我国现有规定，惩罚性赔偿在侵权领域的适用范围仅限于产品责任，不包括环境侵权责任。2014 年《环境保护法》修改，很多人呼吁应在该法中引入惩罚性赔偿制度，遗憾的是，该法最终并未对此进行规定。2014 年《最高人民法院关于审理环境民事公益诉讼案件适用法律若干问题的解释（征求意见稿）》（以下简称该《征求意见稿》）第 21 条首次规定了环境公益诉讼中的惩罚性赔偿，"污染者有环境保护法第六十三条规定的行为之一，尚不构成犯罪，或者因污染环境、破坏生态行为被追究刑事责任，原告请求其承担生态环境修复费用一倍以下赔偿责任的，人民法院可以予以支持。污染者在一审庭审结束前积极采取有效措施修复生态环境的，可以减轻或者免除前款规定的赔偿责任"。虽

---

① 陈聪富、陈忠五、沈冠伶：《美国惩罚性赔偿金判决之承认与执行》，学林文化事业有限公司 2004 年版，第 30—31 页。

然 2015 年 1 月《最高人民法院关于审理环境民事公益诉讼案件适用法律若干问题的解释》正式颁布施行时，该条被删除，但《征求意见稿》对惩罚性赔偿制度的规定表明了，确立惩罚性损害赔偿制度是我国环境立法完善的趋势。为了遏制环境违法行为，激励私人提起诉讼，以低成本的方式实现社会福利最大化，我国应规定环境侵权惩罚性赔偿制度。

（2）代表人诉讼制度不能满足实际需要

我国代表人诉讼制度是在共同诉讼的基础上，为解决人数众多的诉讼而设立的一种简化诉讼程序、减少成本的诉讼制度，其根本目的是经济、效率。我国代表人诉讼成立的要件主要包括四个方面：当事人人数众多，一般是指 10 人以上；众多当事人一方诉讼标的相同或属于同一种类，即多数方当事人之间存在共同诉讼人的关系；诉讼请求或抗辩的方法相同或至少互不矛盾；代表人合格。在环境案件中，代表人诉讼的适用存在以下问题：

第一，代表人诉讼适用条件过窄。我国代表人诉讼本质上仍是共同诉讼的一种。而环境侵害的特点决定了很多环境侵害属于非特定众多污染源的复合污染对不特定多数人多种权益的侵害。代表人诉讼以相同或者同一种类诉讼标的作为适用条件，范围过窄。

第二，诉讼代表人的认定标准较高。在实践中，环境侵害造成的损害涉及人数众多，区域分布广泛，且很难确定。通过推选选出代表人提起诉讼，对于某一区域内的集中损害可能具有操作性，但对于大规模的环境侵害而言，难度较大。并且，这有可能出现提起诉讼的人并不是诉讼代表人的现象，一定程度上会对私人提起诉讼的积极性造成消极影响。

第三，胜诉后环境污染损害赔偿的分配没有明确规定。代表人诉讼中，当事人是否可以就赔偿款在诉讼前或诉讼中协商达成协议？当事人之间如无法达成合意，该如何解决？是否应由法院行使职权对款项的分配进行干预？我国代表人诉讼制度并没有对环境污染损害赔偿如何分配的问题进行规定，实践中出现的上述问题无法可依，导致当事人的权益即使胜诉也可能得不到救济。例如，张某等 1721 人与福建省（屏南）榕屏化工有限公司环境污染损害赔偿纠纷一案中，在诉讼进程中众多当事人达成协议，根据诉讼费用的出资比例来进行环境损害赔偿款的分配，但历经四年多的漫长诉讼后，私人取得了诉讼的胜利，但法院却以环境污染损害赔偿的分配存在问题为由拒绝向诉讼代表人执行拨款。①环境污染损害赔偿款如何分配问题成为该案的赔偿款迟迟不能发放到当事人手中的一个重要原因。

2. 环境公益诉讼制度仍处于起步阶段

（1）我国现有环境公益诉讼制度及评价

2015 年 1 月 1 日，新修订的《中华人民共和国环境保护法》施行，该法规定了环境公益诉讼的原告主体资格，标志着我国环境公益诉讼制度的初步确立。2015 年 1 月 7 日起施行的《最高人民法院关于审理环境民事公益诉讼案件适用法律若干问题的解释》对起诉条件、管辖、责任类型、是否可以和解、与行政监管的关系以及诉讼费用负担等方面做了具体的规定，对环境公益诉讼制度做了进一步的细化。但根据上述规定，我国现有环境公益诉讼与其他国家相比具有以下问题：

第一，我国环境公益诉讼只规定了环境民事公益诉讼，未包含美国等发达国家公民诉讼中针对有关行政机关不履行法定职责的行为所提起的行政公益诉讼。从美国等国家环境公民诉讼实施的效果看，相比针对环境侵害者提起的环境民事公益诉讼，行政公益诉讼能够在更大范围内，更广程度上起到改善环境的作用。甚至在我国台湾地区，环境公民诉讼仅仅指的就是环境行政公益诉讼，是指自己权利以及法律上利益无直接关系的人民，为维护环境公益的目的，针对行政机关的违法行为，提起行政诉讼的行为。台湾"行政诉讼法"第 9 条规定："人民为维护公益，就无关自己权利及法律上利益之事项，对于行政机关之违法行为，得提起行政诉讼。但以法律有特别规定者为限"。根据该条，"空气污染防治法""土壤及地下水污染整治法""废弃物清理法""水污染防治法""海洋污染防治法"和"环境影响评估法"等许多环境法律都规定了环境公民诉讼条款。②

第二，环境公益诉讼的主体资格范围较窄。环境公益诉讼的原告主体历经几次修改，确定为"在设区的市级以上人民政府民政部门登记

---

① 具体案件过程的分析，参见黄家亮《通过集团诉讼的环境维权：多重困境与行动逻辑——基于华南 P 县一起环境诉讼案件的分析》（http://www.snzg.cn/article/2009/0124/article_ 13295. html）；汪劲主编、王社坤、严厚福副主编《环保法治三十年：我们成功了吗？》，北京大学出版社 2011 年版，第 284—290 页。

② 齐树洁、李叶丹：《台湾环境公民诉讼制度述评》，《台湾研究集刊》2010 年第 1 期。

的，专门从事环境保护公益活动连续五年以上的环保组织"。《最高人民法院关于审理环境民事公益诉讼案件适用法律若干问题的解释》第2条和第5条虽然对"第五十八条规定的社会组织"和"设区的市级以上人民政府民政部门"做了扩大解释，使得符合这种条件的环保组织，由300多家①扩充到700多家②，现有规定也比《环境保护法》几次征求意见稿中诉讼主体资格的范围有所扩大，但环境公益诉讼的主体资格范围仍有一定的局限性，并未将公民包含在内。

第三，公益诉讼缺乏整体的程序法支撑规定。我国法律采取实体法和程序法分离的方法。虽然《民事诉讼法》规定了公益诉讼制度，《最高人民法院关于适用〈中华人民共和国民事诉讼法〉的解释》中也对公益诉讼的诉讼条件、管辖、是否可以和解、撤诉等进行了规定，但《民事诉讼法》整体是针对私益诉讼设计的，公益诉讼是否适用诉讼的一般程序规定，法律规定不明确。对于具体的制度通过司法解释进行规定，虽然在一定程度上解决了操作性不强的问题，但司法解释的法律效力毕竟较低，且有关环境公益诉讼的配套性制度如公益基金制度等都没有具体规定。从法律效力、层级及具体规定来看，环境公益诉讼的程序规则需要整体性的框架设计。

第四，原告提起诉讼的动力和资金来源不足。有学者预测，环境公益诉讼原告资格的确立、制度的建立将造成环境公益诉讼的"井喷"。但笔者并不认同，《环境保护法》实施后环境公益诉讼的数量也表明，环境公益诉讼案件的数量不是多而是少。《环境保护法》第58条明确规定了提起诉讼的社会组织不得通过诉讼牟取经济利益，也即该法将环保组织定义为利他主义者。环保组织虽然是为了环境保护而成立的专业性的、为了社会公共利益的社会组织，但其运行也受到资金的约束。环境公益诉讼的成本及费用也是其考虑的重要问题。因此，对于环保组织提起环境公益诉讼的动力和资金来源需要解决，否则环境公益诉讼案件的数量仍然有限。

我国环境公益诉讼制度自提出到法律确认历经了十几年的时间，学

---

① 金煜：《300余家社会组织可提环保公益诉讼》，《新京报》2014年4月25日第12版。
② 张园园、王光照、段学虎：《全国700多家社会组织可提起环保公益诉讼》（http：//news. sina. com. cn/o/2015 - 01 - 16/120931408199. shtml）。

界对环境公益诉讼的概念、功能、类型、特征、理论基础、制度构建等问题进行了广泛的讨论，各地也有了很多的相关司法实践。公益诉讼制度在立法上的确立和细化，可谓是"千呼万唤始出来"，具有的重要意义不言而喻。可以预见在未来的若干年内，公益诉讼制度面临的最大问题不再是制度选择和制度确立的问题，而是如何实施的问题。那么，我国现有环境公益诉讼在实施中存在什么障碍，如何对现有规定进行完善，使环境公益诉讼发挥最大的效用，这些问题将成为环境公益诉讼关注和研究的重点。

（二）环境检举制度原则化

环境检举作为一种成本较低、适用范围广、运用简便的方式，在实践中如能很好运用，将可以更经济、更迅速地发现及制裁环境违法行为。当前，我国对于环境检举是按照《信访条例》和《环境信访办法》的规定进行处理，2010年环保部发布了《环保举报热线工作管理办法》①，针对12369举报热线的程序等做出规定。但我国现有环境检举制度规定较原则化，存在很多问题：

第一，环境检举的功能定位不准确。如前所述，在我国，环境检举是与环境信访密切结合在一起的。但从一般意义上讲，环境检举更强调信息提供功能，而环境信访是我国特有的一种权利救济制度，两者在出现的原因、制度保障、救济途径等方面都有很大的不同。两者交织在一起使得环境检举的功能定位不准确。

第二，环境检举的奖励激励制度不完善。当前我国并没有统一的环境检举奖励激励的办法，各省市一般根据自身情况进行规定。如《河北省环境污染举报奖励办法》②、《贵阳市环境违法行为举报奖励办法（试行）》③ 等。在这些举报奖励办法中，一般都按照所举报案件的严重程度，给予每件数额百元到千元的奖励。这种奖励方式，虽简单易行，但奖励数额较低。而在苏州、广州等地为最大程度发挥检举人尤其是知情人的检举

---

① 《环保举报热线工作管理办法》（http：//www.gov.cn/flfg/2010 - 12/20/content_1769577.htm）。

② 《河北省环境污染举报奖励办法》（http：//www.hb12369.net：8080/pub/root8/auto454/201404/t20140425_42283.html）。

③ 《贵阳市环境违法行为举报奖励办法（试行）》（http：//www.ghb.gov.cn/doc/2013227/491612134_1.html）。

积极性，是按照行政处罚数额的一定比例进行奖励，并根据举报人掌握违法信息的完整程度、配合情况等规定了不同的奖金层次，最高额达到数万元，极大地激发了私人举报环境违法行为的动力。我国应结合实践情况，对环境私人检举资金的来源、发放情况、资金发放的监督、私人举报奖励的标准等做出具体规定，以使环境私人检举更好地发挥作用。

第三，检举人保障制度欠缺。对私人环境检举行为的保护是促进环境检举制度更好发挥作用的核心和关键。《行政监察法》、国务院《信访条例》①和中央纪委、监察部《关于保护检举、控告人的规定》等规定中对于信访人（其中包括检举人）的保护主要针对的是私人对行政机关及其工作人员检举被非法打击报复的规定。《环境信访办法》第3条第2款对此也做了规定，"各级环境保护行政主管部门及其工作人员不得打击报复信访人"。但现有对私人检举的保护制度存在不完善之处：（1）保护主体较窄，针对的是私人对行政机关进行检举的行为，而不包括私人对企业等主体的环境违法行为进行检举而受到报复的行为。（2）如果内部检举人进行检举，遭受到表面合法的报复，面临造成无法救济的情况。如果在企业等组织中，内部检举人掌握企业的违法行为进行检举、作证等，事后企业得知内部检举人的身份或怀疑其进行了检举，使得该检举人面临工作中被解雇、工作待遇降低等报复行为。从现有法律来看，这种报复是表面合法的，我国相关法律也并没有提供相应的救济。但实际上，该检举人因为自己的检举行为而遭受到了经济的损失，法律如不进行相应的干预将阻碍私人尤其是内部检举人进行检举的行动。

（三）自力救济制度无明确规定

我国现有法律中，对于环境自力救济的规范和完善基本是处于空白状态的。

第一，对于环境协商无任何具体法律规定。环境协商、和解与其他私人实施方式相比是最经济而有效率的方法。如能使其作用得到充分发挥，还可以预防违法行为的发生。但由于我国存在公共实施威慑力不足、私人诉讼制度不完善的情况，环境协商的发生没有有力的保障，企业并不愿也不会与私人进行协商。我国又无关于环境协商的任何具体规定，使得这种

---

① 《信访条例》第46条："打击报复信访人，构成犯罪的，依法追究刑事责任；尚不构成犯罪的，依法给予行政处分或者纪律处分。"

方式的运用较少。

第二，环境抗争行为处于非法状态，对于环境群体事件的处理无相应制度规范。由于我国集会、游行需要公安机关批准，否则，从形式上讲是违法的。因此，环境群体事件发生后，权威型的政府为维护稳定的需要，对事件的处理采用一分为二的方法，即一方面，认为环境抗争是违法的，发布严禁任何非法集会的通知、布告，甚至动用警力与民众进行正面冲突，以保持强硬态度；另一方面，迫于压力为了稳定局面又会无条件满足民众的诉求，对事件进行迅速处理，以稳定局面，并进行积极宣传，以争取"不明真相"群众的支持。当前对环境群体事件"别有用心的坏分子＋不明真相群众"的处理方式来源于阶级斗争时期"人民—敌人"的二分法。① 我国已经经历了由阶级斗争到经济建设为中心、再到社会和谐直到最近的法治文明的四次转型。"别有用心的坏分子＋不明真相的群众"这种处理方式，已经不能适应当前的政治、社会、经济环境。环境群体性事件中暴力行为虽有发生，但不能掩盖群众表达利益诉求的实质，应将对环境纠纷、群体事件的处理纳入规范化、法治化渠道，避免、减少该类事件的发生。

二　私人实施保障机制不足

(一) 环境法律援助制度未建立

随着经济的发展，由于污染企业逐渐向农村、郊区转移，当前环境污染案件的受害人常常是经济上处于弱势地位的农村居民，农民成为环境污染损害的最大受害群体。对于这些人来讲，提起诉讼存在能力不足、经济困难等诸多障碍。对于受害人法律知识和能力的欠缺，可以通过聘请律师等方式进行补足。但聘请律师需要的费用对受害人而言，往往又是一个巨大的负担。案件审理费、律师费、鉴定费等高昂的环境诉讼费用，往往使得私人因无力负担而放弃诉讼。上文中，惩罚性赔偿制度、诉讼费用承担规则等制度都只能起到胜诉后私人费用负担减轻的作用，但在提起诉讼时，私人仍面临高额的诉讼费用、巨大的败诉风险，最终因此可能放弃诉讼。

2003 年《法律援助条例》颁布施行，该法第 10 条对民事法律援助案

---

① 陈柏峰：《群体性事件的发生机理：权利视角》，《法学研究》2014 年第 1 期。

件的范围做了规定，对于请求国家赔偿的、请求给予社会保险待遇或者最低生活保障待遇的，请求发给抚恤金、救济金等六种案件中当事人经济困难的可以向法律援助机构请求申请法律援助，但其中并不包括环境案件。除政府的专门法律援助机构外，我国部分民间环保组织也提供公益性质的法律咨询、诉讼代理等法律援助服务。"我国目前可以提供公益环境法律帮助的机构主要有以下几处：一是中国政法大学环境污染受害者帮助中心，二是中国环境保护协会维护环境权益中心，第三处则是中华环保联合会环境法律服务中心。"[①] 在很多环境法律，如《固体废物污染环境防治法》[②]《水污染防治法》[③] 也都规定了国家鼓励法律服务机构和律师为环境污染损害中的受害人提供法律援助。但"国家鼓励"是一种原则性的规定，如何鼓励、具体的配套措施等都无任何规定。并且民间的环境保护组织和律师的资金与帮助范围毕竟是有限的。环境污染受害者帮助中心是经中国政法大学批准，司法部备案的环境资源法研究机构，同时也是自筹资金为社会提供环境法律服务的民间环境保护团体，[④] 主要是依靠相关资助维持运转；中华环保联合会是由环境保护部主管的社团组织，为公众和社会提供环境法律权益的维护是其工作领域之一。从组织机构的目标、资金的来源等方面看，这些机构都不是专门的法律援助机构，在环境法律援助方面能普及的范围较窄。通过制度建设解决私人提起环境诉讼资金困难的问题，是私人提起诉讼的重要保障。

（二）环保组织实施环境法律存在障碍

1. 我国环保组织实施环境法律的现状

环保组织是以环境保护为宗旨、非营利性的公益性社会组织。1978年5月，中国环境科学学会由政府部门发起成立，被认为是我最早的环保民间组织。30 多年来，环保组织在提升公众的环保意识、促进公众的环保参与、改善公众的环保行为、开展环境维权与法律援助、参与环保政策的制定与实施、监督企业的环境行为、促进环境保护的国际交流与合作等

---

① 冯晓星：《环境群体事件频发，公众如何理性维权》，《环境保护》2009 年第 17 期。

② 《固体废物污染环境防治法》第 84 条第 3 款："国家鼓励法律服务机构对固体废物污染环境诉讼中的受害人提供法律援助。"

③ 《水污染防治法》第 88 条第 3 款："国家鼓励法律服务机构和律师为水污染损害诉讼中的受害人提供法律援助。"

④ 污染受害者法律帮助中心（http：//www. clapv. org/about/index. asp）。

方面发挥了重要作用。①

环保组织本身就是重要的实施环境法律的主体。根据我国相关法律规定，环保组织拥有知情权、参与权和监督权，有权对污染和破坏环境的单位和个人进行检举、控告、提出环境建议、提起公益诉讼等。实践中，中华环保联合会、自然之友等具有较大影响力的环保组织、基金积极开展环境维权，推动环境公益诉讼，提起了一些具有典型性、全国性、政策形成意义的环境公益诉讼案件，在法律的形成和实施中扮演着重要的角色。但我国环保组织在实施环境法律中还存在很多问题，主要体现在以下四个方面：

第一，环保组织存在数量少、力量弱、人力不足等问题，在农村环境保护方面的能力不足。截至 2008 年年底，全国环境领域的民间组织为 3539 家，而这其中 44% 的环保组织集中在北京、上海这两个国际性大都市，以及环境生物资源相对丰富的云南、四川两省。相对于中国严重的环境现状和人口数量，中国环保组织的数量还远远不够，特别是对于生态环境脆弱、地域广袤的西北内陆和内蒙古等地，这类组织的数量亟待增加。② 并且，环保组织的活动主要是在城市，在农村开展环保活动的组织并不多见，专门的农村环保团体更是没有，农村环保成了被环保组织忽略的角落。环保组织的资金、规模还不足以承担广大农村的环境公益维权活动，面对农村环境诉讼维权，环保组织显得有些有心无力。

第二，环保组织当前开展的工作，主要集中在对公众进行环保宣传教育、环境保护的调研等普及性工作，环境法律工作开展较少、参与环境维权或诉讼的更少。调查显示，只有 11% 的环保组织参加过环境维权活动。③

第三，环保组织提供法律援助服务的较少。从对环保组织的调查来看，在工作的方式方面，受调查组织主要采取信息交流、公众意识提高、教育、可持续发展示范项目、能力建设和政策研究等手段。而采用法律援

---

① 环境保护部：《关于培育引导环保社会组织有序发展的指导意见》（http：//www. mep. gov. cn/gkml/hbb/bwj/201101/t20110128_ 200347. htm）。

② 中华环保联合会：《2008 环境蓝皮书：中国环保民间组织发展状况报告》（http：//www. acef. com. cn/news/lhhdt/2009/0526/9394. html）。

③ 冯汝：《确立村民委员会环境公益诉讼原告资格的社会与法律基础》，《中南大学学报》（社会科学版）2013 年第 3 期。

助和政策倡导这两种方式的环保组织数量有限，特别是法律援助，只有11 家机构采用过这样的工作方式。①

第四，环保组织在环境自力救济中缺位。从国外看，环保组织是很多环境运动的组织者或发起人，以志愿精神作为沟通各方的重要桥梁。"特别是在某一特定的区域内，通常是该区域所有的人都在不同程度上受到某一污染源的侵害，拥有共同环境权益的公众通过民间环保组织的引导容易自发组织起来，采取共同的行动，监督社区环境状况，保护环境质量，维护自身环境权益"②，而我国的环保组织在区域性的环保自力救济中是缺位的，很少直接面对公害污染，而倾向于从事公众启蒙的教育工作。这也是我国环保自力救济活动中无序现象、激烈行为多发的一个原因，没有组织者、沟通者，环境自力救济活动成为一种被逼无奈下的不理性、盲目的、发泄情绪性的行为，每一个群体性事件都成为突发的、直接的、抗争完就结束③的案件。

2. 我国环保组织实施环境法律的障碍

总体来看，我国环保组织属于发展的初期阶段，数量较少、专业性不足、发挥作用有限。但除自身的发展问题外，我国环保组织实施法律的保障制度也存在不足，环保组织的发展及其作用的发挥面临诸多障碍：

第一，法律登记门槛较高，环保组织的合法性存在问题。根据我国现行法律④，环保组织的成立不仅需要有法定主管部门批准，而且需要业务主管部门同意，成立门槛较高。⑤ 很多自发形成的、本应在环境法实施中发挥重要作用的草根组织无法得到合法身份。例如，河南省的"绿色中

---

① 北京市西城区恩派非营利组织发展中心：《中国环境领域 NGO 基础调研报告》（http：//www. jica. go. jp/china/chinese/office/activities/ngodesk/pdf/environment_ 01. pdf）。

② 肖晓春、蔡守秋：《论民间环保组织在环境法治建设中的作用》，《求索》2009 年第4 期。

③ 何明修：《台湾环境运动的开端：专家学者、党外、草根（1980—1986）》，《台湾社会学》2001 年第2 期。

④ 《社会团体登记管理条例》第3 条第1 款："成立社会团体，应当经其业务主管单位审查同意，并依照本条例的规定进行登记。"《民办非企业单位登记管理暂行条例》第8 条："申请登记民办非企业单位，应当具备下列条件：（一）经业务主管单位审查同意；……。"《基金会管理条例》第9 条："申请设立基金会，申请人应当向登记管理机关提交下列文件：（一）申请书；（二）章程草案；（三）验资证明和住所证明；（四）理事名单、身份证明以及拟任理事长、副理事长、秘书长简历；（五）业务主管单位同意设立的文件。"

⑤ 曹明德：《中国环保非政府组织存在和发展的政策法律分析》，《清华法治论衡》2013 年卷。

原环境保护协会"，成立于 2005 年 7 月 9 日，其前身为自然之友河南小组。该环保组织成立十几年来，开展了一系列了立足于当地的环保活动，积极推进公众参与。但绿色中原的民政登记之路因无主管部门等原因而面临重重障碍，历经多年的社团申报、民非申报都没有结果，作为草创 11 年的环保公益组织面临申报无门的困境。①

第二，资金欠缺。资金短缺是我国环境保护组织当前面临的最严峻问题，从我国环保组织的资金来源上看，主要有四种方式：政府的支持，会费及服务收费，国际组织的资助，社会捐赠。环保组织本身存在的目的及意义就在于，其独立于政府和企业之外，不以营利为目的，以保护环境为宗旨。为保持社会组织的独立性，社会募捐应是环保组织的主要来源。但实际上，有调查显示，71% 的环保组织接受过政府的帮助和支持。② 有些草根组织无法获得政府支持，其资金来源主要是国际资金。社会募集和捐赠在我国环境组织资金来源中所占比例很少。造成这种现象的部分原因在于我国的相关法律规定对环保组织获得募集和捐赠形成了障碍。根据《公益事业捐赠法》的规定，③ 只有依法成立的公益性社会团体和公益性非营利的事业单位可以接受捐赠。有些地方法规，如《广州市募捐条例》甚至规定，民间募捐应取得行政许可，虽然其在申请主体上进行了拓宽，但严格的许可程序会造成新的募捐垄断。

第三，能力欠缺。中华环保联合会针对环保组织提起环境公益诉讼情况的调查显示，"环保组织诉讼能力总体上较低。环保组织实施法律的能力主要取决于法律专业知识的掌握程度与资金的保障程度。法律专业知识的掌握程度取决于环保组织工作人员的法律业务能力，从座谈和问卷调查

---

① 绿色中原动态（2016 年 7 月 26 日）（http：//www. weibo. com/thegreenark）。

② 而且这些环保组织都对政府在环境保护中的作用抱有很大的期望值。目前，整治环境污染和保护环境的任务，仍主要以政府为主导，在此情况下，多数机构与政府保持一种合作而非对抗的态度。但笔者认为，与政府的合作不意味着应将政府的支持作为主要资金来源。试想以政府资金来源为主的环保组织是否能够真正监督政府的环境职责？参见北京市西城区恩派非营利组织发展中心《中国环境领域 NGO 基础调研报告》（http：//www. jica. go. jp/china/chinese/office/activities/ngodesk/pdf/environment_ 01. pdf）。

③ 《公益事业捐赠法》第 10 条："公益性社会团体和公益性非营利的事业单位可以依照本法接受捐赠。本法所称公益性社会团体是指依法成立的，以发展公益事业为宗旨的基金会、慈善组织等社会团体。本法所称公益性非营利的事业单位是指依法成立的，从事公益事业的不以营利为目的的教育机构、科学研究机构、医疗卫生机构、社会公共文化机构、社会公共体育机构和社会福利机构等。"

了解的情况看，除了个别环保组织外，绝大部分环保组织的诉讼能力都比较低。调查表明，尽管 73% 被调查的环保组织都有法律专业人员，但是其大部分都是志愿者，而非从事环境法律服务的专职工作人员，投入到环境公益诉讼中的时间和精力难以保证。而且，调查还显示有 48% 的环保组织没有专门的法律业务部门。诉讼是成本昂贵的活动，需要足够的财力支持。调查显示，只有 4% 的环保组织认为环境公益诉讼成本不是问题，而 41% 的环保组织认为环境公益诉讼成本超过了自身的资金承受范围，还有 48% 的环保组织认为环境公益诉讼成本勉强尚能承受"[①]。

（三）律师参与环境法律实施不足

律师可以通过法律咨询、法律代理等活动，鼓励、引导私人通过合法途径解决环境问题。并且，律师是私人提起环境诉讼的有力助推者和支持者。由于环境案件具有专业性、技术性等特征，民众和环保团体很难在没有律师的协助下，提起诉讼并通过审判程序获得胜诉。从美国、日本等国的经验来看，律师甚至是环境诉讼中的核心行动者。在日本的四大公害诉讼中，骨痛病、熊本水俣病的诉讼都有超过 200 人的律师团，免费为受害人提供法律服务，并争取救助服务，提高诉讼效率。[②]

在我国，律师参与环境公益法律服务分为两类：一是进行法定的环境公益法律援助。《律师法》第 42 条规定："律师、律师事务所应当按照国家规定履行法律援助义务，为受援人提供符合标准的法律服务，维护受援人的合法权益。"这种法律援助是律师必须履行的义务，由司法行政机关设立的法律援助机构将符合条件的环境污染事件中的受害人作为受援人指派给律师事务所，再由律师事务所指派本所律师完成。二是符合"公益"本意的法律援助，即律师主动为弱势群体或低收入人群提供免费的法律服务。[③] 在实践中，律师从事环境公益活动主要是通过法律援助进行，真正意义上主动为弱势群体提供环境法律服务的环境公益服务很少。在已有的环境诉讼中出现的环境公益律师，大部分是环保组织或专门环保法律援助机构中的公益律师，人数较少。在律师事务所

① 中华环保联合会：《环保民间组织在环境公益诉讼中的角色和作用调研报告摘要》（http：//www. acef. com. cn/zhuantilanmu/2013hjwqtbh/）。

② 丁兴锋：《日本律师推动公害诉讼对我国律师界的启示》，《上海律师》2012 年第 7 期。

③ 许身健：《提升律师公益法律服务》，《检察日报》2013 年 3 月 13 日第 7 版。

执业、热衷环保事业、具有社会责任感和环境法学理论的律师参与环境公益服务的数量更少。环境公益律所和专职从事环境公益活动的律师更是几乎没有。从一份对律师的调查来看，70%以上的律师有从事公益的意愿，但有将近60%的律师认为如果有经验的律师专职从事公益法律服务年薪应该在10万以上或者更高，经济因素成为律师从事公益律师事业的最大障碍。而在我国台湾地区，在1986—1992年间的环境行政诉讼案件中，律师代理案件的只有6.2%。但在2002—2012年间的117件环境诉讼案件中，有83%的案件有律师进行代理，并且在这些有律师代理的案件中，有71%以上的案件由律师甚至律师团进行代理。此外在环境诉讼案中，还出现了一批热衷于环境公益事业的律师，这几十名律师多次与环保组织进行合作，参与环境保护活动，承办环境案件，几乎义务性质地充当弱势原告的代理，将环境正义置于案件优先选择的位置。[①] 相比之下，如何使律师参与环境法律公益服务是我们亟须解决的问题。

三　私人行为存在利益障碍

私人实施环境法律依赖于公众主动积极行使权利的行为，是以主体的法律积极性为前提的。而主体实施法律的积极性与其作为社会成员的社会积极性紧密联系，受主体对利益认识水平、利益大小、所处利益结构等多种因素的影响。

（一）对利益的认知程度

由于环境污染损害与其他损害相比具有间接性、潜伏性、长期性和复杂性的特点，很多情况下，当人身、财产损害发生时，民众并没有意识到该损害是由环境污染造成的，自己的利益遭到了损失。日本四大公害之一的水俣病从1956年发生，历经数十年时间才确认是由氮工厂废水中所含的甲基汞造成的。在我国，很多重大环境污染事件集中在农村，如广东清远、陕西凤翔等地的儿童血铅中毒事件。在农村环境污染中，村民由于知识水平、权利意识等方面的局限，在环境污染发生时，并没有意识到自己的环境利益受到损害，也并未将自身损害与环境污染联系在一起。比如，

---

① 宋昱娴：《台湾环境运动与劳工运动的司法化：法律策略的使用》，硕士学位论文，台湾中山大学，2013年，第37—43页。

"在苏北 YH 镇 N 村，2008—2009 年发生了严重的铅中毒事件。但污染企业自 1988 年买断 30 亩土地，建厂成立，到 2006 年再次占用土地进行扩建，农民并未意识到自己的环境权益遭到了损害，也并未积极维护自己的权利。直到 2008 年，村民张思明携患重感冒的次子在医院求诊时偶然发现自己孩子体内的铅含量超标，才开始怀疑离自己的住处不远的公司是污染源。之后，闻之此事的村民也才开始为孩子做血铅检测，群体性铅中毒事件才发生"①。村民开始通过与企业协商、上访、向媒体公开等方式，积极采取行动维护自己的权益。对利益的认知程度决定了村民是否积极行使权利，这种利益的认知程度包括：是否享有环境权益、环境权益是否受到了损害、环境权益受到损害的程度等。60 多年前，毛泽东曾说："马克思列宁主义的基本原则，就是要使群众认识自己的利益，并且团结起来，为自己的利益而奋斗。"② 提升公众对自己环境权益的认识水平、认识能力和维护自己权益的能力是促进环境法实施的重要因素之一。

（二）所处利益结构

依据法律关系主体所处社会结构的不同，法律关系可以分为简单结构的法律关系和复杂结构的法律关系。苏联学者阿列克耶夫指出：简单结构法律关系的特点是，这种法律关系的内容是由一项权利和一项义务组织成的，而复杂结构的法律关系的特点则是，这种法律关系的内容是由若干联系的主体权利和义务组成。③ 在简单法律关系中，法律主体实施法律行为受到的制约较少，而在复杂结构法律关系中，主体需考虑法律行为给自己带来利益的同时可能会引起的其他损失。布莱克的研究也证实了法律行为与社会关系之间的密切联系。他指出，"法律与人们的关系距离之间的关系呈曲线形。在关系密切的人们中间，法律是不活跃的；法律随着人们之间的距离的增大而增多，而当增大到人们的生活世界完全相互隔绝的状态时，法律开始减少"④。

---

① 朱海忠：《政治机会结构与农民环境抗争——苏北 N 村铅中毒事件的个案研究》，《中国农业大学学报》2013 年第 1 期。

② 《毛泽东选集》（第四卷），人民出版社 1991 年版，第 1305 页。

③ ［苏］阿列克谢耶夫：《法的一般理论》，转引自黄建武《法的实现：法的一种社会学分析》，中国人民大学出版社 1997 年版，第 140 页。

④ ［美］唐纳德·J. 布莱克：《法律的运作行为》，唐越、苏力译，中国政法大学出版社 2004 年，第 52—53 页。

人所处的利益结构不同，面临相同的环境违法行为，是否选择法律行动，以及选择什么样的法律行动就有所不同。法社会学中有一个著名的案例可以证明这一观点，这就是日本 60 年代的 minamata 案件。"60 年代 minamata（一渔村）村民由于受 chisso 化工公司排出废水银的污染，许多人变成畸形、植物人，构成 minamata 病。然而，即使在公众的鼓动下，minamata 村民仍不愿诉诸法律去争取得到更多赔偿。相反另一渔村 niigata 发现自己受害便马上向法院起诉。这并不是由于两个村分别有厌诉和好诉的传统，而是人们在调查中发现两个村分别与化工公司有着不同的关系。minamata 村许多人受雇于该公司，许多村民在农闲时还做直接依赖于该公司的生意，同时，村里许多公共服务设施如学校、医疗、结婚礼堂及其他福利，都是这家公司提供的。而 niigata 村的情况则不同，他们与公司没有这些关系。"① 正是由于不同的利益结构制约了他们对法律行为的不同选择。正因为如此，在国外，很多大型企业为减少环境纠纷，增加公众的环境容忍程度，通过实施各种措施与周围民众形成"利益共同体"，包括为社区居民提供工作，出资建立教育机构、医疗机构、为当地学校捐款、参与社区的各项活动等。②

"简单结构和复杂结构对于法行为的不同制约，还明显表现在纠纷或损害发生时，人们对不同法律救济措施的选择。法律所提供的解决纠纷的手段一般有诉讼、仲裁和调解。在复杂结构中，由于人们不得不考虑维持各种关系的意义，在发生争议时一般不愿意因为一个关系的破裂而导致其他关系的中断，因此，调解是常常被选择的，除非当事人已不再想维持他们的那些关系。在简单结构中的当事人一般没有上述顾虑，他们的一般要求是利害被彻底分清，损失得到充分补偿，因此他们更乐于选中诉讼。"③ 在我国，这种不同利益结构对私人实施方式选择的影响也有明显体现。在很多农村环境污染事件中，村民倾向于通过检举、上诉向政府寻求帮助，

---

① 黄建武：《法的实现：法的一种社会学分析》，中国人民大学出版社 1997 年版，第 144 页。

② Auyero, Javier and Swistun, Debora, "The Social Production of Toxic Uncertainty", *American Sociological Review*, Vol. 73, No. 3, May 2008, pp. 357 – 379. 转引自朱海忠《污染危险认知与农民环境抗争——苏北 N 村铅中毒事件的个案分析》，《中国农村观察》2012 年第 4 期。

③ 黄建武：《法的实现：法的一种社会学分析》，中国人民大学出版社 1997 年版，第 142 页。

不愿意采取诉讼方式进行救济，产生这种情况的原因除证明困难、诉讼费用高外，很大程度上是利益的因素。比如某村重金属环境污染，村民不愿意与企业进行诉讼的原因在于：一来有村民是矿企股东，也有本村村民在矿上工作，在乡土熟人社会，村民不愿意"撕破脸"，二来村民本身或其近亲属也在企业工作，提起诉讼可能会失去工作。①

四　私人实施方式之间内部关系断裂

（一）私人检举与私人诉讼关系的断裂

对于环境检举的过分依赖，也暴露了我国环境检举与其他私人实施方式连接不畅，私人权利不足的情况。在大量的环境检举数据中，很大程度上存在着重复举报、举报无效等情况。《环境信访办法》第22条规定："对信访人提出的环境信访事项，环境信访机构能够当场决定受理的，应当场答复；不能当场答复是否受理的，应当自收到环境信访事项之日起15日内书面告知信访人。但是信访人的姓名（名称）、住址或联系方式不清而联系不上的除外。"环境信访受理后，我国《环境信访办法》第30条、第31条和第32条规定："环境信访事项应当自受理之日起60日内办结，情况复杂的，经本级环境保护行政主管部门负责人批准，可以适当延长办理期限，但延长期限不得超过30日，并应告知信访人延长理由；法律、行政法规另有规定的，从其规定。信访人对环境保护行政主管部门做出的环境信访事项处理决定不服的，可以自收到书面答复之日起30日内请求原办理部门的同级人民政府或上一级环境保护行政主管部门复查。收到复查请求的环境保护行政主管部门自收到复查请求之日起30日内提出复查意见，并予以书面答复。信访人对复查意见不服的，可以自收到书面答复之日起30日内请求复查部门的本级人民政府或上一级环境保护行政主管部门复核，收到复核请求的环境保护行政主管部门自收到复核请求之日起30日内提出复核意见。"根据这些规定，检举人对检举处理结果不服，可以逐级向上继续复核，并未规定行政诉讼或其他救济措施。

我国并没有规定环境行政公益诉讼制度，根据《行政诉讼法》第12条及《最高人民法院关于执行〈中华人民共和国行政诉讼法〉若干问题

①　《一个村庄的污染抗争》（http://www.guokr.com/article/438011/）。

的解释》的规定，针对环境信访提起诉讼需要满足以下几个条件：第一，作出信访答复意见的主体或处理机构必须是行政机关。第二，信访答复意见应属于行政行为，且实际影响了信访人的合法权益。行政诉讼的主体必须是行政机关，但我国现有很多环境信访机关属于行政机关的内设机构而不是行政机关本身。如果属于自身权益受到损害的环境检举人，在对环境信访结果不满意时，可以提起民事诉讼维护自己的权利。但如果无利害关系的环境信访人对信访意见不服或如果环境检举人所举报情况属实，而环保机关并没有依法履行职责，在我国现行法律中，该第三人并不能提起诉讼或通过其他方式解决。这就可能导致检举人只能不断向不同层级的机关举报，而没有其他救济方式。

（二）私人诉讼与私人自力救济关系的断裂

在国外，环境违法者之所以更倾向于选择和解协商解决问题，是因为私人诉讼的完善提供了保障。如果私人提起诉讼，对于环境违法者而言，在时间、金钱等方面成本较高，并且将可能会面临更高额度的赔偿和罚款。所以选择与私人进行协商解决，对双方而言都是一个较优的选择。但在我国，因为诉讼法律制度的不完善，案件起诉到法院的比率较低，即使起诉到法院私人胜诉的几率也不高，赔偿额度较低。没有通过诉讼被惩罚的高概率和高额度，环境违法者常常拒绝与私人进行协商。在私人寻求和解的过程中，常常态度傲慢、激化矛盾。这导致两方面的问题：一是环境协商的数量较低；二是私人主体进而寻求暴力或其他激烈的方式进行自救。而私人自力救济中暴力事件的出现又会使政府的公信力下降，造成民众对国家公共机构的不信任，更加重了对法院等国家机构的不信任。私人诉讼和私人自力救济之间相互影响，两者自身的不足以及二者连接上的不顺，使得二者的作用都得不到有效发挥。

第五章 推进我国环境法私人实施的基本思考

第一节 加强环境法之私人诉讼

在我国，真正存在数量不足的是私人诉讼，而私人检举和自力救济要解决的主要问题是如何制度化以及转型和规范的问题。因此，应该通过制度完善，激励、促进和保障私人提起环境诉讼。但对于环境法私人诉讼相关制度的确立和加强在理论和实践中都存在质疑和争议。

一 我国是否应该确立惩罚性赔偿制度

一般认为，惩罚性赔偿具有准刑事罚的性质，具有损害填补、惩罚、吓阻及私人执行法律等功能。笔者认为，针对环境私人诉讼动力不足、威慑作用弱等问题，应在私人提起的环境侵权案件中适用惩罚性赔偿制度，促进和激励私人提起诉讼，更好地发挥诉讼的制裁和救济功能，最终达到促使人们积极履行义务，遵守环境法律的目的。但对于惩罚性赔偿制度是否能达到预期效果、是否应该确立该项制度，存在不同意见。

（一）对环境侵权填补功能的质疑与回应

惩罚性赔偿是对于补偿性赔偿制度的一种弥补。"在环境侵权中，同质赔偿常常无以给原告以完全的救济，无以实现侵权法的损害填补功能，对受害人的救济严重不足。"① 因此，在环境侵权的损害赔偿中应适用惩

---

① 这些学者进一步认为，由于损害填补的功能都难以实现，因而侵权行为法威慑预防的功能更为奢谈了，侵权行为法的功能在于阻止人们危害他人，但由于加害人受利益驱动，常常对危害结果采取放任态度，使得侵权行为法几乎在环境侵权方面失去了抑制功能。参见高利红、余耀军《环境民事侵权同质赔偿原则之局限性分析》，《法商研究》2003 年第 1 期；高利红、余耀军《环境民事侵权适用惩罚性赔偿原则之探究》，《法学》2003 年第 3 期。

罚性赔偿。但这一观点受到了质疑，有学者认为："环境侵权中的损害赔偿，数额应为原告实际所发生的一切实际损失，包括物质的损失，也包括精神上的损失，换句话说，当受害人遭受损害后，如果赔偿受害人可以使受害人的效用水平没有任何降低，对原告来说，其福利状况没有任何变化。既然这样的话，那么法律对受害人就提供了充分的救济而不是救济严重不足。在现实的司法实践中，确实存在环境侵权中法院判给受害人的赔偿数额过少的问题，但这并非立法的错误，而是司法实践对实际损失的认识和评估的错误。不过这种司法性问题应留给司法去解决，其不足以成为支持惩罚性赔偿的理由。最好的办法是能够对法院司法实践中对补偿性赔偿的计算进行改进，而不是改旗易帜。正如 Cooter[1] 所言明，我们需要的是发展一个更好的方法来弥补缺陷而不是放弃补偿性赔偿的准则；而且即使确立了惩罚性赔偿制度，仍然无法保证法院在进行赔偿额的决定时能够作出正确的决策。实际上，惩罚性赔偿的司法实践表明，惩罚性赔偿数额的确定更充满争议，有着更大的不确定性，决策的难度也更大。"[2]

　　笔者认为，惩罚性赔偿是对补偿性赔偿的一种弥补。损害赔偿的目的在于弥补因侵权行为所遭受的损害，其本质在于补偿损害，以求其结果如同损害事故未发生。但在环境侵权中，一方面，有些环境损害造成后现有技术并不能进行修复或替代性恢复，并且对于造成的损害存在鉴定困难，造成能确定的损失比实际损失数额要小；另一方面，损害赔偿仅仅具有补偿或赔偿的功能，即使能够准确地确定补偿性赔偿的金额，但侵权行为与损害结果之间的因果关系并不总是显而易见的，违法行为被起诉的概率很小、被惩罚的概率更小，从整体来讲责任人所负赔偿责任就少。从这个角度来讲，通过计算来对补偿性赔偿进行改进，成本较高且不具有可行性和实际操作性。因此，应确立惩罚性赔偿制度，通过惩罚性赔偿弥补当事人无法确定的损害，弥补补偿性赔偿的不足。[3]

---

　　① 罗伯特·D. 考特（Robert Cooter），法经济学家，他对惩罚性赔偿通过建立经济模型进行分析，参见 Cooter, Robert D., *Punitive damages*, *Social Norms and Economic Analysis*, Working Paper, 1998；［美］罗伯特·考特、托马斯·尤伦《法和经济学》，史晋川等译，格致出版社 2012 年版。

　　② 陈屹立、邵同尧：《环境侵权损害赔偿的经济分析》，《光华法学》2008 年卷。

　　③ 冯汝：《自然资源损害之名称辨析及其内涵界定》，《科技与法律》2013 第 2 期。

（二）对环境侵权惩罚性赔偿吓阻功能的质疑与回应

惩罚性赔偿的吓阻功能也被称为抑制或威慑功能，是指通过加重行为人的赔偿数额，阻止侵权行为的发生，同时也警戒潜在的违法者。惩罚性赔偿吓阻功能的理论基础是吓阻理论（也有学者称为威慑理论）。波斯纳等法经济学家认为，相对于一个特定的威慑水平，违法者被惩罚的概率和被惩罚的严厉程度之间呈反相关关系。由于私人存在怠于诉讼的可能，侵权者可能会逃脱惩罚，这时候通过提高惩罚的程度，可以保持惩罚的威慑水平。但惩罚性赔偿吓阻或威慑功能的使用有一定的条件，即必须考虑整体社会成本和效率问题，符合"最佳或有效吓阻"理论。依据该理论，吓阻被告从事不法行为，社会对吓阻不法行为花费的成本，不能大于该不法行为所生的社会成本。否则，即使不法行为发生，就社会整体而言，也没有加以吓阻之必要，因为其所生社会成本未大于吓阻该不法行为之花费。[①]

理论和实务界对环境侵权惩罚性赔偿金的吓阻和威慑功能一般持肯定态度，但对于环境侵权惩罚性赔偿金在实际上是否果真可以达成吓阻目的、是否符合有效吓阻理论，也有学者持怀疑态度。例如，"学者 Kip Viscusi 根据实证研究认为，对于有毒化学物质环境污染事件，对污染源公司课以惩罚性赔偿金的美国各州，与未课以惩罚性赔偿的各州加以比较，发现后者的有毒化学物质意外事件与有毒物质排放事件并未高于前者。惩罚性赔偿金不仅无吓阻功能，且对公司的研究与发展造成成本增加。惩罚性赔偿金造成的成本经由转嫁，由消费者负担高商品价格，其成本亦大于意外事件发生后，受害人可获得的利益"[②]。我国也有学者持相同态度，他们认为，"污染是工业发展带来的必然结果，问题的关键不在于完全消灭污染对他人造成的危害，而是在给受害人以补偿的前提下以最少的污染换得最大的收益，也即让污染的制造处在有效率的水平。由于已

---

① Guido Calabresi, *The Cost of Accidents: A Legal and Economic Analysis*, New Haven: Yale University Press, 1970, pp. 26 – 31, 转引自陈聪富《美国法上之惩罚性赔偿金制度》，载陈聪富、陈忠五、沈冠伶《美国惩罚性赔偿金判决之承认与执行》，学林文化事业有限公司2004年版，第13页。

② Guido Calabresi, *The Cost of Accidents: A Legal and Economic Analysis*, New Haven: Yale University Press, 1970, pp. 26 – 31, 转引自陈聪富《美国法上之惩罚性赔偿金制度》，载陈聪富、陈忠五、沈冠伶《美国惩罚性赔偿金判决之承认与执行》，学林文化事业有限公司2004年版，第21—22页。

经实现了无过错责任原则,足以对被告产生很好的约束。法律经济学的文献也表明,在同质赔偿情况下实行无过错责任原则将使被告有充分的动力采取有效率的预防措施。因此,如果实现惩罚性赔偿,必然使得被告方采取过度的预防,产生低效率,这样的结果从社会整体上来讲是得不偿失的"①。

对于以上观点,笔者认为:第一,是否需要运用惩罚性赔偿制度实现制裁和威慑功能,取决于公共实施是否可以保证百分之百的惩罚概率或较严厉的惩罚水平,保持相应的威慑水平。② 如果行政处罚和刑事制裁对环境违法行为的威慑程度能够达到较高水平,私人运用环境诉讼中的制裁和威慑水平就无必要,否则,应发挥私人在法实现中的作用。在我国实践中,现实情况是国家机关主导的公共实施对环境违法行为的威慑力较弱,环境法的实施状况较差,在这种情况下,应该运用惩罚性赔偿的吓阻功能。第二,从成本与效益考虑来讲,惩罚性赔偿制度符合"有效吓阻"理论的要求。我国规定了无过错责任,但由于私人没有提起诉讼的动力,私人诉讼数量很少,无过错责任的预防原则并未如愿起到相应的作用,被告并未采取相应的预防措施,更不要说过度的预防导致社会效率的减少。从社会成本的支出来看,环境污染造成人体健康、生态环境损害的严重后果是更大的一笔潜在社会成本,该成本不能忽略不计。此外,惩罚性赔偿惩罚威慑功能的作用,替代、减轻了公共实施中发现、侦查、制裁等方面的成本。归纳起来,惩罚性赔偿可能造成的支出是环境违法者发展成本的提高,而收入的则是环境污染造成的医疗、健康等费用的减少以及行政执法成本的降低,对社会整体而言,吓阻不法行为发生的成本小于该不法行为产生的成本。

(三) 对环境侵权惩罚性赔偿私人执行法律功能的质疑与回应

惩罚性赔偿的鼓励私人执法功能又称为激励功能,是指通过使原告从胜诉中获得超过其受到的损失及诉讼所花费的费用,给予私人以经济诱因,鼓励私人利用其所掌握的信息以私人检察长身份提起诉讼,填补公共

---

① 高晋康、郁光华等:《法律运行过程的经济分析》,法律出版社 2008 年版,第 120—123 页。

② 阳庚德:《私法惩罚论——以侵权法的惩罚与遏制功能为中心》,《中外法学》2009 年第 6 期。

执法的不足，实现执法目的，进而维护受害人权益及整体的社会公共利益。环境污染具有长期性、隐蔽性等特点，环境侵权案件具有鉴定费用庞大、耗时较长、因果关系证明困难等特殊性，在司法实践中通过法院做出正确决策解决赔偿数额与实际遭受损失相比过少的问题，可实现性较差。从经济成本方面考虑，环境诉讼的这些特殊性使得原告即使获得胜诉，其获得的有限的赔偿与诉讼所付出成本相比意义不大，私人提起诉讼的风险和成本较高。并且，由于环境损害可能造成多数人的小额损失，如单独提起诉讼，其所付出时间、费用并不能通过获得的赔偿补足。很多情况下被害人实际损害甚为微小，或者只存在环境公共利益的损害，私人因没有经济动力，而不愿提起诉讼，这将导致环境污染者免于受到惩罚，也无法吓阻环境污染者再度进行环境侵权行为。但如果确立惩罚性赔偿制度，即使存在诉讼费用负担较高、可认定赔偿额度不高等问题，通过惩罚性赔偿金的获得也能转嫁负担。这将极大地增加私人提起诉讼的动力。从这个角度理解，惩罚性赔偿在环境侵权中最重要的作用在于增加私人提起诉讼的动力，鼓励私人环境执法。

对于惩罚性赔偿促进私人执法的功能，从理论和实践中都是基本没有争议的。但对于实践中是否可能会出现滥诉情况，很多学者存在担心。我国《消费者权益保护法》《食品安全法》《侵权责任法》[①] 中规定了惩罚性赔偿制度，在实践中就出现了大量利用该条的规定，进行"知假买假"的行为。[②] 如果在私人提起的环境诉讼中引入惩罚性赔偿制度，是否也会出现大规模的私人为"不义之财"而过分滥诉的行为？

对于这种担心，笔者认为，所谓"不义之财"是一种不正确的定义。惩罚性赔偿设置的目的就是给予私人诉讼以经济诱因，私人通过积极实施

---

① 《消费者权益保护法》第 49 条规定："经营者提供商品或者服务有欺诈行为的，应当按照消费者的要求增加赔偿其受到的损失，增加赔偿的金额为消费者购买商品的价款或接受服务的费用的一倍。"《食品安全法》第 96 条规定："违反本法规定，造成人身、财产或者其他损害的，依法承担赔偿责任。生产不符合食品安全标准的食品或者销售明知是不符合食品安全标准的食品，消费者除要求赔偿损失外，还可以向生产者或者销售者要求支付价款十倍的赔偿金。"《侵权责任法》第 47 条规定："明知产品存在缺陷仍然生产、销售，造成他人死亡或者健康严重损害的，被侵权人有权请求相应的惩罚性赔偿。"

② 对于惩罚性赔偿在我国的发展，以及对"知假买假"行为的不同认识。可参见董文军《论我国〈消费者权益保护法〉中的惩罚性赔偿》，《当代法学》2006 年第 2 期；徐海燕《论我国〈消费者权益保护法〉修改中的惩罚性赔偿制度的完善》，《西部法学评论》2013 年第 2 期。

法律实现法律的目的而获得利益，是法律应鼓励的行为，也是惩罚性赔偿设置的目的所在。正如田中英夫所言："如果认为私人这种获利不合理，那国家作为行政、刑事制裁采取的罚款、罚金也同样不合理，因为国家因国民的违法行为获得了利益。国家罚款、罚金是为了制裁违法行为人，国库收入的增加只是附随效果。如果在肯定罚款、罚金的同时，却否定'无损害的损害赔偿'，就意味着国家可以对违法行为的制裁获利，而私人却不可以，这难道不是前后矛盾吗？"[①]

二 我国群体性诉讼制度应如何选择

（一）代表人诉讼是否需要改革及路径选择之质疑

我国的代表人诉讼制度与日本的选定当事人制度类似，是一种针对具体私人权利的救济。而美国的集团诉讼更为宽松，是一种针对不特定主体的、集合性权利的救济。在功能方面，集团诉讼更具有公共利益的保护、公共政策的制定及私人执法的作用。针对我国代表人诉讼数量较少、实践运用少的现象，本书认为应在保留原有代表人诉讼优势的基础上，进行制度完善，扩大群体性诉讼在大规模环境侵害中发挥的作用。但对于运用群体性诉讼解决人数众多的环境侵权纠纷是否必要？如有必要，我国环境代表人诉讼的完善路径应如何选择？是否应该借鉴集团诉讼的经验，放宽代表人诉讼的标准或加强代表人诉讼的作用？对于这些问题，理论和实践界存在不同意见。

美国的集团诉讼在促进环境私人执法、惩治环境违法、形成环境公共政策等方面发挥了重要作用。但从司法实践来看，美国法院对环境集团诉讼的态度却是摇摆的，尤其是对那些涉及某些重要但利益群体高度分散的争议事件，如空气污染问题、水污染问题是否适用集团诉讼，在不同时期、不同的类型案件中，法院可能持有截然不同的立场。一般情况下，法院通常是拒绝诸如空气污染之类的大规模环境侵权适用集团诉讼的。例如，在 Diamond v. General Motors Corp., 97 Cal. Rptr. 639（Cal. Ct. App.

---

① ［日］田中英夫、竹内昭夫：《私人在法实现中的作用》，李薇译，法律出版社 2006 年版，第 157 页。

1971)① 案中，洛杉矶区 7119184 名居民对 293 家能够确定的工业企业以及未确定的污染者就空气污染问题提起诉讼，主审该案的法官宣布本案不适用集团诉讼；在 Reaser v. Magna – Superior Copper Co.，515 P. 2d 860（Ariz. 1973）案中，700000 位当地居民就空气污染起诉 7 个当地冶炼厂，法院也否决了集团诉讼的使用；在 Boring v. Medusa Portland Cement Co.，63 F. F. D. 78（M. D. Pa. 1974）案中，宾夕法尼亚州约克乡超过一万名当地居民对两个污染者提起了空气污染之诉，集团诉讼再次遭遇法官的否决；在 RSR Co. v. Hays，673 S. W. 2d 928（Tex. Ct. App. 1984）案中，高一级的法院推翻了下级法院支持当地两英里范围内的财产权人进行集团诉讼的判决。但是，在有些案件中，法院的态度是积极的，纠正了上述做法，例如，在 Mc Castle v. Rolling Envtl. Services of Louisiana，456 So. 2d 612（La. 1984）案中，4000 名原告提起空气之诉，最高法院推翻了下级法院对本案不适用集团诉讼的判决，最高法院的理由是：如果是很少一部分受害者提起诉讼，那么这些人很难运用合理的手段来收集那些关于他们应得权益的证据。相比较空气污染的诉讼，水质污染的集团诉讼案件在法院更受欢迎一些。② 例如在 Pruitt v. Allied Chemical Corp.，85 F. R. D. 100（E. D. Va. 1980）案中，原告因为 Allied 化学品公司将有毒的废水直接排放进 Chesapeake 湾而对后者提起了集团诉讼，原告提议的诉讼集团包括了"所有弗吉尼亚州和马里兰州的居民以及所有依靠 Chesapeake 湾、James 河及其支流获取生计的人"。由于原告的组成人员并不能适用同一个诉由，法院认为将原告提议的这些人作为一个诉讼集团的成员不合适，因此，依据法律创设了 6 个原告集团下面的子集团，包括：直接从 Chesapeake 湾、James 河及其支流收获水产品的人，间接依靠水资源牟利的商人，从直接捕捞者那里购买水产品进行食品深加工的商人，这三个子集团再根据被告的抗辩，每个子集团划分为两个集团。该案例为水污染案件适用集团诉讼提供了依据。③

---

① Diamond v. General Motors Corp.，97 Cal. Rptr. 639（Cal. Ct. App. 1971）（http：//elr. info/sites/default/files/litigation/2. 20046. htm）.

② ［美］尼尔·K. 考默萨：《法律的限度——法治、权利的供给与需求》，申卫星、王琦译，商务印书馆 2007 年版，第 51 页。

③ 具体案情可参见李响、陆文婷《美国集团诉讼制度与文化》，武汉大学出版社 2005 年版，第 153—157 页。

在美国的司法实践中，公众对运用私人诉讼对大规模环境污染进行救济，也持质疑态度。这种质疑主要是从制度选择的角度考虑。他们认为，环境污染的控制主要应依靠公共机构的实施，相对于司法制度，政治制度是解决大规模环境侵权的更好选择。在新区流动人口诉大西洋水泥厂案（Boomer v. Atlantic Cement Company）[①] 中，公众的这种态度得到了体现，他们认为：

"到目前为止，有效地控制空气污染仍然是一个即使依靠政府投入所有的公共和财政资源也无法彻底解决的社会问题。为此我们需要开发适当的治理技术，不过某些看起来可行的技术在应用上却十分不经济。

看起来空气污染的改善要非常依赖技术研究的进步，要依赖对严格管制的经济影响的认真衡量，同时也要依赖污染对公众身体健康的实际影响。很可能需要大规模的公共投资，这可能远非某一地区单枪匹马就能完成的，更多地，要靠地区间和政府间的合作与协力。

法院作为一个私人间诉讼的副产品，不应该自己单独去做这件事。司法的构建既没有考虑到其自身裁判事项范围上的局限性，也没有做好制定和施行消除空气污染的有效措施的准备。这已经超出了一个私人诉讼领域的范畴，而直接是政府的责任，所以不应当被作为机关财产权所有权人和一个水泥厂——在哈得孙河流域开设的许多工厂中规定一个——之间的偶然的争端来让法院去解决。"[②]

归纳起来，对群体性诉讼在环境侵权案件中发挥作用的质疑主要在于：法院的司法能力是有限度的，针对环境污染这类涉及人数多、事件复杂的案件，普遍的规制和公共机构的主动实施是否比诉讼更具有优势？运用诉讼解决大规模环境侵权案件是否有必要性？也基于此，很多学者认为，集团诉讼虽然在美国取得了良好的效果，但在包括我国在内的大陆法系国家中引进集团诉讼都是不必要的，原因在于："第一，对大陆法系国家而言，普遍的规制和公共机构的主动实施，通常就足以解决群体性争

---

① 被告水泥厂造成原告家附近的环境污染，原告向法院请求核发禁令以阻止环境侵权的发生，但法院驳回了原告的请求，而只要求被告赔偿原告损失。具体案情及分析，可参考http://www.studentjd.com/Torts/Boomer%20v.%20Atlantic%20Cement%20Company［Ch.%2015］［Nuisance］［Private%20Nuisance］［Cement%20Polution］.htm。

② 257 N.E. 2870, 871 (1970)，转引自［美］尼尔·K.考默萨《法律的限度——法治、权利的供给与需求》，申卫星、王琦译，商务印书馆2007年版，第17页。

议，尤其是在有的国家还可以通过附带诉讼的形式顺便解决私人请求。第二，集团诉讼实践依赖衡平法原则和法院的裁量性确认及实施，而根深蒂固的大陆法原则反对创设并实施集团诉讼。大陆法系传统上不信任司法独立，也不鼓励司法创造，因此，无论从概念上还是从文化上来看，大陆法系的法官都不适于行使美国集团诉讼制度中法官所必需享有的自由裁量权。"① 我国也有学者持相似观点，认为在包括环境污染在内的很多侵权领域，我们主要是依靠行政机构执法发挥惩治违法、行为导向和政策创制的功能。公共实施比私人实施具有优越性，通过提升行政执法、刑事处罚等公共实施的能力，可以更好地预防和防止环境违法行为的发生。并且，在我国缺乏惩罚性赔偿制度、律师激励制度等私人通过群体诉讼进行执法的诱因和保障，也缺乏相应的文化和司法环境条件。因此，在我国现阶段以及今后较长的一段时期内，引进集团诉讼不具有必要性和可行性。②

（二）群体性诉讼解决大规模环境侵权的必要性③

公共机构的行政规制可以从事前、事中、事后全方位对环境公共利益进行救济，行政规制在大规模环境问题解决上具有优越性，在我国，运用群体性诉讼制度解决大规模环境侵权案件是否还有必要？对这个问题的论述，首先要确定一个前提，即我们是在现实语境下而非理论模型中讨论二者的选择——私人诉讼与公共实施。在理想状况下，公共机构的行政规制集受理、调查、裁决等职能于一身，在普遍性及效率上，对环境违法行为的监督和制裁具有优势。行政权力的主要作用和功能就是为了对国家利益和社会公共利益造成损失的组织和个人追究责任。对于环境公共利益的保护，依靠各层级的庞大行政机关进行行政执法确实具有天然的优越性。④但如果环境法的公共实施能够达到完美的状态，我们当前面对的环境问题就不会发生。实际情况是，我国环境保护一直以来都以环境行政立法为主

① 钟瑞华：《美国消费者集体诉讼初探》，《环球法律评论》2005 年第 3 期。

② 薛永慧：《代表人诉讼抑或集团诉讼——我国群体诉讼制度的选择》，《中国政法大学学报》2009 年第 5 期。

③ 群体性诉讼改革的可行性问题，涉及我国是否具有相应的诉讼社会文化基础、司法基础等条件，是环境私人诉讼面临的共同性的问题，需要综合性进行考虑，本书将在本章第三节集中论述。

④ 胡小红：《现代民法、现代行政法及社会法三者关系简释》，《河北法学》2000 年第 1 期。

导，以环境行政执法来解决环境问题，但不断加大行政权力并未使得环境污染问题有所改善，环境法公共实施失灵。这证明我国环境行政执法并不是完美的模式，自身存在缺陷。这些缺陷主要体现在：

第一，环境执法体制僵化。环境执法体制的困境体现在两个方面。一方面，环境行政主管部门与其他部门之间关系混乱。我国环境行政实行统一管理和部门分工负责管理相结合的体制，环境执法权分散于法律法规授权的环保、水利、渔业、林业、国土等相关行政部门。虽然环保部门集中了大部分的环保执法权，但各部门的职责存在制约、重叠的关系，导致各部门之间在有利益出现时，相互争夺权力；当有责任出现时却互相逃避推诿。从中央部委到地方层面，有环境职权的行政部门之间权限矛盾的现象普遍存在。另一方面，环境部门与政府之间存在受制与抗衡的关系。环保部门是政府的职能部门之一，但环境部门的职责却在一定程度上与政府以经济发展为中心的职能相左。出于地方经济发展的目的，地方政府部门在环境问题上往往不能持中立态度，而是干预甚至阻碍环境执法行为，造成环境污染的加重。这种部门主义以及政府经济利益至上的发展观念，使得很多污染企业的违法行为不能得到制裁。

第二，环境执法手段主要依赖罚款，但却无威慑力。环境行政处罚的手段主要有罚款、限期治理、警告、停产停业、吊销证书和行政处分六种。针对我国环境行政执法能力的调查显示，在实践中，使用频数由高到低的执法手段依次为罚款、限期治理、警告、停产停业、吊销证书和行政处分。罚款使用频数最高，占总频数的60%。[①] 罚款成为最主要的处罚手段，一方面，是因为罚款本身具有适用范围广，弹性大等特点；另一方面，是由于环境部门无强制执行权限，在实践中限期治理、停产停业等执法手段要真正实施需要借助政府部门的力量。但罚款作为最主要的处罚手段，其效果却不尽人意，"对目前罚款有效性的调查表明，有68.3%的被调查机构认为，现行法律、法规规定的罚款额度对违法者构不成有效的威慑。最常用的、又是被认为最有效的处罚手段，却对违法行为不能真正起到威慑作用"[②]。

---

① 陆新元等：《中国环境行政执法能力建设现状调查与问题分析》，《环境科学研究》2006年第19期。

② 同上。

　　第三，环境资金、人员、技术等保障不足。环境执法的有效实施离不开资金、人员、技术等软硬件的支持，但我国存在环境执法机构不健全，基层人员数量不足、专业素质不高；执法投入不足，投入力度不够；用于环境监督的设备、仪器等无法满足实际需要等问题。环境执法的资金、人员、技术支持不能保障环境执法的有效实施。

　　我国环境行政执法存在的上述问题，一方面需要环境执法通过改革体制机制、加大资金投入，完善执法手段等方面进行自身完善；另一方面私人实施尤其是私人诉讼可以对环境行政执法的缺陷进行补足。相对于行政执法，群体性诉讼的中立、程序性要求具有优势。群体性诉讼对于环境正义的实现更具有程序正义的优势。虽然诉讼方式对于大规模环境侵权以及小额多数的环境侵权造成的群体性纠纷的解决具有局限性，但仍然可以发挥重要作用。它可以为私人提供最后的救济，引导和协调价值冲突，并且通过更为公正透明的诉讼程序可以使整个社会对典型的群体性环境诉讼案件进行讨论，进一步型塑公众对环境法以及环境的公共意见。① 通过代表人诉讼方式的完善，针对环境群体性诉讼的特殊性，发挥诉讼在解决环境问题中的作用，是双管齐下提高环境法实施效果的应有之义。因此，运用群体性诉讼解决大规模环境侵权是非常必要的。群体性诉讼可以与环境行政执法相互补足，发挥各自的优势，共同发挥作用。

　　(三) 代表人诉讼制度改革之路径及限度

　　我们需要群体性诉讼制度在大规模环境侵权及小额多数环境侵权中发挥作用。但对于我国代表人数诉讼应如何完善？是否应放弃代表人诉讼，移植集团诉讼？如果要借鉴移植，在多大程度上移植？笔者认为，在代表人诉讼适用于环境领域时，应借鉴集团诉讼的经验。但借鉴集团诉讼的经验对我国群体性诉讼制度进行完善并不意味着对我国代表人诉讼制度的全盘推翻。我国代表人诉讼制度的确立与我国大陆法系的诉讼理念是符合的，并且与集团诉讼相比在很多方面具有优势，比如人数确定可以减少法院和当事人的压力、代表人授权的取得方式和权利限度避免了与传统诉讼理论的冲突等。但对于我国代表人诉讼存在的限制私人执法发挥作用、诉

---

　　① 叶俊荣、张文贞:《气候变化与环境责任: 环境责任制度之过去与未来——以诉讼作为环境问题的解决途径》 (http://ples.law.ntu.edu.tw/bbs/board.php? bo_ table = cepl&wr_ id = 11&page = 2)。

讼成本较高等问题，却需要借鉴集团诉讼的经验，从放宽代表人诉讼的适用范围、完善诉讼程序等方面进行变革。

对于有学者提出的引进集团诉讼没有相应的私人激励机制、司法基础和文化背景，笔者认为，这些质疑是私人提起环境诉讼时共同性的问题。对于缺乏相应的激励和保障机制，应该通过惩罚性赔偿制度的建立、法律援助的完善等来补足，并不能因为缺少制度支持而否定借鉴集团诉讼优势的必要性。随着司法改革和环境司法专门化进程的推进，我国环境司法的基础在不断提高，公民环境保护和环境权利的意识也不断增强，已经具备了加强私人诉讼相应的司法基础和法律文化（具体内容将在下文第三节中详细论述）。

三 环境公益诉讼能否发挥应有实施效果

公益诉讼被认为是现代环境法最显著、普遍、深入的创新，我国也在借鉴国外法律的基础上确立了环境民事公益诉讼制度。关于公益诉讼的研究很多，对于其作用、可能产生的影响也已经进行了很多探讨。但在实践中，对于环境公益诉讼是否能发挥应有的效果却存在争议，本书选取公益诉讼制度较完善的美国与我国的实践进行对比，对该问题进行论述。

（一）环境公益诉讼制度是否可以减少环境违法行为

在美国，环境公益诉讼被称为公民诉讼。从本源上讲，公民诉讼的含义是指私人为执行法律而提起诉讼。[①] 法律设置公民诉讼的目的在于，公民诉讼可以弥补环境行政执法等公共实施的不足，促进公共实施，加强对环境监管不严、执法不到位行为的监督。美国一般公民和学者认为，公民诉讼的实施能够达到设置的目的。

有美国学者根据诉讼收益和支出的模式，对 1205 个案件进行了实证分析，认为公民诉讼可以促进企业守法。企业是成本最小化的追求者。企业遵守法律的成本包括污染排放控制的资金、材料、人工费用等。违法的成本包括违法行为被发现的可能性及该违法行为被发现后行政机关或法庭的处罚。由于环境行政执法不完全，违法行为被发现的可能性较低，被处

[①] "In the United States, a citizen suit is a lawsuit by a private citizen to enforce a statute", See Adam Babich, *Citizen Suits: The Teeth in Public Participation* （http：//elr. info/news – analysis/25/10141/citizen – suits – teeth – public – participation）.

以罚金的规模也较小，违法成本很少，守法的成本却较高。因此，不守法或者不完全守法就成为常态。但公民诉讼增加了违法行为被发现的可能性，以及随之而来的赔偿、罚金等。并且在公民诉讼中，违法企业被认为应该提高预防措施。公民诉讼实际上使得企业更遵守法律。上述美国学者以完全的行政或民事政府实施为基准，然后增加公民诉讼的效果，以考察遵守的效果，发现不同的公民诉讼规则对污染者守法行为也会产生不同的影响。具体如下：第一，救济方式（诉求）和遵守行为。违法者被处以禁令（停止违法行为）和民事罚金，比单纯的禁令支出要大。对于违法者而言，并处意味着，其不仅要遵守法律，达到法律规定的环境标准，还要承担对于其违法行为的罚金。并且环保组织倾向于根据有罚金诉求的法律提起公民诉讼。所以，企业更有可能去遵守被授权可以处以罚金的法律，因为该法律存在更多私人诉讼的可能性。第二，律师费用的偿还。律师费用的偿还增加了违法者的成本，这是其更愿意遵守的原因之一。原因之二如前所述，环保组织更倾向于根据有律师费用偿还条款的法律提起诉讼，提起诉讼的可能性增加也使得企业更容易遵守法律。① 美国的实践表明，环境公益诉讼在制裁和减少环境违法行为，促进守法等方面发挥了重要作用。

（二）环境公益诉讼是否可以促进公共实施

私人实施对已经存在的公共管制会产生什么影响？这一问题，在理论和实践中都存在不同的意见。有学者认为，公民诉讼是实施公共法律的重要机制，是促进环境守法的重要手段，也是刑事执法等公共实施手段的替代和补充。② 美国学者 Christian Langpap 和 Jay P. Shimshack 运用经济学方法系统地、实证地分析了公民诉讼对公共监督和公共实施的影响。他们认为，公民诉讼促进并补充了公共监督，但是却在很大程度上排挤、替代了公共制裁。在积极的私人干预存在的情况下，公共机构会认为，将稀缺的公共监督、执法资源再分配到此处是草率和不合理的，因此，公民诉讼替代了公共实施，而不是对公共实施进行了补充。并且，虽然私人实施对环

---

① Wendy Naysnerski, Tom Tietenberg, "Private Enforcement of Federal Environmental Law", *Land Economics*, Vol. 68, No. 1, Feb. 1992, p. 40.

② David Mossop, *Citizen Suits—Tools for Improving Compliance with Environmental Laws* (http：//www. aic. gov. au/media_ library/publications/proceedings/26/mossop. pdf).

境违法行为具有实证性的直接威慑力，但由于私人实施对公共实施产生了排挤，这种威慑力削弱。Christian Langpap 和 Jay P. Shimshack 通过微观的定量分析和实证研究认为，公民诉讼并没有如一般的文献所假设的那样，通过增加对违规行为和执法不严的关注而促进公共实施。与此相反，公民参与减少了整体的公共实施。并且由于间接的挤出效应，私人实施的威慑效果大约低了 25%。[1]

实践中，美国的公民诉讼实践是否减少了公共实施的规模？从二者的数量来看，似乎并不能得出这种肯定的结论。数据显示，20 世纪 90 年代后，环境公民诉讼的年均案件数量为 100 多件，而仅美国环境保护署就颁发和处理了上千条行政守法令和行政投诉。与环境行政执法相比，公民诉讼占环境执法的数量较少，环境执法并未受到影响。一般认为，公民诉讼已经成为联合公众与政府共同对抗环境违法行为的有效机制，是政府环境执法的重要补充。[2]

在我国，对于公益诉讼执行法律功能的实现以及其与公共实施的关系也存在不同认识。一般认为公益诉讼与行政执法等公共实施之间应该相辅相成，实现对公共利益全方位、多层次的保护。[3] 但也有学者认为，在我国现有实践中的公益诉讼制度已经变成了一种"公益演出"，公益诉讼并不能达到预期的目的，对于当前连私益诉讼都无法进行的我国来讲，真正重要的是提高法律的执行能力，包括政府应该行使好分内权力，实现政府执法在环境法律实施系统中的本分和功能等。[4] 还有实务工作者通过对实践中已有的公益诉讼案件"中华环保联合会、贵阳公众环境教育中心诉贵州省贵阳市乌当区定扒造纸厂案"进行分析，认为，原告提出的停止侵害、消除危害等诉讼请求，完全可以通过行政执法进行，并且行政执法具有更大的优势，具体而言：（1）环境行政执法比公益诉讼更具有主动

① Christian Langpap, Jay P. Shimshack, "Private Citizen Suits and Public Enforcement: Substitutes or Complements?" *Journal of Environmental Economics and Management*, Vol. 59, Iss. 3, May 2010, pp. 235 – 249.

② ［美］迈克尔·E. 沃勒、王立德：《公民诉讼在美国环境保护中的作用：地球之友 v. 莱德劳》（http://www.nrdc.cn/index.php）。

③ 胡小红：《公益诉讼与行政执法的比较研究》，《安徽大学学报》（哲学社会科学版）2006 年第6期。

④ 胡玮：《环境公益诉讼：概念的迷思——个比较法的视角》，载徐祥民主编《中国环境法学评论》第9卷，科学出版社2013年版。

性和积极性。在公益诉讼中，法官不能主动调查违法行为；而环境行政执法中行政机关集受理、调查、裁决等职权于一身。（2）环境行政执法比环境公益诉讼更有效率。环境公益诉讼需经过四级两审的审判程序；而环境行政执法一经做出，即为有效，并可以执行。（3）环境行政执法比环境公益更全面、灵活。环境公益诉讼是一种事后的救济；而环境行政执法可以从事前、事中、事后进行全面保护。（4）环境行政执法比环境公益诉讼在时间、机会、经济等方面更具成本优势。从时间成本而言，在司法程序中，法院立案、调查、审理案件通常需要较长时间，而且环境公益诉讼较之环境行政执法具有更高的程式性要求，需要经过起诉（控告）、立案、开庭审理等多个诉讼环节；而环境行政执法程序则要简易许多，在较短时间内即能达到纠正环境违法行为的效果。从机会成本而言，在环境行政执法程序中，行政相对人可以充分行使听证、陈述以及申请行政复议及提起行政诉讼的权利；而诉讼作为权利救济的最后屏障，当事人径直选择环境公益诉讼付出的机会成本太大。从经济成本而言，当事人在环境公益诉讼中支出的诉讼费、律师费、鉴定费、评估费、为诉讼耗费的其他人工费等加起来一般需要几万甚至几十万元；而环境行政执法程序中行政相对人通常不必支出如此高昂的费用。①

　　针对我国现有执行力度不够、能力不强的问题，是应该通过公共实施自身的完善，提高行政执法能力，还是通过公益诉讼来实现？对于这一问题，正如上文所述，我们是在现实情况下对公共实施与私人实施进行讨论，那么就必须承认一个事实：政府和行政机关不可能拥有足够的执法资源在全国范围内监测每一个污染源，行政执法不可能查处所有的环境违法行为。甚至在有些情况下，行政机关会由于经济或政治上的压力而缺乏执法意愿，行政机关的工作人员也可能被"俘获"从而不进行执法或进行选择性执法。而公民是环境违法行为最经济和最有效的监督者，并且可以对环境行政执法行为进行监督，因此，最大限度地确立和保障公民执行环境法律的权利是非常必要的。环境行政执法与公益诉讼并不存在二选一的问题，而是需要二者互相配合，共同发挥作用。

---

　　① 贵州省高级人民法院民二庭：《环境公益诉讼三题》，《人民法院报》（理论版）2011 年 5 月 25 日第 7 版。

四　私人诉讼是否可以维护公共利益

(一) 对私人诉讼维护公共利益的质疑

有学者反对和质疑私人诉讼的理由在于，认为私人实施并不能保护社会公益。对于私人提起的普通环境侵权诉讼，反对者一般认为，这些诉讼的本质是私益诉讼，不能起到公益诉讼的目的；对于受害人针对自身所遭受的人身或财产损害而提起的普通诉讼而言，其本质上仍是为了维护自己的私益；人数众多的群体性诉讼，其目的也并不是维护公益，而是为了减少诉讼成本，便利诉讼程序，其实质是为了私益的普通侵权诉讼的累加。而环境公益诉讼的公益性质在实践中也遭到质疑，反对的理由主要有以下三种：

第一，公益诉讼属于事后救济，对于公共利益的保护具有滞后性。环境污染行为造成的环境公共利益损害具有涉及范围广、影响面积大等特点，一旦受到侵害，往往具有不可补救性。公益诉讼与其他私人实施方式一样是一种事后的救济方式，通过公益诉讼的事后救济并不能达到保护环境公益的目的。

第二，从本质上来讲，环保组织等主体提起公益诉讼的目的都是私益而非真正的利他的公益。公益诉讼案件的选择完全依靠有能力利用法律资源决定提起诉讼的环保组织或精英人士，案件的选择具有片面性。案件的结果通常是通过和解解决，诉讼的收益主要落入环保组织等起诉者手中，而非归于国库或用于公益。有美国学者通过对公民诉讼的分析发现，在美国，多年以来，大部分的诉讼通知后引起的不是诉讼而是协商，通过和解协议相对较快地解决争议。和解协议一般包括四部分的内容：向国库支付的民事罚款；守法要求；律师费用、专家费用等费用；信用项目、减缓项目等补充环境项目。对于私人执法者和环境污染者双方来讲，双方协议签订一个转移支付的协议都是一个最好的选择。对于环保组织而言，企业支付的一部分费用通过和解协议转移支付给了环保组织，这种转移支付方式主要有两种：一是环保组织可以得到律师费用。法院在认定律师费用时根据市场价格进行确定，但环保组织支付给公益律师的费用比市场价格低，环境保护组织可以获得二者之间的差价；二是通过信用项目、补充环境项目给予环保组织资金资助。尽管资助的环保组织并不是提起该诉讼的环保组织，但大部分的环境公益诉讼案件是由几个较大的环保组织提起的，从总体上看，大型环保组织通过转移支付获得了一定数额的专项资金。对于违法者而言，同意转移支付代替罚款是因为，这种方式比诉讼或者环保署执行更便宜。违法者明白个人实施者会将潜在的罚款与律师费用、补充项目等进行"交易"，因此，罚款的数额可以打折扣。与法定的罚款相比，补充项目的数额相对较少，并且可以扣税。对1983年达成的环境协议的分析显示，付给环保组织的律师费用是罚款的4倍。同样地，民事罚款也被转换成了信用项目或补充项目。政府在特殊情况下才会用补充项目代替罚款，但是几乎每一个私人环保协议都包含了补充项目。该项目涉及对环保组织进行支付用于研究、环境教育、土地征用等。这些支付在有些情况下，达到了数百万美元，远远超过了罚款。1983年，根据《清洁水法》提起的公民诉讼中，诉讼收益总数的90%进入了环保组织，而不是国库。① 在环境行政公益诉讼中也是如此，在美国针对行政机关提起的公益诉讼中，能够得到维护和体现的是推动诉讼进行的公益律师、基金会或者其他提起诉讼的私人组织所关心的公共利益，而不是普通公众所认为和关心的利益。用美国学者斯图尔特的话来讲，这种公益仅仅只是私人原告自己的"意识形态利益"，即是"个人维系其道德或宗教原则的利益"。② 基于此，有学者认为，借用司法的理论推行这种带有私人观念的"正统思想"与我国处于社会转型时期，需要多元文化、价值的融合背景不符。为了确保诉讼程序的进行以及公益诉讼目的的纯正，我国严格限制了公益诉讼原告的起诉资格，并明确规定环保组织提起公益诉讼不得牟利。但在实践中，环保组织在提起的公益诉讼中所扮演的角色仍被质疑。③

　　第三，公益诉讼制度以牺牲经济利益为代价，并不能达到利益多元和利益衡平的目的。公益诉讼为鼓励私人提起诉讼，一般会规定诉讼费用的转移制度。但即使规定了诉讼费用的转移，诉讼费用仍是存在的，要么被告负担要么国家负担，抑或二者分担。在国家不能负担或只能负担一部分

---

① Michael S. Greve，"The Private Enforcement of Environmental law"，*Tulane Law Review* Vol. 65，Dec. 1990，pp. 339 – 394.

② ［美］理查德·B. 斯图尔特：《美国行政法的重构》，沈岿译，商务印书馆2002年版，第93页，转引自叶明《公益诉讼的局限及其发展的困难——对建立新型经济诉讼的几点思考》，《现代法学》2003年第5期。

③ 胡玮：《环境公益诉讼：概念的迷思——一个比较法的视角》，载徐祥民主编《中国环境法学评论》第9卷，科学出版社2013年版。

的情况下，主要是由被告负担。"尽管诉讼中的被告不少是大公司、大企业，但巨额的诉讼成本仍可能使这些企业面临破产的危险，甚至导致整个行业的崩溃。在这种情况下，如果我们从整个社会经济发展来考虑，实际上是在维护以原告为代表的一种社会公共利益的同时，有意无意地以牺牲促进经济发展这一社会公共利益为代价。"① 并且，环境公益诉讼产生的一个重要原因就是希望环境公共政策的形成能够是多种利益平衡的结果，而不是在经济利益、环境利益、发展利益等众多利益中只选择一种利益维护。但诉讼的重要目的之一就是定纷止争，必须在众多利益中做出裁决，进行明确取舍，很难做到在多元的利益中妥协平衡。

（二）私人诉讼可以维护社会公共利益

对于私人实施是否可以维护公共利益，首先要确定的是，何为公益和私益。但何为"公益"，标准是什么，公益和私益如何区分认定，一直以来都是存在争议的问题。在法国和德国，对公益的判断都是由法院通过司法程序来进行的。在德国司法实践中，主要运用"量最广""质最高"的标准来进行判断，即以受益对象的数量以及对受益人生活需要的满足程度来判断是否为公益。② 在美国，公益认定的标准比较宽泛，只要行为的后果满足了多数人的需要，即可认定为符合公共利益。③ 而在我国实践中，人们常说的"公益"，从主体的构成来看可以分为两类，一类是集体利益，一类是多个人的利益，④ 主要是从人数进行判断的。

公益和私益不是相互矛盾或互不融合的关系，二者其实紧密相连，并交织在一起。德国公法学者莱斯纳就认为，因为社会生活现象是多样性的，因此公益和私益应是相辅相成、并行不悖的概念。公益是由私益组成的，私益达到一定程度或数量就构成了公益。多种私人利益，如不确定多

---

① 叶明：《公益诉讼的局限及其发展的困难——对建立新型经济诉讼的几点思考》，《现代法学》2003 年第 5 期。

② 李为颖：《私法视野下的中国社会转型——以 1978—2008 年中国私法发展为研究对象》，博士学位论文，西南政法大学，2008 年，第 114 页。

③ 杨峰：《财产征收中公共利益如何确定》，《法学》2005 年第 10 期。

④ 冯汝：《确立村民委员会环境公益诉讼原告资格的社会与法律基础》，《中南大学学报》（社会科学版）2013 年第 3 期。

数人的私益、具有某种特别性质的私益等都可以形成公共利益。① 从法律上讲，对公益和私益人为进行分裂是一件很困难的事情，这也是至今对于集团诉讼、代表诉讼等群体性诉讼是属于私益诉讼还是公益诉讼仍存在争议的原因。在环境领域中更是如此。环境污染和破坏造成环境质量下降、自然资源本身损坏的同时，又可能会造成对私人财产、生命健康等利益的损害。"因此，在渐进性环境侵害的场合，公益与私益的界线不可能严格、绝对地予以区分并分别主张，许多权利义务的内容及权利主体的外延界限也显得非常模糊。"②

　　我国法律虽然并未对环境公共利益做出明确的定义，但《民事诉讼法》第 55 条规定"污染环境、侵害众多消费者合法权益等损害社会公共利益的行为"，《环境保护法》第 58 条也规定"对污染环境、破坏生态，损害社会公共利益的行为"。从语义分析，这些立法规定表明，立法者认为污染环境本身就是损害社会公共利益的行为。而污染环境的行为可能会造成人身或财产损害，也可能只造成环境本身的损害，基于此，受害人或任何公民基于不同目的的诉讼，被分别定为私益诉讼和公益诉讼。法律上通过私人的动机、私人利益是否受损来确定私人提起的诉讼是否属于环境公共利益的诉讼，从而确立不同的法律规则。但对私人实施是否可以维护环境公共利益的判断，不应仅仅从动机来判断，还应从结果来判断。笔者认为，从结果来判断，私人实施具有维护环境公共利益的目的：

　　第一，私人权利与公共利益是统一的，"内含了私人利益与公共利益统一的私人权利在赋予人们追求私利的合法资格并保障人们所得私利时，必然会促进公共利益"③。一般环境侵权诉讼、环境群体性诉讼、环境公益诉讼都具有维护公共利益的目的。私人诉讼作为执行法律的方式之一，对于环境违法行为所造成的"小额数人"诉讼，私人提起诉讼的动力非

---

① 陈新民：《德国公法学基础理论》，山东人民出版社 2001 年版，第 200 页，转引自肖建国《民事公益诉讼的基本模式研究——以中、美、德三国为中心的比较法考察》，《中国法学》2007 年第 5 期。

② 汪劲：《中国的环境公益诉讼：何时才能浮出水面》，载别涛主编《环境公益诉讼》，法律出版社 2007 年版，第 43 页。

③ "在过去我们只认识到后一方面，强调通过追求和发展公共利益从而实现私人利益，而不承认前一方面，看不到人们追求私利会促进公共利益乃至社会的发展这一面。市场经济本质上就是一种通过私人主体的普遍自利行为来最终实现公共利益的增长的经济体制。"马越：《对我国社会转型时期公共权力与私人权利的法理学探讨》，《公安研究》2000 年第 1 期。

常微小，私人诉讼的目的不仅仅是获得损害赔偿或对于个人权利的维护，更在于使不当行为人受到惩罚，提供社会福利，震慑和改变违法行为人的行为。此外，由于公共机构的实施不可避免地存在缺陷，比如地方保护主义、执法能力不足等，这就使得私人公益诉讼的出现成为必然。比如，在美国的行政执法中存在着地方保护主义，"因为地方检察官是由当地居民选举产生的，必须依靠地方居民的支持才能保住职位，而对地方上的污染源公司提起诉讼，往往会触发当地居民的经济利益，并减少地方财政收入。正是对官位不保的担忧妨碍了检察官积极行使诉权，使得环境公害得不到抑制。这时候，通过公益诉讼制度，可以动用私人力量执行法律，并对国家公权力进行制约，发挥公民和团体在保护公益中的作用"①，弥补公共执法的不足。

第二，环境利益的交叉性，决定了私人实施能够产生维护环境公共利益的后果。"人们之所以将为多个人环境权益提起的诉讼也认为是环境公益诉讼，一方面是人数之多，是从人数上判断；另一方面，是因为诉讼所要维护的利益是通过环境媒介实现的或者是在环境的作用下受侵害的。在这个意义上，是环境的关联性造成了所谓环境公益诉讼。"② 环境损害的特殊性在于损害发生后，损害行为往往不是直接作用于人身或财产，而是先作用于环境介质，从而破坏生态环境，危害人身财产安全，以环境要素为媒介的特性决定了环境损害的行为结果必然包含了对环境的损害，污染环境的行为必然造成损害社会公共利益的后果。

第三，私人实施所维护的公益虽具有局限性，但不能否认其维护公益的作用。正如环境执法也具有局限性，在执法过程中执法人员具有自由裁量权，在进行环境执法时也可能出现执法不全面及选择性执法的问题，但这也并未掩盖环境执法维护公共利益的性质。环境法的私人实施也是如此。在实践中，私人为维护自身利益进行诉讼、检举或自力救济，或者环保组织等私主体为了公共利益提起公益诉讼，其在进行选择时不可避免地带有自身的利益倾向，会从成本、效益等多方面考虑和衡量，但这并不能

---

① 蔡虹、梁远：《也论行政公益诉讼》，载别涛主编《环境公益诉讼》，法律出版社2007年版，第169页。

② 冯汝：《确立村民委员会环境公益诉讼原告资格的社会与法律基础》，《中南大学学报》（社会科学版）2013年第3期。

掩盖私人实施维护公共利益的本质。

第二节 完善我国环境私人检举和自力救济之路径

一 我国环境私人检举的定位

在环境检举中存在的最大的问题在于，环境信访与环境举报合二为一，环境信访的权利救济功能被私人过分依赖。当环境权益受到损害时，私人倾向于通过环境信访寻求救济，希望行政机关通过行政方式解决纠纷、实现其权利救济。但在现实中，信访的实际效果并不尽如人意。大量环境群体事件发生前，私人都曾通过信访、检举等途径向各级机关寻求帮助，但都未得到有效处理。环境信访作为正常司法救济程序的补充程序被过分依赖，而又未能发挥作用。

对于是否可以将权利救济功能[1]从信访制度中分离出来，学者之间存在不同意见。有些学者认为，《宪法》第 41 条规定了公民的信访权利，作为一种宪法权利，它具有简单、经济、有效等优点，因此，信访的权利救济功能不仅不能被取消，而且应该被强化。经过制度创新，信访这种救济方式可以补充司法救济功能的不足，在法治建设中发挥不可替代的作用。[2] 而有些学者认为，要将信访的权利救济功能从信访制度分离出来，强化司法救济的权威。[3] 笔者同意这种观点。司法救济应该是公民权利救济最主要的方式和最后的保障。在实践中，环境信访之所以成为优于诉讼的选择，很重要的一个方面是因为公民在司法救济中受阻，司法机关对环境案件的不受理，不公正审理以及判决后不执行等行为造成公民对法院的不信任。但吊诡之处在于，上述司法机关存在的问题有一部分正是由于信

---

[1] 信访权利救济功能的演变，参见朱最新、朱孔武《信访制度的法理探析》，《河北法学》2006 年第 6 期。

[2] 部分学者认为，认为应当加强信访功能，主要观点参见应星《作为特殊行政救济的信访救济》，《法学研究》2004 年第 3 期；陈晋胜《和谐社会构建视野下的中国信访制度分析》，《法学论坛》2008 年第 3 期；田文利《信访制度的性质、功能、结构及原则的承接性研究》，《行政法学研究》2011 年第 1 期。也有部分学者主张对信访制度进行改革，削弱其部分功能的观点，主要观点参见姜明安《改革信访制度创新我国解纷和救济机制》，《中国党政干部论坛》2005 年第 5 期；于建嵘《对信访制度改革争论的反思》，《中国党政干部论坛》2005 年第 5 期。

[3] 于建嵘：《中国信访制度批评》，《中国改革》2005 年第 2 期。

访这种"人治"大于"法治"情况的出现，使得民众相信更大的"官"、更高层级的政府部门而非法律，使得司法权威受到冲击，法治意识受到削弱，从体制上弱化了现代国家治理的基础所造成的。① 在现实中，法院对涉及土地纠纷、环境保护等群体性纠纷之所以不立案的一个重要原因就在于信访制度。在我国政治体制中，司法的功能和定位一直是为政府的中心任务即经济建设或社会稳定而服务。能否让"人民满意"，能否避免和化解矛盾，是评价法院的重要指标，上访率就是法院考核的标准之一。环境案件往往涉及人数众多，案件复杂，极易出现民众对法院案件判决不满而上访的情况，为了减少上访率，法院的做法就是将这些案件拒之门外。这也导致"法院陷入了一个减少信访的外部压力→审判目的扭曲→更少的公正→社会信任的流失→更多的上访→更大的信访压力……这样一个恶性循环"。② 因此，正如姜明安教授所言："最终取消信访的救济功能是必需的，只有人治的路完全堵死了，法治才会真正出现。"③ 据此，笔者认为，应该弱化环境信访的权利救济功能，完善相应法律制度；强化私人权利与法院的功能，使得私人可以顺畅地提起诉讼；弱化环境检举的救济功能，将其功能逐渐转向环境违法信息的处理和环境建议批评的汇集。

实际上，环境检举与信访的剥离已经在逐步开展，比如环境保护部设立"12369"环保举报热线，将环境举报与环境应急、调查结合起来，重点是对私人举报的环境污染行为进行调查和处理。环保举报热线的管理部门为环境保护部环境应急与事故调查中心，是环境保护部直属事业单位，对外加挂"环境保护部环境应急办公室"和"环境保护部环境投诉受理中心"的牌子，负责环境应急与事故调查。④ 而环境信访工作主要由信访办公室（简称信访办）进行处理，该办公室隶属环保部办公厅，主要负责拟订信访规章制度并监督执行；承担部机关信访工作；办理群众来信、来访工作；分办、督办信访事项；承担信访统计、分析工作，编写月报；

---

① 陈广胜：《将信访纳入法治的轨道——转型期信访制度改革的路径选择》，《浙江社会科学》2005年第4期。
② 周永坤：《信访潮与中国纠纷解决机制的路径选择》，《暨南学报》2006年第1期。
③ 赵凌：《信访条例修改，欲走"第三条道路"》，《南方周末》2005年1月13日第8版。
④ 中华人民共和国环境保护部环境应急与事故调查中心（http://yjb.mep.gov.cn/zyzz/201105/t20110504_210142.htm）。

指导环境保护系统信访工作。① 为了进一步规范环境保护举报热线工作，2011 年《环保举报热线工作管理办法》施行，单独将环保举报从环境信访中分离出来单独进行规范，这为环境举报制度的规范化提供了更好的支撑。

二　我国环境私人自力救济存在问题的解决路径

（一）环境群体性事件治理路径之争：行政抑或司法

1. 环境群体性事件治理路径之争议

面临环境群体性事件的多发状况，实践中应如何对其进行治理与预防，是我国环保自力救济存在的最大问题和挑战。一般认为，对于环境群体性事件的处理，行政控制和司法化解的手段都是必需的。我国环境群体性事件治理存在的最大问题就是，司法在事前预防、事中处理、事后追责的整个治理过程中都是缺位的。因此，笔者认为，应该通过明确自力救济的权利、拓宽和增强私人诉讼渠道，完善环境群体性事件的司法化解决路径。但在理论上，对于是否应加强环境群体性事件的司法治理力度，仍存在不同意见。有学者认为，环境信访数量巨大、环境群体性事件多发的解决途径并非司法化而是提升环境执法能力。"缓解和消除公民走访、维护社会稳定的最重要途径是提升环境行政执法能力。我国是一个国家力量为主导的国家，国家能力本身的强弱关系到自身发展方向，也关系到与环境问题相关的社会稳定问题。实践表明，环境行政执法有效、严格的地方，环境信访数量就少，群体性事件、社会不稳定现象越少。加大环境执法力度，提高执法能力，将环境执法能力制度化内在化是回应社会挑战和危机，稳定政治体系运作的关键。"② 还有学者认为，当前我们国家存在权利泛化的问题。"在宪法无可诉性、第一代权利未能落实、社会组织欠缺的情况下，更多的私权利确认或'泛化'会授予政府更多而不是更少的权力，进而在国家与社会之间形成一种冲突。'无救济即无权利'，但权利救济需要国家权力为后盾，或者说，需要政府组织动员公共资源予以保

---

① 中华人民共和国环境保护部办公厅（http：//bgt. mep. gov. cn/zyzc/200909/t20090923_161351. htm）。

② 祁玲玲、孔卫拿、赵莹：《国家能力、公民组织与当代中国的环境信访——基于 2003—2010 年省际面板数据的实证分析》，《中国行政管理》2013 年第 7 期。

障。缺乏有效的政府权力，公民将很少甚至根本享受不到法律文本中的权利，此所谓'权利与权力的共生性'。就此而言，至少在私法或社会生活领域，法律权利越多，对政府的依赖就越大，国家介入社会生活的程度就越广。进而在治理领域形成一种'权利越多、管制越全'的乌龙效应。"①

对此，笔者认为，在我国，民主和法治是国家发展的趋向。随着资讯的发达，民众对环境问题日益敏感，面对环境群体性事件多发的现象，与其维稳不如"增权"和"维权"，这才是根本。与环境行政权力相比，环境司法确实存在不经济性、被动性、效率较低等弱点。但作为一种独立的、终极性的活动，其在维护公正、确认权利义务关系、强制当事人承担责任、制约行政权力、形成示范效应等方面却具有优势。通过增加私人权利、完善相关诉讼制度，拓宽和增强诉讼渠道等方式，发挥法院作为中立一方在协调利益和价值冲突中的作用，通过司法途径预防和处理环境群体性事件是我们应有的选择。

2. 事后救济型环境群体性事件司法治理的优势

对于事后救济型环境群体性事件而言，司法治理的功能与优势在于：首先，诉讼方式能够更明确地确定当事双方的权利义务关系，解决群体性环境纠纷，对民众权益进行救济。其次，增强私人权利，畅通诉讼渠道，能够使民众对政府及企业的环境违法行为诉诸制度化的渠道表达与抗争，法院的强制判决也会对潜在的其他主体形成一种威慑和警戒。最后，与政治化解决或行政执法不同，诉讼不是最快最有效地制止环境违法行为或赔偿损失的手段，但却是相对公平的追求正义的手段，也是能够促进私人进行执法的手段。

3. 邻避型环境群体性事件司法治理的优势

对于邻避型环境群体性事件而言，司法治理的功能与优势在于：第一，能够加强对环境行政机关的监督。很多群体性事件发生的背后是行政机关怠于履行职责或履行职责不到位所引起的，通过诉讼途径的畅通，可以加强公众的监督力量，促使行政机关积极履行职责。第二，能够增强公众参与的程度。通过公正透明的诉讼程序可以使整个社会对环境决策进行讨论，引导和协调价值冲突，型塑公众对环境问题的公共意见。第三，能够有效地制约国家权力。我国环境群体性事件的发生从本质上说不是环境

---

① 陈林林：《反思中国法治进程中的权利泛化》，《法学研究》2014 年第 1 期。

行政权力不够的问题，而是过多的问题。单纯增强环境行政权力而忽视民众权利的增强、制约和监督，环境群体性事件不但不能得到解决，甚至可能会加重。在我国国家主义的背景下，公共生活的依存性主要体现在个体对国家的依存，环境保护领域尤其如此，私人的环境利益主要依靠国家的环境保护义务或职责来实现。如果这种义务或职责未能导出相应的种种权利，那就在很大程度上依赖国家的态度，或者治者的良心与作风。① 也就是说，没有相应的监督，只依靠无任何制衡的环境行政执法自身的完善，是不具有可行性的。

（二）日本和我国台湾地区环境群体性事件司法治理的实践

从其他国家和我国台湾地区环境抗争运动的发展轨迹来看，在环境法制不健全、环境污染大规模爆发的初期，环保自力救济是民众最直接的选择，其中也出现了众多暴力性事件。但随着环境法律制度的完善，司法在群体性纠纷的解决中发挥了重要的作用。这些实践充分表明了环境群体性事件司法治理的可行性与有效性。

1. 日本环境群体性事件司法治理的实践

足尾矿毒事件被称为"日本公害问题原点"。该事件发生于 1890 年，栃木县足尾町铜山所流排出的矿毒污染了度良濑川流域，造成了鱼群死亡，农作物污染等重大损害，酿成了足以威胁到当地农民生存的重大问题。被逼无奈的当地农民以当地选出的议员田中正造为中心，多次掀起了被称为"推出"的请愿运动。对此，官府施以严厉镇压，众多受害居民以暴徒聚众罪被起诉。更甚者，因为矿毒的沉淀以及洪水的影响，位于下游的作为公害受害据点的谷中村被淹没。② 在这一事件中，足尾铜矿矿业权者仅仅向受害民众支付了极少数的补偿金。直到 1974 年，日本环境法体系逐渐成形，足尾铜山古河矿业所才正式承认公害源的责任，支付了 15 亿 5 千万日元的补偿金。③ 在足尾矿事件的发酵过程中，受害民众多次组织反公害运动，虽然效果不佳，但其先行努力使得更多的人尤其是政府关注和重视公害问题，从而为二战后更好地解决公害问题奠定了基础。④

---

① 汪太贤：《权利泛化与现代人的权利生存》，《法学研究》2014 年第 1 期。
② 日本律师协会主编、王灿发监修：《日本环境诉讼典型案例与评析》，皇甫景山译，中国政法大学出版社 2011 年版，第 2 页。
③ ［日］大塚直：《环境法》，有斐阁 2006 年版，第 4 页。
④ 李超：《受害民众与日本的公害治理》，《日本研究》2013 年第 2 期。

20 世纪 50 年代后半段到 70 年代，日本进入高度经济发展时期，因公害造成众多居民损害的事件增多，四大公害事件也在这一时期相继爆发。在四大公害事件中，受害居民的第一选择是通过游行、示威、抗争等自力救济形式寻求与企业的交涉，但在无相应的法制和司法保障的情况下，这种救济的结果是企业强硬的态度以及数额很少的慰问金。[①] 在这种情况下，各地纷纷组成原告团提起诉讼，在最高法院的支持下，日本法院在案件的审理中发挥了积极而重要的作用，在判决中突破了当时法律规定的限制，从审判理念到因果关系的证明等都进行了新的解释和认定，四大公害案件相继以受害民众的胜诉结束。也正因为法院的能动和支持，环境诉讼促进了日本环境立法的发展，同时也促进了企业与民众的环境协商的增加。例如，1957 年镉中毒的痛痛病患者们集体向法院提起诉讼，在律师和环保团体的帮助下，经过漫长的诉讼和斗争，终于于 1972 年胜诉，三井矿业不仅赔偿痛痛病受害者 78 亿日元，并且与居民签订了《土壤污染问题彻底解决誓约书》以及《公害防止协定书》。[②] 上述公害事件的发展历程表明，司法在大规模环境纠纷处理和损害赔偿中发挥了重要作用。日本法院的态度对群体性环境污染事件的解决给予了坚实的支撑，促进了环境法制的发展，也树立了司法权威，同时也缓解了环保自力救济暴力性而又抗争无果的状况。

2. 我国台湾地区环境群体性事件司法治理的实践经验

在 20 世纪 80 年代末，我国台湾地区民众对行政机关抱有"黑箱子"态度，认为行政机构是森严的衙门，对法院也没有更多的期待。当环境权利受到侵害时，民众也多不愿意寻求司法救济来解决，转而通过环境抗争等自力救济形式来维护自己的权益，出现了大量的暴力性环境自力救济事件，例如鹿港事件、林园事件等。但随着台湾民主化进程的推进以及民众参与意识的增强，街头抗争已经不是唯一的选择，民众逐渐寻求诉讼方式的解决。有台湾学者对 2002—2012 年在台湾提起的 100 多环境诉讼案件分析发现：2008 年后环境案件开始增长，在这些案件中 43 起具有环境运

---

① 参见日本的大气污染控制经验研讨委员会主编《日本的大气污染控制经验——面向可持续发展的挑战》，王志轩译，中国电力出版社 2000 年版，第 22 页。

② 李秀荣：《世纪之旅——访日本二大公害地》（http：//e - info. org. tw/issue/against/2001/against - 01121301. htm）。

动性质，其中邻避型案件为 17 起，占全部案件的 39.5%；污染类型案件为 3 件，占全部案件的 7%；其他为土地、开发争议案件，台湾的环境运动呈现司法化趋势。[①] 这其中重要的原因在于，台湾的环境法律制度不断完善，法院也以更积极的态度来应对，使人民愿意通过体制内的途径进行救济、表达建议、行使权利。[②]

（三）我国环境群体性事件司法治理路径之制度构建

理论和实践都表明，司法可以在预防和化解环境群体性事件中发挥重要作用。针对两种类型的环境群体性事件，司法应对的方式也有所不同，应有针对性地进行制度完善和构建。

1. 事后救济型群体性事件司法应对制度之构建

对事后救济型群体性事件而言，事件发生的最主要原因在于企业的环境污染行为对特定民众造成了人身健康或财产损害，在遭受环境侵害后，受害人通过举报、信访等方式寻求行政救济无果，提起环境诉讼又面临资金不足、举证困难等阻碍，正常的权利救济途径受到阻碍。因此，事后救济型群体性事件的司法治理路径应为增强和完善群体性纠纷的司法权利救济途径，激励、引导、鼓励和保障民众对违法行为通过诉讼寻求救济，化解和减少群体性事件的发生。具体而言，主要包括：

第一，完善代表人诉讼制度。我国代表人诉讼制度在适用于环境案件时，权利登记制度不利于鼓励私人提起诉讼，诉讼代表人的认定标准较高，胜诉后环境污染损害赔偿的分配存在问题，使得群体性的纠纷通过代表人诉讼制度进行解决的寥寥无几，这也引发了群体性事件的发生。未来，应在保留代表人诉讼优势的基础上，将环境侵权代表人诉讼类型化，根据停止侵害的代表人诉讼和请求赔偿的代表人诉讼以及人数确定和不确定代表人诉讼的区别，明确代表人诉讼的适用范围，完善诉讼代表人产生方式，细化损害赔偿款的分配制度，充分发挥其在解决大规模环境侵权纠纷中的作用，为私人提供最后的救济，减少和预防环境群体性事件的发生。

---

① 宋昱娴：《台湾环境运动与劳工运动的司法化》，硕士学位论文，台湾中山大学，2013 年。

② 叶俊荣：《环境法的发展脉络与挑战——个从台湾看天下的观点》，《司法新声》第 105 期。

第二，确立环境侵权的激励、保障制度。私人放弃诉讼，改由通过上访、群体性抗争等方式来维护自己的权利的重要原因在于，诉讼的风险和成本较高，利用诉讼方式在经济上是不利益的。针对这种情况，应通过惩罚性损害赔偿、环境诉讼的法律援助等制度的建立解决私人提起诉讼利益动力不足的问题。

第三，明确政府对于环境诉讼的支持与帮助义务。我国政府在事后救济型群体事件中的地位处于"分裂"状态：一方面，其负有环境保护职责，应当对民众的环境诉求负责；另一方面，其负有经济发展之责，对企业的环境污染行为往往存在合谋或包庇的情况。这也造成了在事后救济的群体性事件中，民众与企业冲突往往会演化为与政府的冲突。对于这种情况，一方面，政府应加强环境公共服务的职能，改变"唯GDP至上"的理念，确立自身的中立状态；另一方面，政府应通过环境信息的公开、法律援助的提供等方式引导、支持和帮助民众通过诉讼等合法途径寻求权利救济，并通过制度完善将政府的义务进行细化和明确。

2. 邻避型环境群体性事件司法治理制度之构建

对邻避型群体事件而言，从性质、参与主体、诉求等方面分析，出现该类事件的最重要原因在于在环境决策、环境规划和环境影响评价过程中，公众的知情权、参与权保障不到位。因此，邻避型群体事件的司法治理路径应为完善环境影响评价的司法审查以及确立环境行政公益诉讼制度，增强公民的公众参与途径，引导公民通过诉讼提出异议，表达意见。具体而言，主要包括：

第一，完善我国环境影响评价的司法审查制度。根据我国法律规定，在邻避设施进行环境影响评价中，如果存在对公众参与权保障不到位、程序违法等行为，受到环境影响评价影响的直接利害关系人——"相邻人"可以提起行政诉讼，对环境影响评价进行司法审查。利害关系人可以针对环境影响评价中的未实施环境影响评价、未实施公民参与程序、环境影响评价信息未公开等行为，请求法院撤销行政许可、确认行政许可违法或起诉行政机关不作为等。但由于我国环境影响评价制度中直接利害关系人范围较窄、法律规定不明确、有些规定过于原则缺乏可操作性，导致在实践中司法审查功能受到限制，民众因而直接采取抗争、自力救济等政治化表达方式，而非司法途径寻求解决。因此，应完善我国环境影响评价的有关规定，加强环境影响评价司法审查的作用，减少邻避型群体性事件的发生。

第二，完善和细化环境公益诉讼制度。我国虽确立了环境公益诉讼制度，但该制度还处于初步建立阶段，在原告主体资格、诉讼资金支持等方面还存在不足。尤其是环境行政公益诉讼制度仍处于试点阶段，并未正式在《行政诉讼法》《环境保护法》等相关法律中明确，且环境行政公益诉讼的原告主体仅限于检察机关。从国外经验来看，公益诉讼或公民诉讼设立的初衷就是私人进行执法，弥补环境行政执法的不足，对政府行为进行监督和促进。甚至在有些国家和地区，环境公民诉讼指的就是环境行政公益诉讼。环境行政公益诉讼制度的建立，一方面可以监督行政机关积极执法，从而减少环境违法行为的发生，减少环境损害；另一方面，通过对主体的扩宽，任何人即使无"直接利害关系"，也可针对环境行政机关的行为提起行政公益诉讼，这有利于政府在对重大项目进行决策时民众进行监督，给民众提供了一条体制内的参与渠道，以免公众参与不足而救济无门动辄走上街头。因此，在未来的立法中，应根据诉讼实践的情况，完善环境行政公益诉讼，细化民事公益诉讼的规则和配套措施，拓宽环境公益诉讼原告资格的范围，建立环境公益诉讼原告胜诉奖励机制，完善环境公益诉讼基金制度，在诉讼费用的承担、法律援助的提供等方面应制定相应的规则，激励、支持、引导和保障私人提起环境公益诉讼，发挥司法在预防邻避型环境群体性事件中的作用。

第三节　加强我国环境法私人实施应考虑的因素

　·　社会背景、法律文化是保障法律实施的基础。同时，私人实施法律也需要考虑是否具有相应的司法基础、是否符合经济成本等问题，本节将对这些问题进行论述和分析。

一　社会转型的背景

（一）社会转型与环境问题

所谓社会转型，是指社会经济结构、文化形态、价值观念等发生的深刻变化，是由传统社会向现代社会的结构性变动和整体转化。社会转型的主要内容包括：从农业社会向工业社会，从封闭性社会向开放性社会，从分化不明显的社会向高度分化的社会，从宗教、准宗教的社会向世俗社会转化的转变和变迁。① 改革开放以来，随着政府指导思想从"以阶级斗争为纲"到"以经济建设为中心"的转变，我国开始了由计划经济向社会主义市场经济、由传统农业社会向工业社会的迅速转变，经济迅速发展、城市化进程加快，社会分化和流动加强。

社会转型中经济社会的发展，给环境带来严重问题。从一定意义上来讲，资源锐减、环境污染日趋严重等生态、环境问题与我国社会加速转型紧密相关。

第一，社会转型造成环境问题的出现和日益恶劣。我国的环境问题是伴随着经济发展而产生的。"当代中国社会的结构转型、体制转轨和价值观念变化都对环境恶化具有深远的负面影响。"② 在经济发展的过程中，粗放型的经济增长方式、工业化与城市化的模式、先污染后治理及以牺牲环境为代价发展经济的路径、消费主义等价值观改变造成的负面影响等是造成环境问题的重要原因。

第二，社会转型造成环境社会矛盾的增加和复杂化。社会转型带来的转变不仅是经济上的，更是社会、生活各个方面的巨大变化。我国在经济发展的同时出现了一些结构性问题，在一定程度上加强了社会分化和社会利益的冲突，其中就包括经济发展与环境保护之间的冲突、不同主体利益要求不同的冲突等，各社会主体围绕利益问题而引发的现实冲突日益增多。环境群体性的多发正是转型时期利益多元和冲突的体现。③

第三，社会转型的实现需要加强环境保护和治理。环境保护的严峻形势，倒逼着我们必须进行经济转型，改革粗放式的增长方式，实现经济的绿色发展。环境保护可以说是经济转型的契机和标志。另外，在环境保护和治理中，对政府的治理能力提出了新的挑战，对我国的公共事务的供应服务模式也提出了新的要求，这也可以进一步促进我国社会发展的现代化。

（二）传统环境治理模式应对社会转型的困境

社会转型时期的环境问题，对环境治理、环境法治都提出了新的挑战

---

① 吴忠民：《20 世纪中国社会转型的基本特征分析》，《学海》2003 年第 3 期。

② 洪大用：《当代中国社会转型与环境问题——一个初步的分析框架》，《东南学术》2000 年第 5 期。

③ 尹娜：《表达权视域下的群体性事件治理》，《南华大学学报》（社会科学版）2013 年第 1 期。

和要求。但是我们看到，无论是政府的环境治理还是法律的环境规制模式，在社会转型时期应对环境问题都存在一定的缺陷。

1. 政府环境公共服务职能提供不足

政府负有经济发展、环境保护等多重职能，经济发展的职责被放在首位，环境保护等公共职责被忽略。我国社会转型的最大特点是：在政府推动下，以经济发展为首要目标，由计划经济向工业化和市场化转变。"由计划经济向市场经济的转型，决定了中国的政府尤其是地方政府，与其他国家的责任不同，负有推动地方经济增长的首要责任，全部行政行为围绕'经济中心'展开，并与市场经济相适应。"[①] "于是，中国的政府就具有了双重属性：一方面具有定型期政府（指工业化或后工业化国家的政府）应具备的由权力本身所决定的普通性质——公共权力属性，要求政府与企业有明晰的权力边界，要求自身的职能是经济调节、市场监管、社会管理和公共服务；另一方面又具有了转型政府的特殊属性——经济主体属性，不仅要求从直接管控经济过程过渡到间接地宏观调控，从培育营造市场（包括市场体系、市场秩序、市场主体、市场环境等）到监管市场，从经济—政治—社会的一体化管理到社会管理和公共服务，而且更重要的是还要以主体的身份参与经济过程，拉动经济增长。中国政府的双重属性，决定了它具有双重角色，一是作为公共行政主体，是公共权力的代理者，具有保护社会公共资源和公共利益不被侵害的代理责任；二是作为特殊市场经济主体，负有推动经济增长的责任。后者决定了政府尤其是地方政府不仅以裁判者的身份监管经济过程，而且以领跑者的身份参与市场经济过程。尽管在成熟市场经济体中，政府也是市场经济主体，但其参与市场的身份与程度与中国政府不可同日而语。"[②] 其他学者的研究也表明，我国的"中国式分权体制"和财政分配体制决定了政府会将能促进财政增长的经济发展而非环境保护放在首位，在 GDP 增长作为主要考核标准的情况下，地方政府作为发展型政府的特性加强，与市场关系模糊，公共职能减弱，在环境基本公共服务的提供方面严重不足。[③]

---

① 郭忠义：《转型时期中国地方政府角色的特性与环境治理绩效问题》，《法政学院学报》2013 年第 25 期。

② 同上。

③ 郭少青：《论我国环境基本公共服务的合理分配》，博士学位论文，武汉大学，2014 年，第 39 页。

2. 传统环境治理模式存在困境

以往我国国家治理强调行政管理，以强制性手段为主，缺乏制约和激励机制。在内外压力下，这种国家管理的模式，看似严厉，但实则严而不厉，存在国家治理的失灵，比如，国家机关疲于应付，立法不足；执法能力不足，法律未能真正得到实施。在环境的治理中也存在着这样的问题。目前我国实行了一系列环境治理的政策和行政举措，也通过立法的修改不断加强政府的环境保护责任，但效果不尽如人意。法律、行政法规、地方法规等各层次的法律法规规定了环保责任制、考核制、问责制和否决制等。但根据"权责一致"原则，这其实也表明我国行政权力已经深入到环境保护的各个领域，我国环境治理仍然是以强制性、命令性的政府管制模式为主。这种治理模式应对社会转型时期的环境问题时，失灵现象严重，在制定环境决策、预防和惩治环境污染、维护环境公共利益、回应公众环境要求等方面力不从心。日益恶化的环境状况、不断爆发的环境群体性事件等就是传统环境治理模式困境的体现。

3. 环境法治不完善

随着我国经济社会的转型，国家治理方式的变化，法治建设也在不断推进。经济和社会发展促进法律进步，法治化也是我国经济发展、社会治理方式改变的保障。对于社会转型带来的脱序现象，应该通过法治化的机制引导和规制，但在社会转型时期，法治的完善也是渐进性的，我国的法治建设在以下方面面临很多问题和挑战，包括：立法的完善、有限政府与责任政府的建立、司法的独立和公正、权利和权力的均衡等。正如学者所言："我国转型期的法治仍然是一种有限的法治。所谓有限法治，就是法治的方式与人治以及其他非法治的治理方式将在相当长的时间内并存。"[1]

在社会转型背景下，我国环境法治在应对环境问题时也存在诸多的缺陷。在环境立法中表现为：环境立法发展迅速，但立法内容较粗糙，在立法过程中"部门本位主义"现象严重，公众环境权利不足等。在环境执法中表现为：执法能力不够，权力本位主义堵塞了正常的利益表达机制，应对环境突发事件、群体性事件时"稳定压倒一切"，造成矛盾激化等。在环境司法中表现为：环境司法受到地方保护主义的影响，大量环境案件不能立案，司法的公信力下降等。总之，环境法律体系虽不断完善，但在

---

[1] 龙宗智：《转型时期的法治与司法政策》，《法商研究》2007 年第 2 期。

某些社会关系的调整方面仍出现一定的滞后性，不能满足改善环境局势不断恶化的需要。

（三）应对社会转型的挑战需要加强环境法的私人实施

社会转型对环境治理模式、环境法律规制模式的挑战是严峻的。为应对挑战，需要我们改变环境治理模式，完善环境法律制度，加强政府环境公共服务的提供。在这一过程中，增强私人在环境法律实施中的地位和作用是必然的趋势和选择。

1. 加强环境法的私人实施有利于政府环境职责的履行

环境属于公共物品，政府应承担主要的保护职责。在政府面临经济发展、环境保护等多重任务时，如何加强和促进政府履行其公共职能？这需要我们从两个方面进行努力。一方面，应该通过改变政府的考核方式，放弃"唯 GDP 至上"的发展路径，进行自上而下的监督、制衡和改革；另一方面，应该加强我国比较薄弱的自下而上的监督，通过增强公民的权利，监督政府履行公共职责。在环境领域，这就需要通过法律增强私人的权利，保护公民的环境知情权、参与权、诉讼权和监督权；培育环保组织，增强环境法律援助，使私人在环境保护中发挥更多的作用，促进政府履行环境公共职能。

2. 加强环境法的私人实施有利于生态环境多元共治的实现

面对社会转型过程中的新情况和新局势，党的十八届三中全会提出要推进国家治理体系和治理能力现代化。[①] 治理意味着办好事情的能力并不仅限于政府权力，不限于政府的发号施令或运用权威。[②] 提高国家治理能力，其中一个重要的方面是加强社会参与治理，使国家权力与公民权利能够进行互动。相应地，全面推进国家生态环境治理体系和治理能力现代化的一个主要方面是推进生态环境的多元共治，完善社会监督机制，强化环境信息公开，促进环保社会组织健康发展，构建全民参与的社会行动体系。[③] 如何构建我国生态环境的多元共治模式？有学者强调，应通过培养公民社会，国家释放社会公益组织的活力，放手让公众建立社会公益组

---

① 习近平：《完善和发展中国特色社会主义制度 推进国家治理体系和治理能力现代化》，《人民日报》2014 年 2 月 18 日第 1 版。

② 俞可平主编：《治理与善治》，社会科学文献出版社 2000 年版，第 4 页。

③ 周生贤：《全面推进国家生态环境治理体系和治理能力现代化》，《中国环境报》2014 年 7 月 22 日第 1 版。

织，为公益组织提供广阔的活动空间，提高公民的参与意识等方式来进行社会的多元治理。① 这些建议和措施，注重的是从市民社会②的建设、国家的主动放权来进行讨论。在市民社会的框架下，主要关注的是国家与市民社会之间的关系。③ 但从本质上，多元治理或公共治理的本质特征在于政府与社会对公共生活的共同治理，是国家权力与公民权利的持续互动过程。环境保护的多元共治需要多元治理主体（主要是指政府和私主体如环保组织、地方群体、公民个人、环保企业）的互相合作，促进多元主体的"自上而下"与"自下而上"互动，实现环境治理的"统治—治理—善治"的转型。④ 我国台湾学者城仲模先生在《二十一世纪行政法学发展新趋势》中指出："时至今日，已无'治者'与'被治者'之分，过去的单方高权行政与社会分配责任，早已被'行政伙伴'与'责任伙伴'所取代。"⑤ "这表明了社会变迁给行政法功能运行所带来的变化，而这种变化在'环境保护的公益性、环境问题的公害性'特征面前，将表现得更为明显。"⑥ 公众应参与到"从环境资源保护到利益分享的整个过程"，在互助合作中保证公平、公正和有效。这就必须要求环境法确立环保组织、公民等私主体的法律地位及相应资格，加强其权利规定，通过制度的设定促进和激励私人积极行使权利，促进私人通过诉讼、检举等方式自下而上参与环境治理，与国家权力共同实现对环境的多元共治。

3. 加强环境法的私人实施有利于环境法治的完善

私人倾向于通过环境检举、环保自力救济等方式，实施环境法律，实现权利救济、制止和惩罚违法行为等目的，与转型时期法治建设的现状和不足有密切联系。司法缺乏公信力，导致私人在实施环境法律中对法院不信任；环境治理中人治现状仍然存在，导致私人一方面不信任政府，另一

---

① 郑风田、郎晓娟：《转型期社会治理：挑战与对策》，《学术前沿》2012 年第 6 期。

② 市民社会这一词语是舶来品，在不同时期有不同的理解，对于其定义至今没有确定。市民社会一词背后隐藏的是国家与社会的关系，对国家与社会关系的理解不同，对市民社会的定义就不同。具体可参见李志强《转型社会治理中的法律结构初探》，《金陵法律评论》2010 年春季卷。

③ 任剑涛：《国家释放社会是社会善治的前提》，《社会科学报》2014 年 5 月 15 日第 3 版。

④ 林磊：《困境与突围：中国环境法的理性回归——以环境法运行与建构为切入点》（http：//clsfy. chinacourt. org/public/detail. php？id = 2166）。

⑤ 城仲模：《二十一世纪行政法学发展新趋势》，《法令学刊》2001 年第 12 期。

⑥ 钭晓东：《论生态文明背景下环境法功能运行之趋势与模式》，《浙江学刊》2009 年第 7 期。

方面又依赖更高层的政府或官员解决问题；公民法律知识的缺乏，导致其获得法律救济信息和法律帮助的能力较差等，这些因素都影响了私人实施环境法律的能力与动力以及实施方式的选择。通过加强私人的环境权利，提高私人实施环境法的能力，可以加强公众参与、限制和监督权力、完善救济，符合法治的发展方向；① 也可以促进法治在转型社会中、在环境意识的崛起中以及与传统价值的冲突与协调中，扮演重要角色。

二　司法基础

加强环境法的私人实施需要坚实的司法基础。首先，运用诉讼解决新型的现代环境诉讼，需要具备相应的司法能力和司法传统。例如，大规模环境侵权案件中众多的人数和复杂性会对诉讼进程造成干扰，对司法决策者之真实能力和原本有限的司法资源提出挑战，也要求法院发挥能动性，在诉讼过程中更积极主动地引导或推动案件的进程。这与我国坚持司法克制的传统是否冲突？我国是否具有相应的司法基础？其次，对于环境检举权利救济功能的剥离、环境自力救济问题的司法解决之路而言，都需要在司法能力、司法权威等方面有坚实保障，才能使事件在司法框架下得到合理解决和控制。我国在司法的权威、能力等方面是否具有相应的基础？这些都是需要考量的因素。

（一）司法的权威

目前我国司法功能面临的最大问题就在于司法权威的缺失，司法审判过程中面临过多牵制和干预。这在私人实施环境法的过程中也有所体现。"从理论上讲，如果我国的各级人民法院能够依法追究污染者的民事责任，让其承担恢复原状或者停止侵害、损害赔偿的义务，就能在相当大的程度上威慑污染者，促使他们遵守环保法律，这对环保部门的执法活动也是一个有力的支持。因为无论是司法还是执法，最终的目的都是促进守法。然而，由于种种原因，我国的人民法院为污染受害者依法追究污染者的民事责任设置了重重障碍，尤其是大规模环境污染引发的群体性环境侵权诉讼案件，法院更是不愿受理。法院的这种态度除了极大地降低了污染者的违法成本外，还使他们更加有恃无恐，从而加大了环保执法的难度。

---

① 参见袁曙宏、韩春晖《社会转型时期的法治发展规律研究》，《法学研究》2006 年第4 期。

法院对污染受害人的救济不力主要体现在以下几个方面：（1）不受理；（2）受理了迟迟不判决；（3）违法判决受害人败诉；（4）判决了迟迟不执行。"① 之所以出现上述情况，部分原因是我国环境法律制度仍不完善，法院在进行受理和审理时存在障碍，但更大一部分原因是司法不独立，导致法院在审理环境案件时被动与弱势。但笔者相信，以上情况将随着司法改革的推进而逐步改变。

司法改革的重点就是司法独立和公正。2014 年 10 月 23 日十八届四中全会通过了《中共中央关于全面推进依法治国若干重大问题的决定》（以下简称《决定》），② 对司法改革作出部署和规划。在《决定》中，明确提出，要从完善确保依法独立公正行使审判权和检察权的制度、优化司法职权配置、推进严格司法、保障人民群众参与司法、加强人权司法保障、加强对司法活动的监督六个方面保证公正司法，提高司法公信力。并且，《决定》中也提出了保障司法公正和独立的具体举措，包括要"建立领导干部干预司法活动、插手具体案件处理的记录、通报和责任追究制度；建立司法机关内部人员过问案件的记录制度和责任追究制度；建立健全司法人员履行法定职责保护机制；改革法院案件受理制度，变立案审查制为立案登记制，对人民法院依法应该受理的案件，做到有案必立、有诉必理，保障当事人诉权；构建开放、动态、透明、便民的阳光司法机制，加强法律文书释法说理，建立生效法律文书统一上网和公开查询制度；完善检察机关行使监督权的法律制度、人民监督员制度，依法规范司法人员与当事人、律师、特殊关系人、中介组织的接触、交往行为"。

（二）环境司法能动

私人提起环境诉讼，遵循大陆法系的特点，法官应该奉行司法克制的传统。但环境问题具有专业性、复杂性等特点，坚持司法克制主义无法在转型时期的背景下，处理环境诉讼中夹杂的各种矛盾，司法克制无法实现环境司法的公平和正义。环境纠纷的大量产生与环境立法严重滞后的矛盾

---

① 汪劲主编：《环保法治三十年：我们成功了吗?》，北京大学出版社 2011 年版，第 284—290 页。

② 《中共中央关于全面推进依法治国若干重大问题的决定》（http：//news. xinhuanet. com/2014 – 10/28/c_ 1113015330. htm）。

呼唤着环境司法能动的出场，以弥补环境立法的缺陷。[①] 但在环境诉讼中坚持司法能动主义也可能导致司法机关承载太多的法外功能，从而会削弱司法独有的法律功能、社会功能与公信力的问题。[②] 对于环境司法中，司法机关应该采取"司法能动"还是"司法克制"的态度，存在不同意见。[③]

司法能动抑或司法克制选择困难的根本原因在于，该选择并不是一个非此即彼的问题，而是一个程度不同的问题，[④] 司法能动和克制两者并不存在对立冲突的关系。笔者认为，法院在对私人提起的环境诉讼案件中应坚持司法能动主义。原因在于："'司法克制'暗含这样一种假设，即法院限缩权力，恪守消极中立的裁判者角色，当事人能够井井有条地自我管理；即私人有足够的能力和动力打理好自己的诉讼权利，采取最有效的策略赢得诉讼，法院管得少就是管得好。"[⑤] 但实际情况并非如此，在私人提起的环境诉讼案件中，私人的地位和能力常常处于弱势，司法克制的前提并不存在。司法机关权利的收缩，将会造成当事人双方地位的实质不平等。法院不管或者管得少将会使民众的环境权益得不到救济，司法作为维护社会正义的最后一道防线，在环境保护中将不能发挥应有的作用。因此，对于私人提起的环境案件，法院应采取司法能动主义。实际上，司法能动主义在环境法领域已经有了一定的成果，例如，在法律滞后的情况下，各地的法院创造性地审理了检察机关、环保组织等提起的环境公益诉讼案件，为公益诉讼制度在法律中的确立提供了经验。

（三）环境司法能力

司法裁判过程的运行需要三个制度因素支撑：司法决策者的权能

① 曾睿：《中国环境司法能动的现实障碍与实现路径》，《河南财经政法大学学报》2014年第3期。

② 张军、曾静：《论中国转型社会司法权之功能定位》，《广西民族大学学报》（哲学社会科学版）2012年第5期。

③ 2012年6月28—29日，第二届环境司法论坛在北京大学召开，该届论坛以"环境能动司法的理论与实践"为主题，很多专家学者发表了意见。朱苏力教授认为，"环境司法领域总体上不宜强调能动司法，环境保护法是预防为主的法、是以行政执法为中心的法。环境司法中，法院在强调司法独立、坚守环境法底线的同时，更重要的是要努力寻求各地党政机关的支持"。肖建国教授、吕忠梅教授等认为，环境诉讼具有主体广泛、性质复杂、利益冲突多样等特性，因而更需要环境司法能动。在环境司法能动中应把握好上限和下限。

④ 张榕：《司法克制下的司法能动》，《现代法学》2008年第2期。

⑤ 陈杭平：《反思民事诉讼模式改革——从司法的纠纷解决力切入》，《法制与社会发展》2008年第4期。

（com-petence）、实有能力（substantive ability）、司法过程自身的有形容量（physical capacity）。① 环境案件具有专业性、跨流域性、混合性等特点，对司法机构的设置、法官的专业能力等也都提出了较高要求。

1. 环境司法机构的设置

司法机关是司法的载体。根据环境案件日益增多，且审理复杂、特殊等情况，② 我国逐渐开展了环境司法专门化的探索。建立维护环境权益的专门司法途径，首先意味着审判机关的专门化，即设立环保法庭或环保法院。自 2007 年以来，贵州省清镇市、江苏省无锡市、云南省昆明市等地相继成立了专门的环保法庭。2014 年 7 月为积极回应人民群众的环境资源司法新期待，为生态文明建设提供坚强有力的司法保障，最高人民法院设立了专门的环境资源审判庭。截至 2016 年 6 月，全国法院已经设立环境资源审判庭、合议庭或者巡回法庭共计 558 个，其中审判庭 191 个，贵州、福建、海南、江苏、河北、山东、广西、江西、河南、广东、重庆、云南、湖南、四川、吉林 15 个高级人民法院设立了专门环境资源审判庭，贵州、福建、海南、江苏、重庆等地建立三级环境资源审判组织体系。③ 并且，实践中，青海、贵州等地的环保法庭或环保审判庭往往具有跨区域的管辖权，这不仅符合环境案件具有的跨区域、跨流域、扩散性的特点，并且也可以减少环境案件专业性对司法决策者之真实能力和原本有限的司法资源提出的挑战，④ 增强环境案件审理的专业性，增加审判的权威性。虽然我国环境司法专门化在审判模式⑤等方面还有很多未解决的问题，但无论如何现有环境司法专门化的实践和探索，可以为私人提起环境诉讼提

① ［美］尼尔·K. 考默萨：《法律的限度——法治、权利的供给与需求》，申卫星、王琦译，商务印书馆 2007 年版，第 35 页。

② 王树义：《论生态文明建设与环境司法改革》，《中国法学》2014 年第 3 期。

③ 《最高人民法院发布〈中国环境资源审判〉白皮书》（http://www.chinacourt.org/article/detail/2016/07/id/2044526.shtml）。

④ 沈晓悦、李萱：《增强国家环境司法力量》，《中国环境报》2010 年 7 月 8 日第 2 版。

⑤ 目前我国的环保审判主要有三种模式：第一，以案件性质裁定交叉审判模式，多出现在未建立专门的环保审判庭的地区，即环保案件在由同一事实或同一侵权行为而引发行政与民事交叉、刑事与民事交叉案件的情况下，按照目前人民法院的内部分工，根据案件的性质分别由民事审判庭、行政审判庭、刑事审判庭审理；第二，"三审合一"审判模式，由环保法庭对民事、刑事、行政案件统一审理；第三，"四审合一"审判模式，在"三审合一"的基础上，将执行权也纳入专门审判机构。参见窦玉梅《创新环境资源审判模式推动生态文明建设——"环境司法审判的区域性与生态文明建设的整体性"环境司法论坛纪要》，《人民法院报》2014 年 7 月 30 日第 8 版。

供便利和保障，有利于引导和鼓励人们寻求环境司法救济，减少因环境纠纷不能得到及时解决而引发的群体性环境事件的发生。

2. 环境司法人员的专业能力

环境案件的专业性和复杂性给法官的专业素质、业务能力提出了特殊的要求，私人诉讼的审理需要法官具备相应的环境司法能力。在我国，法院对法院审判能力提高的措施已经展开，并应从以下几个方面继续推进：

第一，加大环境资源法官培训。法官的审理能力是私人提起的环境案件是否能够得到公平、高效审理的关键。我国的环境法官培训已经在甘肃、陕西、广州等地开展。2014 年以来，最高人民法院已经对全国 600 余名法官进行了专业系统的培训。我们期待最高人民法院、国家法官学院与法学研究机构、各大学法学院系、环保组织联合，进一步加大环境资源法官队伍培训力度，通过培训、专题研讨、专业深造、人才引进等方式，提升法官的环境司法能力。

第二，发挥专家证人的作用，聘任专业人员为人民陪审员参与审判。由于环境案件的专业性和技术性，"有些问题，如环境污染与损害结果因果关系的认定、科学证据的判断和采信等，远非法官独自所能把握和完成，必须借助科学技术专业人士的帮助。于是，环境法院或环境法庭审理案件的专家协助或专家咨询问题被提了出来"①。目前，我国江苏、贵阳等省市通过设置"环境案件审判专家委员会"，向审判合议庭提供咨询意见，并聘任委员会成员为人民陪审员参加审理。② 在国外，法院通过设置专家委员会充当专业审判员，由法院聘任，并与法官一起对案件进行实证审查。③ 但如果环境审判专家委员会作为专业审判人员，将涉及成员的选任、酬劳的发放等很多问题，成本较高，长期的公平性和专业性也值得考虑。结合我国实践经验，笔者认为，可以由专家以证人身份参加诉讼，并按照法定程序选聘部分专家担任人民陪审员，在必要的情况下由具有专业知识的人民陪审员参与审判。采用这种方式的优势在于，一方面，当事人双方都可以向法院申请聘请专家证人，法院也可以听取环保机关、科研院

---

① 王树义：《论生态文明建设与环境司法改革》，《中国法学》2014 年第 3 期。

② 傅雪阳：《贵阳：环境保护审判借助专家审理环保案件》（http：//www. gz. xinhuanet. com/2008htm/xhws/2009－06/19/content＿ 16859317. htm）。

③ 李挚萍：《外国环境司法专门化的经验及挑战》，《法学杂志》2012 年第 11 期。

所等单位专家的意见，保障司法的公平；另一方面，相比国外专职的环境审判专家委员会，这种方式成本较少，也能更容易与我国现有审判体系相衔接。在实践中，专家作为证人或人民陪审员参与诉讼的制度已经很好地发挥了作用。例如，在 2014 年常州市环境公益协会诉储卫清及常州博世尔物资再生利用有限公司等单位环境污染案中，人民陪审员就是市环境检测中心高级工程师、全市环境咨询专家库中的专家。引入专家陪审员参与案件审理，提高了该起环境公益诉讼案件的专业性与权威性。

三 社会与文化因素

人们的行为受价值和观念的影响，人们普通的意见、观念构成了文化。而其中"法律文化是指一般文化中的习惯、意见、做法或想法，这些因素使社会势力以各种方式转向法律或背离法律"①。推进环境法的私人实施需要考虑当下的社会文化基础及其影响。

2008 年，美国的学者对"人们倾向选择的解决环境纠纷的程序"进行了实证调查。在调查中，人们完成了关于"在解决两种类型环境纠纷时，你倾向使用 11 种程序中哪一种"的调查问题。这两种环境纠纷是：第一，一个特定单独的主体违反了环境法律义务；第二，涉及发生在多个地点的环境纠纷，违反法律主体是很多个人或公司，例如一些公司违反了《清洁水法》的许可义务。这些程序包括：（1）依据成文法对违法者提起公民诉讼；（2）参与政府实施的强制措施；（3）提起一个普通法的诉讼；（4）向环境合作委员会提交意见书；（5）对政府提起公民诉讼；（6）寻求环保署总监察办公室的关注；（7）请求政府撤销授权；（8）与违法者进行非正式接触；（9）与政府进行非正式接触；（10）寻求使违法者感到羞耻的机会，如通知媒体。（11）采取其他类型的行动。调查结果显示，美国的人们倾向于选择传统的诉讼法律机制来对违法行为造成的后果进行处理，倾向程度最高的分别是对政府提起公民诉讼以及提起一个普通法的诉讼。②

---

① ［美］劳伦斯·M. 弗里德曼：《法律制度——从社会科学角度观察》，李琼英、林欣译，中国政法大学出版社 2004 年版，第 17 页。

② Tom Tyler, David L. Markell, "Using Empirical Research to Design Government Citizen Participation Processes: A Case Study of Citizens' Roles in Environmental Compliance and Enforcement", *Kansas Law Review*, Vol. 57, No. 1, Feb. 2010, p. 1.

在美国，私人实施法律的首选方式是诉讼。一般认为，美国的诉讼率极高、诉讼现象普遍，与他们对法律的态度具有紧密的联系。"美国社会似乎是堕入一张法律之网中——比其他国家或这个国家的过去都更是这样"，"美国人对法律抱着不可思议的信仰"。① 但有学者提出了不同观点。例如学者 Stephen B. Burbank 等人认为，文化解释常常强调诉讼文化的盛行是诉讼在美国社会中占有重要地位的原因，但实际上，大多数美国人不愿意提起诉讼，政治传统、对私人进行鼓励的法律安排才是真正的原因。也就是说，是法律专门设计和规定了私人实施来增强对抗式的守法。这些学者进一步分析认为，尽管对于文化的解释过于简单，但美国的历史和文化确实对私人实施法律产生了一定影响，美国人的自立、对权利的坚持使得他们愿意通过法院表达不满。在美国有些观点是根深蒂固的。这些观点包括自立、相信自由市场资本主义的优点、对现状的不满以及对政府的不信任。尤其是对政府和官僚机构的不满和不信任成为私人诉讼在成文法和公共法律的实施中占有重要地位的原因之一。然而，由于私人实施的增强存在障碍，20 世纪 60 年代前，联邦成文法和行政法律仍然没有将私人实施作为解决法律实施无效的方法。直到 1966 年后，《联邦民事诉讼规则》修正案消除或降低了这些障碍，许多联邦法律特别授权私人实施的权利，增强对私人实施的支撑，包括政府对法律服务项目进行资助，对环境非营利组织支持的增强等，才使得联邦法律的私人实施行为急剧增加。②

与美国相反，我们的法律文化是"无诉""厌诉"的文化。一般认为，正是这种文化造成了我国民众权益受到损害时不愿诉诸法院，息诉思想是私人不愿提起诉讼，环境诉讼数量不多的重要原因。③ 笔者赞同上述 Stephen B. Burbank 的观点，对私人实施的诉讼文化解释过于简单化了。我国古代诉讼案件的数据也支持了这一观点。有学者统计，清代每年新受理的案件数大约为一百六十万件。这些数字放在前近代社会来看，可以说

---

① ［美］李·S. 温伯格等：《论美国的法律文化》，潘汉典译，《法学译丛》1985 年第 1 期，转引自郭义贵《法律至上与美国社会》，《福州大学学学报》（社会科学版）1999 年第 4 期。

② Tephen B. Burbank, Sean Farhang & Herbert M. Kritzer, "Private Enforcement", *Lewis & Clark L. Review*, Vol. 17, Fall, 2013, pp. 681 - 689.

③ 李娟、刘芳：《我国环境侵权司法救济的现状与未来——从法社会学角度分析》，2007 年中国法学会环境资源法学研究年会论文集（第三册），兰州，2007 年 8 月，第 333—338 页。

当时是一个相对好诉的社会。① 这些数据与我们通常认为的抑诉、厌诉的印象相反，我国民众不缺乏权利救济的意识和传统。改革开放后，随着法制的健全和公民法律意识的增强，诉讼案件呈大幅上升趋势，尤其是在民事案件领域，诉讼爆炸现象越来越普遍。这些数据表明，我们并不能单纯地以"厌诉"文化来解释环境私人诉讼数量不足的问题，而应该深层次地对社会与文化对私人实施环境法律产生的影响进行分析。

　　不可否认，传统中国对于法的认识与西方不同，而这些认识对我国民众的法律思想产生了影响。法在中国主要是"君主法给官吏们的一系列指令，指示他们在何种情况下对于何种罪行给予何种处罚"。它实施的范围极为有限。而且，这样的法律实施也更多地变成了"行政上的一个环节"，再加上以礼入法使得法律成为"道德之器械"，这样便使得传统的法律失去了自治性，仅具有工具性的意义。② 古代诉讼案件虽多，但由于我们没有独立的审判机关，寻求救济和告发侵害的主体是公权力机关，也就是行政机关。传统虽然区别于现代，但同现代亦保持着千丝万缕的联系。在现实生活中发现传统的因素可以说是一件并不困难的事。"法即是刑"的传统法律观和如今的"法律工具论"息息相关，以至于一说到法律的实施，人们心里想到的总是令行禁止，较少有权利意识存在其中，把法律的实施看作是公共机构的行为而非公民自由和合法权益的根本保障。而且行之千年的"关系社会"也使得要实现只有在陌生人社会里才可存在的法律实施的普遍性和一体化存在困难，因为人们习惯的是个别的、特殊问题特别对待的方法。再比如信访过程中当事人所寻求的更多是差序性的位置和利益而非普遍的权利，他们习惯诉诸的也就是为民做主的党政官员。支持信访制度的社会心理和行为方式也同传统很相似：各式各样的上

---

　　① 在清代，向官方提起诉讼被称为'打官司'，具体说来就是向州县衙门提交诉状。州县衙门在除了农忙期以外的八个月中，每个月规定特定的日期受理诉状。至于有多少诉状以及判决了多少案件，这些数字可以从一部分史料中窥见。根据这些数字并考虑行政区域大小而进行整理的话，大约是一个拥有二十万人口的州县，其一年受理的诉状约为一万份，其中新受理的案件数约为一千件左右，判决数目约为三百多件。以清代有一千六百多个州县来计算的话，即这个数字乘以一千六百，则大约为一百六十万件。参见［日］寺田浩明《"非规则型法"之概念——以清代中国法为素材》，魏敏译，《法制史研究》2007 年第 12 期。

　　② 马怀德：《法律的实施与保障》，北京大学出版社 2007 年版，第 43—44 页。

访鸣冤、各种形式的上层干预及批示等。①

　　在这种认识情况下，环境法出现和立法的特殊性，又加剧了民众对环境法"治者之法"的认识。"从环境保护和环境保护法的产生看，欧美、日本等国的环保运动始发自民间，民间推动政府，与政府联手合作，公众参与同政府强力结合，促动企业乃至整个社会，而且公众的力量一直活跃着，环境保护和环境保护法的形成具有草根性的特点。而 20 世纪 70 年代初的中国还没有目前意义的民间团体，环境保护和环境保护法的发生是受国际社会影响，主要是 1972 年的斯德哥尔摩的联合国人类环境会议的触动，由政府首先觉悟、倡导和推动的，是自上而下的。20 世纪 90 年代中期后才有了环保社团等公众和社会力量介入，尽管是初步的。所以，即使抛开我们的皇权主义传统，也可以由此认为环境保护在中国缺乏草根性。"② 随着经济的发展，环境问题的突出，我国环境法律的数量急剧增加。在极短时间内建立起来的环境法律体系，主要是以行政法律为主。法律的制定通常是由行政机关草拟主导，环境法律的内容主要是行政主管部门的管理规制措施。对于民众而言，环境法律被认为是"治者之法"，环境法的实施是被行政机构等国家机关"垄断"的。

　　从上述分析看来，社会和法律文化确实对私人实施环境法律的方式产生了影响，主要表现在：私人认为环境法是"治者之法"，将环境保护看成政府的职责；当迫不得已实施法律时，私人倾向于向政府部门投诉、集体抵抗而非诉讼。面对这种情况，我们应该从以下两方面来正视社会和文化对环境法私人实施带来的影响：第一，私人之所以选择放弃权利救济或选择体制外的救济方式，很大程度上是出于经济成本、诉讼能力等方面的考量。我国民众并不缺乏环境保护和环境权利救济的意识，但缺乏通过实施法律来维护自己环境权利的能力和手段。不能简单地将私人实施环境法中存在的诉讼量不足、自力救济暴力性事件多发等现象归结于民众权利意识不强或诉讼意识不强，而应该考虑到其背后的深层原因。通过增加私人的权利和增强法的便利性和可实施性来完善私人实施的法律依据，促进私

---

　　① 梁治平：《法治：社会转型时期的制度构建》，载梁治平主编《法治在中国：制度、话语与实践》，中国政法大学出版社 2002 年版，第 123—124 页。
　　② 李启家：《中国环境法的代际发展——兼议环境法功能的拓展》，《上海法治报》2009 年 3 月 11 日第 5 版。

人实施环境法律的动力。第二，尊重私人实施方式的选择，在确立私人权利时因势利导，发挥私人在环境法目的实现中的作用。[①] 我们仍处在社会转型时期，在现代法治未完全确立的情况下，私人向政府部门举报或采取自力救济的方式实施法律，相对于诉讼是较简便、成本较低的方式。我们应该重视检举和环境自力救济的作用，完善两者的制度规范，更好地发挥两种方式在保护环境中的作用。

四　经济与效率分析

私人实施环境法律是需要成本的。从经济效率分析，通过一定的制度设计促进和刺激私人实施是否符合经济效率原则？这也是需要考虑的问题。

1. 环境私人诉讼激励符合经济与效率原则

在环境法私人诉讼不足的情况下，通过激励机制促进私人诉讼符合法经济学的理论。根据法经济学的观点，当起诉的成本小于诉讼的预期收益时，原告方会发起诉讼。原告的诉讼预期收益包括：可能获得的和解费或者从审判中获得的收益。提起诉讼花费的成本包括：原告的时间和精力、法律服务员以及可能的申请费。判断私人诉讼是否应该激励的标准是，将私人诉讼的数量与社会最优诉讼量对比。而判断社会最优诉讼量的标准是诉讼的社会收益。诉讼的社会收益与私人收益不同，当私人提起诉讼时，他承担的仅仅是他自己的成本，他不会考虑由此产生的被告的成本与政府的成本，也不会考虑诉讼产生的社会效果——特别是诉讼对侵害者行为的威慑效果。这可能会导致不充足的社会诉讼水平，或者可能导致浪费社会成本的过量诉讼。[②]

对于环境损害来讲，我国存在的是诉讼量不足的问题。这种情况是因为两种原因造成的：第一，环境污染造成的损失相对比较低，私人不会提起诉讼。许多环境污染者也知道他们所引起的损害对于一个典型的受害者来说，是不值得其去追诉的，即使损害发生的概率无须太多成本就能大大降低，也不会采取措施。比如说，由于工厂低水平的污染，居住在工厂附近居民家里的油漆脱落得更为频繁，而工厂只需通过安装价钱并不贵的烟

①　汪劲主编：《环保法治三十年：我们成功了吗》，北京大学出版社 2011 年版，第 358 页。
②　[美] 斯蒂文·萨维尔：《法律的经济分析》，柯华庆译，中国政法大学出版社 2009 年版，第 115 页。

雾刷子就可以消除这种损害。但居民出于成本的考虑，一般并不会提起诉讼。第二，有些环境污染造成的损害虽然比较大，但因为证明因果关系存在着一定难度，对于私人个人而言，其成本大于收益，所以私人起诉的预期收益仍然比较低。例如，假设工厂产生的污染可能导致癌症，但是要证明有这样的因果关系是困难的，受害者一般也不会提起诉讼。然而，因果关系一旦成立，很多其他相关的诉讼就容易被提起，因此，对身边的案子提起诉讼从社会意义上就是有价值的，即使这对原告不会有多大价值。[①]根据法经济学的观点，对于这种私人实施不足的情况，应该采取措施进行矫正。"如果诉讼数量不足，那么对诉讼提供补贴或者其他一些鼓励诉讼的措施就将是对社会有益的。比如，一些考虑到成本因素之后，对私人而言就不值得追究的轻微损害，由于受害者随时准备提起诉讼的威慑效应，对社会而言却是值得提起诉讼的。为了实现社会目的，社会可以为这种起诉提供法律服务或者支持起诉。事实上，推动人们应用相应法律机制的社会努力，比如法律援助计划和小型诉讼法庭，在实现相应社会干预的问题上，也是部分合理的。"[②] 除此之外，诉讼费用承担、惩罚性赔偿也是合理的，原因在于：假如起诉成本既定，即使总是对侵害者提起诉讼，他们的预防水平仍会是不充分的。侵害者必须支付的损害赔偿金等于受害者所承受的直接损害，但是事故的全部社会成本也包括与起诉相关的诉讼成本：当损害引致诉讼时，社会产生的全部成本不仅仅是直接损害，也包含耗费在诉讼程序中的资源。因此，为了促使侵害者采取预防措施的激励更为恰当，除了承担受害者产生的直接损害外，侵害者还应该承担受害者与国家所支付的诉讼成本。被告应该比已经造成的损失支付更多。他也应该支付受害者的诉讼成本和国家的诉讼成本，因为只有那样，他才算是承担了与损害相关的全部社会成本。[③]

　　2. 环境私人检举激励符合经济与效率原则

　　从制度设计来讲，环境检举的目的和优势就在于经济和效益。利用私

---

　　① ［美］斯蒂文·萨维尔：《法律的经济分析》，柯华庆译，中国政法大学出版社 2009 年版，第 117—119 页。

　　② ［美］斯蒂文·沙维尔：《法律经济分析的基础理论》，赵海怡、史册、宁静波译，中国人民大学出版社 2013 年版，第 261 页。

　　③ ［美］斯蒂文·萨维尔：《法律的经济分析》，柯华庆译，中国政法大学出版社 2009 年版，第 119—120 页。

主体所掌握和拥有的环境信息、违法者身份的信息，可以更快和更有效地执行法律。

如果环境违法行为造成的损害后果有特定的受害者或潜在的受害者，那么，在法律执行中，对社会而言利用私人拥有的这些信息要比通过公共执法耗费大量资源来揭露违法行为要经济得多。为了利用受害者的信息，社会必须给他们提供激励，引导他们向当局报告他们所掌握的信息。向受害者提供这种激励的一种方法就是对举报行动给予一定的金钱奖励，增强私人举报的动机。如果违法者会受到制裁，受害者还可能因为寻求报复的满足感而有动机揭发违法者。此外，潜在的受害者还可能为了避免将来受到侵害而揭发违法者。如果环境违法行为没有特定的受害者，但相对于资源有限的环境监测而言，公众以及环境违法行为的知情者可能更充分地掌握违法行为信息，这时也应该用经济激励来引导这些无利害关系的私人进行举报，以减少执法成本，增强执法威慑力。

对私人实施的刺激可能会引发滥用行为，例如为获得不义之财的诉讼、为获得奖励的虚假举报、为获得高额赔偿的过分私力救济等。这些行为都会因为对私人实施的促进而出现。基于此，有人认为，为了避免滥用激励措施的现象出现，不应设立激励制度。笔者并不认同这种观点，这是一种因噎废食的观点。正如田中英夫和竹内昭夫在《私人在法的实现中的作用》中所言："私人利用法院所产生的作用不仅体现在对受害者的救济这一被动方面，还体现在促进法之目标的实现这一积极方面。因此，即便私人的诉讼有时会出于不纯的动机，但也决不能为防止这种不纯动机的诉讼就采取一般预防性的立法政策，即造成'贮角屠牛'的结果。"① 并且，所谓"不纯动机"是指为赚得利益而进行检举或自力救济。但金钱利益与不义之财并不能画等号。在我国，常常存在"做好事应不求回报"的观点，这导致人们常常用动机而非结果来思考人们所实施的行为，即使该行为最终对社会和公共利益有益。这种观点应该改变。在我国台湾地区《奖励民众举发污染案件实施要点》实施后，4个月间收到举报300多件，其中80%为一人举报，社会对这种人持一种赞赏态度，称其为"举报达

① ［日］田中英夫、竹内昭夫：《私人在法实现中的作用》，李薇译，载《为权利而斗争——梁慧星先生主编之现代世界法学名著集》，中国法制出版社2000年版，第409页。

人"。① 台湾地区对专职举报人的态度值得我们思考和借鉴。我们应明确和引导"公益并不意味着无偿"的意识，促进个人利益和社会利益的双赢。

---

① 环境资讯中心：《环保检举案达人占 8 成》（http：//e－info. org. tw/node/27749）。

第六章 完善我国环境法私人实施之对策建议

第一节 完善环境法私人实施法律制度

一 完善环境私人诉讼制度

（一）惩罚性赔偿制度的确立

惩罚性赔偿制度通过增加环境加害人额外的赔偿金额，可以补偿受害人及环境本身的损失，达到预防环境违法行为发生和再犯，诱导私人执行法律等目的。在我国环境侵权领域引入惩罚性赔偿具有必要性和正当性。2014 年，中共十八届四中全会审议通过《中共中央关于全面推进依法治国若干重大问题的决定》，首次在党的正式文件中明确指出要编纂民法典，民法典编纂工作提上日程。民法典的制定为环境侵权惩罚性赔偿制度的建立提供了契机。我国应在民法典总则部分对惩罚性赔偿做出全面、抽象的规定，并扩大惩罚性赔偿的适用范围，将其扩展至环境侵权领域。在民法典对惩罚性赔偿做出规定后，在《环境保护法》等相关环境法律中或者在专门的《环境损害赔偿法》中，对惩罚性赔偿根据实际情况和自身特点，做出有针对性的、具体的规定，构建环境侵权惩罚性制度，明确赔偿的适用范围、判断标准、赔偿金的额度等内容。

1. 惩罚性赔偿的适用范围

环境私人诉讼包括私人提起的一般民事诉讼、群体性诉讼、公益诉讼等。这些诉讼方式都属于惩罚性赔偿的适用范围。这里存在的问题是，按照我国现有法律规定，环境私益诉讼和公益诉讼有不同的诉讼主体和诉讼程序。那么，当同一违法行为既造成人身财产损害，也造成环境本身的损害，该违法行为在不同类型诉讼中是否可以同时主张惩罚性赔偿，是否违反"一事不再罚"原则？笔者认为，由于私人因自身损失提起的诉讼与特定主体为公共利益提起的诉讼具有不同的诉讼标的，请求内容、惩罚性赔偿的功能等都不相同，因此，在不同类型的环境诉讼中，可以同时适用惩罚性赔偿制度，不违反"一事不再罚"原则。在实践中，法院可以根据损害赔偿额度、污染者是否积极采取有效措施修复生态环境等情况，对惩罚性赔偿予以减轻或者免除。

2. 惩罚性赔偿的适用条件

在我国，根据《侵权责任法》《环境保护法》《海洋环境保护法》等法律的规定，我国环境侵权适用无过错责任原则，无论环境污染者主观上是否存在过错，只要行为造成损害后果，都应该承担责任。那么，我国环境侵权惩罚性赔偿的适用条件是什么？是否无论行为者主观状态如何，只要造成环境损害都应该承担惩罚性赔偿责任？

很多学者认为，应该综合考虑行为的主观状态、造成损害后果的严重程度等多方面因素，只有在主观上具有恶意，侵权后果十分严重的情况下，才适用惩罚性赔偿制度。[①] 也就是说对于惩罚性损害赔偿制度适用于环境诉讼中的前提是主观上具有故意，行为者过失造成环境损害[②]不适用惩罚性赔偿责任。持这种观点的主要原因在于，对于惩罚性赔偿在环境诉讼中的适用要遵循必要性和适当性原则，以惩罚是否可以促进违法行为者注意义务的加强，是否能够起到吓阻作用为适用的必要和限度。笔者赞同这种观点。在环境侵权中引入惩罚性损害赔偿要比传统补偿性损害赔偿的适用条件严格，行为的违法性是行为人主观过错的外在客观表现，行为人没有违法证明其主观过错程度不大，就不应适用惩罚性赔偿制度，行为的违法性是环境侵权惩罚性赔偿的构成要件之一。

在美国，惩罚性赔偿制度规定在侵权法体系下，没有单独对环境侵权惩罚性赔偿进行专门规定，环境侵权只是其中的一部分。私人可以基于对环境公益或私益的妨害提起诉讼。对于私人提起环境诉讼适用惩罚性赔偿的条件，美国各州的规定各不相同。归纳起来，惩罚性赔偿责任的构成要

[①] 高利红、余耀军：《环境民事侵权适用惩罚性赔偿原则之探究》，《法学》2003 年第 3 期。

[②] 此处之环境损害包括环境本身所造成的损害，也包括以环境为介质造成的人身和财产损害。

件一般包括如下几项："第一，行为人主观具有过错。根据一些美国判例，只有行为人的行为是故意的、恶意的，或具有严重疏忽行为、明显不考虑他人的安全和重大过失的行为，知道或意识到损害的高度危险行为时，行为人才应当承担惩罚性赔偿的责任。第二，行为具有不法性和道德上的应受谴责性。第三，损害已经发生且该损害是由被告的行为造成的。"① 综合上述观点及国外经验，我国环境侵权惩罚性赔偿制度的构成要件应包括："环境侵权行为人客观上实施了污染环境的行为且具有违法性、存在环境侵权损害事实、二者之间存在因果关系、环境侵权行为人有故意或者重大过失的主观过错等四个条件，且缺一不可。"②

3. 惩罚性赔偿金的数额确定

惩罚性赔偿金的制定要适应环境侵权行为，关键在于合理地制定惩罚性赔偿金的额度。③ 在美国，"现行的制定法及最高法院均没有对惩罚性赔偿金额的确定标准作出明确规定。依据美国的判例，惩罚性赔偿金额的设置方式通常有两种：与补偿性赔偿额之间设置一定的比例和设定最高限额"④。一般认为，"应该综合考虑以下几个因素：被告应受非难的程度；被告因其行为获得的财产；惩罚性赔偿与补偿性赔偿之间的比率；被告的财产状况等"⑤。在我国，《消费者权益保护法》第55条规定："经营者提供商品或者服务有欺诈行为的，应当按照消费者的要求增加赔偿其受到的损失，增加赔偿的金额为消费者购买商品的价款或者接受服务的费用的三倍；增加赔偿的金额不足五百元的，为五百元。法律另有规定的，依照其规定。经营者明知商品或者服务存在缺陷，仍然向消费者提供，造成消费者或者其他受害人死亡或者健康严重损害的，受害人有权要求经营者依照本法第四十九条、第五十一条等法律规定赔偿损失，并有权要求所受损失二倍以下的惩罚性赔偿。"《食品安全法》第148条第2款规定："生产不符合食品

① 王利明：《美国惩罚性赔偿制度研究》，《比较法研究》2003年第5期。

② 刘期安：《环境侵权中的惩罚性赔偿问题与对策研究》，《昆明理工大学学报》（社会科学版）2015年第3期。

③ 周晓唯、卢海旭：《对环境污染侵权行为损害赔偿的经济学分析》，《山西大学学报》（哲学社会科学版）2009年第2期。

④ 钱水苗、侯轶凡：《惩罚性赔偿在环境侵权中的适用——以责任竞合为视角》，《甘肃政法学院学报》2011年第6期。

⑤ 黄锡生：《惩罚性赔偿在环境侵权中的适用研究》，《辽宁公安司法管理干部学院》2005年第3期。

安全标准的食品或者经营明知是不符合食品安全标准的食品，消费者除要求赔偿损失外，还可以向生产者或者经营者要求支付价款十倍或者损失三倍的赔偿金；增加赔偿的金额不足一千元的，为一千元。但是，食品的标签、说明书存在不影响食品安全且不会对消费者造成误导的瑕疵的除外。"

我国环境立法中确立惩罚性赔偿金的数额时，也可以借鉴国外经验和我国消费者权益保护法领域的已有经验，设置损害赔偿数额或生态修复费用的一到三倍为惩罚性赔偿金。笔者认为环境诉讼领域的惩罚性赔偿金应设立比例的上限，但并不应设立数额的上限。原因在于，污染造成环境损害的修复费用往往数额巨大，如泰州市环保联合会诉江苏常隆农化有限公司等六公司环境污染损害赔偿案中，法院判决被告承担 1.6 亿元的环境修复款，面临可能高达几亿的补偿或修复金，应该设置多高的限额？不好确定。设置最高限额的惩罚金也将会使该制度虚置。虽不设置最高限额，但法院在确立惩罚性赔偿金时可综合考虑以下因素，酌情确定惩罚性赔偿金数额：（1）行为人的道德恶行；（2）行为造成环境损害或受害人人身健康、财产损害的程度；（3）行为人的处理态度；（4）行为人的违法历史及守法意愿；（5）行为人因违法行为而获利益与守法经济成本之间的关系；（6）行为人承担其他民事责任或刑事责任的情况；（7）支付赔偿对行为的影响程度等。

4. 惩罚性赔偿金的归属

惩罚性赔偿金的归属也是惩罚性赔偿制度的重要问题。《最高人民法院关于审理环境民事公益诉讼案件适用法律若干问题的解释（征求意见稿）》曾经规定，[①] 公益诉讼惩罚性赔偿金应当由被告向环境公益诉讼专项资金账户支付。根据《昆明市环境公益诉讼救济专项资金管理暂行办法》《海南省高级人民法院关于开展环境资源民事公益诉讼试点的实施意见》等各地规范性文件的规定，环境公益诉讼专项资金是用于对提起环境公益诉讼涉及的诉讼费用进行补助和救济的专项资金，包括案件受理费、申请费、调查取证费、鉴定费、勘验费、评估费、环境恢复和执行救济费用以及其他诉讼产生的合理费用。环境公益诉讼的赔偿金专门用于对环境公益诉讼案件费用的救济援助，从一定程度上说，实际上仍然会在环

_____

① 第 23 条："人民法院判决被告承担生态环境修复费用、生态环境修复期间服务功能损失以及本解释第二十一条规定的赔偿款的，应当判令被告向环境公益诉讼专项资金账户支付。"

保组织再次提起诉讼时，归其使用，这也是对环境公益诉讼原告的一种经济刺激。虽然该条规定在最终司法解释出台时被删除，但在未来的立法中，对于环境公益诉讼惩罚性赔偿金的归属可以借鉴该规定，由被告向环境公益诉讼专项资金账户支付。那么，私人为私益提起的诉讼，惩罚性赔偿金的归属如何确定？针对同一事实分别提起私益诉讼和公益诉讼，私人私益诉讼的惩罚性赔偿金是否也应归公共所有？笔者认为，私人为私益所提起的诉讼，惩罚性赔偿金应归私人所有。惩罚性赔偿制度引入的重要原因之一就是激励私人提起诉讼，达到维护公共利益的目的。从国外实践经验及我国消费者权益保护领域的惩罚性赔偿制度的规定来看，惩罚性赔偿金归受害人所有，可以形成对受害人的利益刺激机制。从这个意义而言，一般环境侵权诉讼中，惩罚性赔偿金也应归原告个人所有。

（二）代表人诉讼的完善

群体性诉讼制度可以节省司法成本，减轻私人的诉讼负担，提高审判的效率，并能发挥诉讼在解决大规模环境侵害中的作用，制裁和抑制环境违法行为的发生，减少环境群体性事件的发生，实现环境公平和正义。而我国代表人诉讼在适用环境案件中存在当事人范围较窄，代表人认定标准过高等问题，影响了私人提起诉讼的积极性，也影响了代表人诉讼制度效力的发挥。如第五章所述，应在保留代表人诉讼优势的基础上，根据存在的问题有针对性地从以下几个方面进行完善：

第一，代表人诉讼适用范围的扩大。根据诉讼要求的不同，可以将代表人诉讼分为停止侵害的代表人诉讼和请求赔偿的代表人诉讼。要求赔偿损失的诉讼，因为涉及损害赔偿的计算问题，不同诉讼标的会有不同，可以坚持现有较严格的适用标准，即当事人的诉讼标的需要是相同或属于同一种类的。而多人或集体要求停止侵害，排除妨碍的诉讼，其目的是防止和恢复环境违法行为造成严重后果，从本质上具有一定的公益性质，对原告资格的严苛审查并不具有实际意义。因此，应放宽该类诉讼的适用范围，私人可以是基于共同的法律、事实问题或者具有共同利益提起诉讼。

第二，人数确定和不确定代表人诉讼的差别化。我国代表人诉讼制度从制度设计来讲，在很多方面融合了英美、日本等群体诉讼的优点，做了很多制度的创新，人数确定和不确定代表人诉讼的区分就是其中之一。这种区分在私人提起的环境诉讼中是必要的，并应进一步提倡和完善。但问题在于经过登记程序，人数不确定的代表人诉讼又变为了人数确定的代表人诉讼，两者差别不大，应通过制度设计使两者更好地发挥作用，笔者建议：（1）人数确定的代表人诉讼主要适用于具有特定受害者的多数环境侵权，比如工厂排放的废水造成某一特定区域的污染或人身、财产损害；不确定的代表人诉讼主要适用于大规模环境侵权诉讼，如环境违法行为造成空气污染、大范围的水污染等。（2）人数不确定的代表人诉讼，提起诉讼的人数可以不满足要求 10 人以上的标准，只要经过登记程序后即可，如没有达到人数要求可以自动转为一般诉讼进行审理。

　　第三，诉讼代表人的确定。"在日本，如涉大规模侵害案件，诉讼系采用选任当事人的方法，先由某一群被害人，结合为小团体，选任其中少数人为原告，全体共同负担费用提起诉讼。该起诉讼进行中存在着另外一群被害人又结合成为团体而选任若干人为原告，另行起诉的可能性。换言之，大量被害人依其地域接近等各种因素，先后结合独立之若干小团体，各自选任代表人提起诉讼。"① 由于多个团体的存在，受害人在选择加入或组织某个团体时，除地域原因外，成员之间的了解与信任也是其考虑的重要因素。我国台湾地区②为扩大选定当事人制度的功能，也通过修改法律，允许共同利益人分组，选定不同之人，或仅由部分共同利益人选定一人或数人而与未参与选定之其他共同利益人一同起诉或被诉，无须由被选定人以外有共同利益之人全体选定。③ 在我国，为防止代表人滥用代表权，诉讼代表人并没有实质的处分权利，在重大事项上没有决定权，代表人滥用权利危害他人利益的可能性较小。因此，可以借鉴日本及我国台湾

---

　　①　陈荣宗：《诉讼当事人与民事程序法》，三民书局 1987 年版，第 85—86 页。

　　②　我国台湾地区《民事诉讼法》第 41 条："多数有共同利益之人，不合于前条第三项所定者，得由其中选定一人或数人，为选定人及被选定人全体起诉或被诉。诉讼系属后，经选定前项之诉讼当事人者，其他当事人脱离诉讼。前二项被选定之人得更换或增减之。但非通知他造，不生效力。"

　　第 42 条："前条诉讼当事人之选定及其更换、增减，应以文书证之。"

　　第 43 条："第四十一条之被选定人中，有因死亡或其他事由丧失其资格者，他被选定人得为全体诉讼行为。"

　　第 44 条："第四十一条之被选定人，非得全体之同意，不得为舍弃、认诺、撤回或和解。选定人中之一人所为限制，其效力不及于他选定人。第一项之限制，应于第四十二条之文书内表明，或以书状提出于法院。"

　　③　熊跃敏：《消费者群体性损害赔偿诉讼的类型化分析》，《中国法学》2014 年第 1 期。

地区的经验，在我国现有代表人诉讼推选制度的基础上进行完善，① 诉讼代表人可通过以下方式产生：（1）提起诉讼的人如有意愿，可经法院指定成为指定代表人；（2）当事人可以推选共同的代表人进行诉讼；（3）当事人推选不出代表人的，可以根据自己的意愿结合成不同的团体推选代表人进行诉讼。

第四，财产分配制度。群体性诉讼胜诉后，所得财产应该由谁分配，如何分配关系到诉讼的效果和诉讼目的的实现。笔者认为，财产清偿的顺序应为：诉讼费用；律师报酬；诉讼代表人报酬；集团成员应得费用。对于集团成员内部的分配，有学者主张，应借鉴日本等国家的做法，组成专门的分配管理小组制作分配方案，确定分配方法、分配数额等，并交法院审查。② 但无论是法院还是分配管理小组进行分配都会出现有失公正和部分人员不满的情况，也不利于通过财产分配制度激励私人提起诉讼。对此，奥尔森在《集体行动的逻辑》指出："在由具有相同利益的个人所形成的集团中付出高额成本的个人实际上却只能获得其行动收益的一个极小的份额，其他的份额均被集体内的其他成员'搭便车'而分享了，因而个体就缺少增进集体利益的动力。而且集体越大，这种动力就越少。"③对于如何解决这个问题，奥尔森提出的观点是"选择性激励"制度，"使那些不参加为实现集团利益而建立的组织，或没有以别的方式为实现集体利益做出贡献的人所受到的待遇与那些参加的人有所不同"④。因此，对于我国诉讼代表人财产分配制度，可以运用该理论分为以下情况进行处理：（1）诉讼进行前或进行中当事人约定分配方法的，由诉讼代表人根

---

① 根据我国现有法律，人数确定的诉讼代表人的产生：（1）推选方式（范围）：可以由全体当事人推选共同的代表人，也可以由部分当事人推选自己的代表人。（2）推选不出代表人的当事人，在必要的共同诉讼中可由自己参加诉讼，在普通的共同诉讼中可以另行起诉。人数不确定的诉讼代表人的产生，分为三个步骤：第一，由当事人推选代表人。第二，当事人推选不出的，可以由人民法院提出人选与当事人协商。第三，协商不成的，也可以由人民法院在起诉的当事人中指定代表人。

② 还有学者认为在无法确定时，应由法院采取平均计算的方式，对原告一视同仁地给予赔偿。参见肖建国《关于代表人诉讼的几个问题》，《法学家》1993年第3期；王红岩、王福华《环境公害群体诉讼的障碍与对策——从环境公害诉讼看我国代表人诉讼制度的完善》，《中国法学》1999年第5期。

③ ［美］曼瑟尔·奥尔森：《集体行动的逻辑》，陈郁等译，格致出版社1995年版，第3—7页。

④ 同上书，第42页。

据该分配方案进行分配。法院应对分配方法进行审查，但该审查应为形式性审查而非实质性审查，审查内容的不应是方案是否公平等实问题，而是方案的确定是否自愿、真实，程序是否合法等形式问题。（2）当事人没有对赔偿进行协商的，法院应运用职权对该款项根据私人受损情况、参与情况等对赔偿财产进行分配。（3）未参加登记人另行起诉的，由于其付出时间、精力等成本相对于代表人诉讼较少，法院裁定适用原判决，在赔偿数额的确定上应根据当事人情况，适用协商分配或法院指定分配中较少的数额。通过差别待遇，激励私人提起诉讼，也实现实质的公平。

（三）细化环境公益诉讼规则

我国环境公益诉讼制度处于初步建立阶段，在2015年《环境保护法》生效后一个月，全国仅有三起环境公益诉讼案件立案;[1] 至2016年6月，全国法院也才受理各类环境公益诉讼案件114件。这种情况表明，我国环境公益诉讼制度在原告主体资格、诉讼资金支持和保障等方面还存在不足。因此，在未来的立法中，应根据诉讼实践的情况，进一步对公益诉讼的规则和配套措施进行细化。

第一，进一步拓宽环境公益诉讼原告资格的范围。在各地环境公益诉讼探索的实践中，检察机关也是提起公益诉讼的重要主体，在诉讼能力、证明能力、维护公共利益等方面展现了优势。党的十八届四中全会通过的《中共中央关于全面推进依法治国若干重大问题的决定》提出，"探索建立检察机关提起公益诉讼制度"。2015年2月《最高人民法院关于全面深化人民法院改革的意见》中也提出"探索建立与检察机关提起的公益诉讼相衔接的案件管辖制度"。2015年7月《检察机关提起公益诉讼改革试点方案》出台，确定在北京、内蒙古、吉林、江苏、安徽、福建、山东、湖北、广东、贵州、云南、陕西、甘肃13个省、自治区、直辖市开展试点。之后，《人民检察院提起公益诉讼试点工作实施办法》《人民法院审理人民检察院提起公益诉讼案件试点工作实施办法》对检察机关提起环境民事公益诉讼和行政公益诉讼的案件范围、管辖、案件程序等进行了明确规定。授权检察机关在特定情况下提起环境民事和行政公益诉讼已经成为一种趋势。除此之外，针对我国农村环境污染状况严重的局面，也可以

---

[1]　金煜：《新环保法满月公益诉讼立案仅三起面临有心无力》（http：//news.qq.com/a/20150202/003936.htm）。

探索由村民委员会作为原告主体资格提起环境公益诉讼。① 总之，应不断探索和完善环境公益诉讼制度，逐步形成环境公益诉讼原告主体资格多元化模式。

第二，建立环境公益诉讼原告胜诉奖励机制。环境公益诉讼成本高昂，资金已经成为制约环保组织提起公益诉讼的主要障碍。根据我国现有规定，"在原告胜诉时，原告支出的合理的律师费、调查取证费、鉴定评估费等费用可以判令由被告承担。鼓励从环境公益诉讼基金中支付原告环境公益诉讼费用的做法，充分发挥环境公益诉讼主体维护环境公共利益的积极作用"②。这些做法将会在一定程度上减轻环保组织提起公益诉讼的资金障碍。但环境诉讼具有鉴定难、取证难、胜诉难的特点，如只规定胜诉时环保组织诉讼费用的承担，环保组织仍面临预先缴纳诉讼费用以及败诉时资金无法收回的风险，这会导致其在选择案件时考虑的重点不是违法的严重程度、造成的严重后果，提起诉讼带来的社会和环境效益对公共利益的维护程度，而是成本回收的概率和实施的费用，环保组织会更倾向于选择实施费用较低的案件，避免长时间的、复杂的纠纷。这不利于环境公益诉讼目的的实现，也有违环境公益诉讼制度设计的初衷。因此，为减少环保组织的诉讼成本，一方面，应将环境公益诉讼纳入法律援助制度和诉讼费用缓缴范围中，探索建立案件受理费按件收取制度，③ 并完善我国环境公益诉讼专项基金制度，解决部分环保组织提起公益诉讼的诉讼费用不足问题；另一方面，应建立我国环境公益诉讼的原告激励制度，在案件胜诉后给予原告一定的奖励，激励环保组织等主体积极提起诉讼，兼顾环保组织的公益性和经济性。我国《环境保护法》规定，环保组织提起公益诉讼不得牟取经济利益，但何为"牟取经济利益"并未确定。一般认为，"牟取"是指以不正当或非法的手段取得金钱等利益。建立公益诉讼胜诉奖励机制与不得牟取经济利益并不矛盾。

第三，完善环境公益诉讼基金制度。环境公益诉讼专项基金是用于对提起环境公益诉讼涉及的案件审理费、鉴定费、评估费、法律援助

① 冯汝：《确立村民委员会环境公益诉讼原告资格的社会与法律基础》，《中南大学学报》（社会科学版）2013 第 3 期。

② 孙军工：《最高人民法院全面加强环境资源审判工作新闻发布会》（http://www.china-court.org/article/detail/2014/07/id/1329715.shtml）。

③ 张颖：《环境公益诉讼费用规则的思考》，《法学》2013 年第 7 期。

费、环境修复费、执行费用等进行补助和救济的专项资金。广东省、海南省、昆明市等省市都建立了环境公益诉讼专项基金，昆明市还专门制订了《昆明市环境公益诉讼救济专项资金管理暂行办法》。但现有环境公益诉讼专项基金仍是在各地方层面进行探索，在全国范围内并没有统一的制度规定和运行机构。2014 年《最高人民法院关于全面加强环境资源审判工作为推进生态文明建设提供有力司法保障的意见》中指出，探索设立环境公益诉讼专项基金，将环境赔偿金专款用于恢复环境、修复生态、维护环境公共利益。根据《最高人民法院关于审理环境民事公益诉讼案件适用法律若干问题的解释（征求意见稿）》第 23 条规定，人民法院判决被告承担生态环境修复费用、生态环境修复期间服务功能损失以及惩罚性赔偿款的，应当判令被告向环境公益诉讼专项资金账户支付。但由于这项制度仍在探索中，在《最高人民法院关于审理环境民事公益诉讼案件适用法律若干问题的解释》中并未对此进行规定，而只对环境修复资金和服务功能损失等款项应专款专用做了规定。因此，未来随着全国范围内环境公益诉讼基金的逐步建立，相应的制度规范也应逐步制定。环境公益基金制度规范的内容应包括：（1）环境公益诉讼基金的资金来源。基金的资金来源不仅应包括胜诉环境公益诉讼案件的赔偿金，还应包括财政拨款、社会捐款、存款利息等其他资金来源；（2）环境公益基金的使用范围。基金的使用范围不仅应包括修复生态环境的费用、败诉环境公益案件中原告支出的调查取证、专家咨询、检验、鉴定等必要费用，还应包括公益诉讼的研究费用、基金人事及行政管理费用等；（3）环境公益诉讼基金的管理和监督。应明确基金的管理机构和受理申请机构，对基金的利用、运行、使用情况监督等做出详细规定。

（四）建立环境行政公益诉讼制度

环境行政公益诉讼制度的建立，一方面可以监督行政机关积极执法，从而减少环境违法行为的发生，减少环境损害；另一方面，可以给民众提供一条体制内的参与渠道，以免诉讼无门而动辄走上街头，导致环保群体性事件日益盛行并且更为积极与激烈的情况。[①] 在国外，环境公益诉讼制

_____

① 叶俊荣：《民众参与环保法令之执行——论我国引进美国环境法上"公民诉讼"之可行行》，载叶俊荣《环境政策与法律》，元照出版社 2010 年版，第 235 页。

度主要指的就是行政公益诉讼，我国学者也对环境行政公益诉讼制度的重要作用，设立的必要性与可行性，具体的制度设计等进行了充分的论述，希望能通过立法在我国确立行政公益诉讼制度。遗憾的是，2014 年 11 月《行政诉讼法》修改后通过，新颁布的法律中并未将行政公益诉讼制度规定在其中。但我国已经开始在 13 个省、自治区、直辖市开展检察机关提起环境行政公益诉讼的试点，在法律中明确确立环境行政公益诉讼制度已是大势所趋。结合国内外行政公益诉讼的经验，从私人提起诉讼的角度分析，环境行政公益诉讼的确立应注意以下几点：

第一，环境行政公益诉讼的主体应为任何公民、法人或其他社会组织等。对于提起环境行政公益诉讼的主体、资格的确定，学者存有不同意见。在美国的司法实践中，对当事人资格认定的条件也存在变化。比如，在 United States v. Students Challenging Regulatory Agency Procedures（SCRAP）案①中，法院认为，只要当事人主张利益受损即可具有诉讼资格，该损害是否是具体的且可以证明的并不是判断当事人适格的条件。但在 Lujanv Secretary of The Interiorv Defenders of Wildlife 案②中，法官却确立了较严格的当事人适格条件：（1）损害必须是具体的并且是迫切的；（2）损害与被告之间具有相当因果关系；（3）获得胜诉判决后，损害有恢复的可能性。笔者认为，从我国的法律传统和立法模式来看，我国采用成文法模式，在司法实践中法官并没有如此宽松的裁量权，各地法院在明确法律依据的情况下会拒绝立案而非依据情况进行裁定，在这种情况下，对于私人提起行政公益诉讼的资格不应进行限制，任何公民、法人或其他组织都可以提起环境行政公益诉讼。

第二，环境行政公益诉讼应有相应的激励制度。私人为公共利益提起环境行政公益诉讼，需付出时间、金钱等成本，而胜诉的利益却归全社会。为激发私人提起诉讼的动力，与民事公益诉讼相类似，在诉讼费用的

---

① 联邦州际商业委员会批准铁路部门增长运费的决定，原告据此提起诉讼，认为运费增高导致一些可以回收利用但价值不大的原材料不能得到运输，违反了《国家环境政策法案》，United States v. Students challenging Regulatory Agency Procedures，412 U. S. 669（1973）。

② 《濒危物种法》第 7 条要求联邦机构要做可能会危及濒危和受威胁的物种的生存及其栖息地的行为或为该行为提供资金时，都必须与内务部讨论。而 1978 年鱼类野生动物局及国家海洋管理局共同发布一项对该条款的解释，认为该条的效力仅仅限于行政机构在国外的行为，但在 1983 年修正为仅及于美国领土及公害。原告环保团体对此不满，提起诉讼。Lujan, Secretary of The Interiorv Defenders of Wildlife，504 U. S. 555（1992）。

承担、法律援助的提供等方面应制定相应的规则，激励和保障私人提起环境行政公益诉讼。

　　第三，环境行政公益诉讼的限制制度。通过法律规定私人提起环境行政公益诉讼的目的就是监督和促进行政机关依法积极行使职权。因此，从经济效率和实施目的考虑，应对私人的诉讼行为进行一定的限制，包括：（1）环境行政公益诉讼针对的是行政机关违反法律规定怠于履行职责的不作为行为以及履行职责不当的行为，不包括其自由裁量权限行为。（2）私人在提起环境行政公益诉讼之前需以书面方式向行政机关或其上级机关进行通知，将行政机关怠于履行职责的具体内容进行告知，如果行政机关在收到通知后积极履行了义务并进行了答复，私人将不能提起诉讼。如果在一定合理的期限内，① 行政机关仍未履行职责，则私人可以提起行政公益诉讼。对于行政机关履行职责的行为和标准是什么，存在争议。② 最大的争议在于，行政机关履行职责的行为包括进行行政处罚、行政强制执行等。但即使行政机关进行了行政处罚或其他的行政行为，原告也可能认为罚金过低、行政执行措施不当等而不满，在这种情况下，私人是否可以提起诉讼？笔者认为，私人对环境行政机关不满时可以提起诉讼，但法院应综合考虑环境利益与经济利益、社会利益的关系，对行政执法行为的必要性与可行性、执行成本与效益等进行综合考虑，从合理性和合法性两个方面进行审查，确定行政机关是否履行了职责。

二　完善环境私人检举制度

　　环境检举制度完善的前提是对其概念进行厘清，将检举机构与信访机构剥离，明确环境检举的功能和定位。环境检举的主要功能应是提供环境违法信息、对违法行为进行监督等，应逐渐弱化、剥离其权利救济功能。我国的环境检举主要是由环境保护部门负责，因此，可以由环境保护部门制定环境保护举报奖励的相关制度，明确环境保护私人检举的激励、保护、权利救济等问题。

---

　　① 国外及我国台湾地区的公民诉讼一般规定为 60 天，我国可结合行政诉讼相关法律规范的规定，将期限定为两个月。

　　② 在美国公民诉讼的实践中，对于何为"勤勉的执行"，在不同的案件中也存在着不同的司法解释。具体参见陈冬《环境公益诉讼的限制性因素考察——以美国联邦环境法的公民诉讼为主线》，《河北法学》2009 年第 8 期。

（一）环境私人举报奖励制度的完善

环境私人举报激励制度主要是从奖励资金的来源、奖励标准、奖励发放时间、发放的监督等方面进行完善。

第一，扩展环境保护私人检举奖励的资金来源。对于环境保护举报资金的来源，我国法律一般规定由财政预算进行负担。但在我国台湾地区，环保部门可以接受社会的捐助，专门用于对于特定领域、特定范围内的环境污染进行举报的奖励。例如，2014年，我国台湾"行政院"环境保护署接受了一笔400万元台币的民间捐款，专门用于鼓励检举新北市、桃园县、台南市、高雄市四县市的重大水质污染案件和事业废弃物污染案件。① 我们可以借鉴其经验，拓展奖励费用的来源，将捐赠、募捐纳入奖励资金的来源。

第二，细化环境保护私人检举奖励的标准。环境保护检举奖金的确定标准一般有两种：罚金的比例制度以及固定数额制度。这两种方法在我国各地方的实践中都存在。笔者认为，根据举报违法行为的严重程度、线索价值给予每件一定数额的奖励，由于奖金数额较少，并不能很好地发挥激励私人举报的作用。对环境违法行为的检举应确定明确的比例制度，按罚金的相应比例对举报者进行奖励，并且该比例应该是明确的。对此，《苏州市公众举报环境违法行为奖励办法》② 规定的比例制度，以及比例的确定方法明确而具体，可以借鉴。在确定奖金比例等级方面，不仅要考虑检举人所提供环境违法行为的严重程度、可避免的经济损失大小、环境违法信息的清楚程度、是否经过核实、是否掌握证据、配合调查情况等事实因素，还应该考虑到环境检举的社会效果，包括是否避免或遏制了自力救济事件的发生、是否是社会舆论焦点、对其他污染源是否有强烈警示作用、是否对环境教育有正面宣传效果、对保障国民健康是否有重要贡献等。③

第三，创新环境保护私人检举奖励的发放方式。在各省市现有的环境有奖举报规定中，都要求受理时登记举报人的身份信息及联系方式，这增

---

①《环境保护署接受民间捐款鼓励检举重大水质污染案件及事业废弃污染案件专案执行要点》（http://www.tyc.moj.gov.tw/public/Attachment/411121034228.pdf）。

②《苏州市公众举报环境违法行为奖励办法》（http://www.suzhou.gov.cn/xxgk/fggwjjd/fggw/szs/201408/t20140805_408445.shtml）。

③ 参考我国台湾地区《奖励民众举发污染案件效益审酌原则》（http://ivy5.epa.gov.tw/epalaw/search/LordiDispFull.aspx?ltype=11&lname=3060）。

加了举报人的安全顾虑，也打击了举报人进行有奖举报的积极性。安徽、贵州等地甚至出现环境违法有奖举报的奖金领取人只有寥寥数人的现象。① 针对这种情况，应创新检举奖励的发放方式，考虑通过检举密码等其他信息进行奖金的领取。例如，行政部门确立举报号码并告知检举人，如环境检举人所提供信息正确，检举人可以凭该号码领取奖金。

（二）环境检举人保护制度的完善

检举人面临的不法行为主要包括，环境行政机关及其工作人员泄露检举人信息、对检举人打击报复的行为，环境违法行为的实施者对环境检举人的打击报复，以及雇主对内部环境检举人实施的不当行为。针对这些行为，应进一步完善我国法律、法规的规定，尤其是针对雇主对内部检举人进行的表面合法的打击报复行为进行专门规制，从责任追究、责任救济等方面进行完善，保障环境检举人的权利，加大对环境检举人的保护力度。

第一，细化环境检举人信息保密制度，完善泄露信息的责任追究机制。虽然我国现有法律规范明确规定对检举人的信息应进行规范管理，并建立了相应的保密制度，但各地仍然发生了多起环境行政机关工作人员泄露举报人信息，检举人受到威胁的事件。例如，2016 年 2 月，中央环境保护督察组在河北省督察期间，接到举报人信息被泄露问题的举报，经过调查处理，泄露信息的大厂县环保局监察大队长王某某被给予撤销监察大队长职务的处分。② 我国《行政监察法》第 46 条的规定："泄露举报事项、举报受理情况以及与举报人相关的信息的，依法给予处分；构成犯罪的，依法追究刑事责任。"未来，针对这类泄露信息的违法行为，应进一步制订更详细的责任追究办法，明确责任追究程序，加大查处力度，从源头上对环境检举人进行保护。

第二，完善内部检举人的保护制度，赋予检举人相应的救济权利。由于我国没有专门的内部检举人保护法律，也没有相应的保护检举人的程序和机构。2015 年 8 月修订通过的《大气污染防治法》首次规定了，"举报人举报所在单位的，该单位不得以解除、变更劳动合同或者其他方式对举报人进行打击报复"。未来，可以通过在各单行环境法律中明确规定内部

① 《有奖举报污染，为何仅有一人应》（http：//www.71.cn/2015/0907/835988.shtml）。
② 《保护好举报人，让环保法规落到实处》（http：//news.xinhuanet.com/legal/2016 - 06/20/c_ 1119078993.htm）。

检举人的保护制度。在各环境单行法中继续明确，任何员工如果认为自己被解雇或遭受不公平的待遇是与其实施相关环境法律，检举或揭露所在机构的环境不当或违法行为、提供信息给政府或环保部门有关，那么，该员工就可以根据情况向劳动部门或行政主管机构提出书面投诉或提起相应的诉讼。

三 环境私人自力救济的规范和制度化

（一）环境抗争的合法化

对于环境自力救济中出现的群体性事件多发的问题，应该通过司法化的途径解决。对于抗议、游行等环境自力救济行为的性质是否合法，是否应该存在，也应予以明确。笔者认为，未经批准的游行、示威等自力救济行为属于形式违法、实质合法的行为，应通过法律的修改将其形式合法化，作为私人环境利益表达的一种重要方式。很多学者对环保自力救济的性质做了分析，其目的就是对环保自力救济的正当性进行论证，认为环保自力救济属于正当防卫。[①]

游行、示威是民众的一种利益表达方式，我国也规定了公民有游行、示威的自由。但我国相关法规范性文件却认为，环保自力救济是非法的利益表达行为，并作为一种群体性治安事件来处理。例如，2004 年中央两办发布的《关于积极预防和妥善处置群体性事件的工作意见》中规定，群体性事件是指由人民内部矛盾引发、群众认为自身权益受到侵害，通过非法聚集、围堵等方式，向有关机关或单位表达意愿、提出要求等事件及其酝酿、形成过程中的串联、聚集等活动。[②] 之所以出现这种情况，原因在于，已经出现的大规模自力救济行为都未依照法律规定经有关部门批

---

① 钱水苗：《论环保自力救济》，《浙江大学学报》（人文社会科学版）2001 年第 5 期。

② 环保自力救济、环境群体性事件、环境抗争、环境运动、公民集体行动是从不同侧面、角度和学科对抗议、游行、示威、静坐等群体性行为的描述。环保自力救济、环境群体性事件、公民集体行动多见于法学文献中，而环境抗争、环境运动多见于社会学文献中。环保自力救济行为不仅包括群体性的聚众、游行示威等行为，也包括个人的自力救济行为。环境抗争的范围也较广泛，环境抗争发展到一定阶段，成为有组织的环境运动。这些概念的具体区别与联系，参见肖唐镖《当代中国的"群体性事件"：概念、类型与性质辨析》，《人文杂志》2012 年第 4 期；高旺《群体性事件：抗争政治学的视角》，《二十一世纪双月刊》2011 年第 125 期；宋维强《抗争政治视野中的农民群体性事件》（http://www.qhei.gov.cn/xbkf/tszs/t20060518_206679.shtml）；薛澜、张扬《构建和谐社会机制治理群体性事件》，《江苏社会科学》2006 年第 4 期。

准，是一种聚众的非组织行为。然而，公众之所以不进行审批，除了由于
事件发生的突然性、无组织性外，更重要的原因是，我国杜绝有组织的表
达活动，不允许或者说不鼓励体制外的抗争，政府和行政机关在"维稳"
的压力下，即使公众提出申请，也不会批准。有组织地表达不满的行为不
被法律和国家所认可，是一种体制外行动。但群体性事件的发生又证明我
国体制内的表达机制与权利救济机制不完善、效果不佳。对于环境自力救
济中的公民来讲，一般都是社会弱势群体，在环境公众参与不足的现实
下，在环境政策制定或环境影响评价层面表达意见，影响决策或决定、预
防或防止环境污染发生的可能性很小。在遭受环境侵害后，又面临资金不
足、举证困难等阻碍，正常的权利救济途径受到阻碍。在这种情况下，体
制外的抗议或抗争就成为最后的也是不得已的利益表达方式。如果该利益
表达机制也被阻断或压制，会将民众推向更激进或对抗的境地。

根据社会冲突理论①，冲突不仅具有负面功能，还具有疏通社会中的
不满情绪，协调各方面的利益、减少对立、缓解社会矛盾、维护社会稳
定，促进社会的整合等积极功能。在西方国家，直至20世纪六七十年代，
多数政府仍然试图阻止未经授权的游行示威等抗议活动，但都以"失败"
而告终。为此，各国便转换为柔性的包容政策，最后竟发展为"协商谈
判式"的处置方式。结果，抗争活动中的对抗性却大大降低。② "发达国
家的社会治理和历史经验表明，公民以和平方式表达集体诉愿，以公开博
弈争取社会理解，以集体行动同对方和政府进行沟通，甚至于向政府和企
业施压，实际上是一种让社会不同诉愿和平释放，理性对话，从而建设真
正平安、和谐社会的有效形式，也是一种社会成本较低的利益实现机
制。"③ 环境自力救济不应被看作非法的与国家权力或社会对抗的力量，
而应该是与国家分担环境治理任务的重要主体。环境自力救济也是社会转
型中民主转型的一个体现。因此，我国应该对《集会游行示威法》等相
关法律进行修改，通过环境抗争的合法化，保障民众和平集会、游行、示

---

① 参见［美］科塞《社会冲突的功能》，孙立平等译，华夏出版社1989年版。

② Porta，Peterson & Reiter，*The Policing of Transnational Protest*，Ashgate Publishing Company，
1998，pp. 6 - 7，转引自肖唐镖《抗争政治的到来及其治理转型》（上）（http：//www. shwd. net/
news/？165. html）。

③ 许章润：《多元社会利益的正当性与表达的合法化——关于群体性事件的一种宪政主义
法权解决思路》，《清华大学学报》（哲学社会科学版）2008年第4期。

威的权利，逐步形成私人的利益表达方式和表达渠道，使环境自力救济行动制度化，减少暴力性行为的发生。

（二）加强环境协商的作用

在私人权利不断增强的基础上，环境协商具有经济、便利的优点。对处于复杂利益结构的当事人来讲，环境协商经过双方妥协和退让，不破坏双方存在的利益或社会关系，以对话替代对抗达到双赢的目的。但由于我国现有法律[①]中对环境协商都只有原则性的规定，而私人与环境违法者之间又常常因地位及实力的悬殊、谈判能力的不足等原因，而不能达成如日本、德国等国家中那种私人与企业等主体之间的公害防止协定。[②] 因此，为促使环境协商更有效发挥作用，应从立法、实践等多方面进行完善：

第一，完善相关法律，对环境协商做出具体规定。应在立法中明确协商的基本原则、基本程序、基本内容，和解协议的效力等内容。这其中最大的问题是，环境和解协议是否具有强制效力，双方在达成和解协议后是否可以反悔，另行提起诉讼。笔者认为，双方如果在自愿、平等、合法的基础上达成真实的意思表示，"该协议就成为当事人之间的合同，就应具有法律效力。在一方当事人反悔或者不按约履行的时候，另一方当事人可以起诉到法院"[③]。环境和解协议具有可诉性，但诉讼针对的不再是合同已经确立的实质性内容，而应该是根据《合同法》相关规定，针对合同的效力等问题引起的其他争议。此外，环境和解协议具有一定的特殊性，环境问题不仅涉及当事人的私益，有时还涉及环境公共利益，因此，当和解协议损害环境公共利益或者对某些环境公共利益协议没有规定时，法律规定的主体可以对此提起诉讼。

第二，鼓励环境保护团体、律师、政府在环境协商中对私人进行支持和援助。由于受害人等私主体往往力量较弱，专业水平较差，谈判技能较低，环境协商很难达成。因此，应通过支持和鼓励环保组织或律师、政府

---

① 例如，《水法》第 57 条规定："单位之间、个人之间、单位与个人之间发生的水事纠纷，应当协商解决。"《水土保持法》第 31 条规定："地区之间发生的水土流失防治的纠纷，应当协商解决。"《草原法》第 16 条规定："草原所有权、使用权的争议，由当事人协商解决。"《矿产资源法》第 49 条规定："矿山企业之间的矿区范围的争议，由当事人协商解决。"《土地管理法》第 16 条规定："土地所有权和使用权争议，由当事人协商解决。"

② 王明远：《环境侵权救济法律制度》，中国法制出版社 2001 年版，第 284 页。

③ 齐树洁：《论我国环境纠纷解决机制之重构》，《法律适用》2006 年第 9 期。

积极支持和参与环境协商，增加私人主体的力量，增强谈判的专业性，增强双方的沟通，将无序的、非理性的纠纷及表达方式引入到理性化的程序之中，促进协议的达成，发挥环境协商的作用。①

第二节　构建环境法私人实施保障机制

一　完善环境法律援助制度

（一）建立环境损害诉讼法律援助制度

按照《法律援助条例》第 3 条的规定，法律援助是政府的责任。我国已经建立起完整的法律援助机构和体系。截至 2008 年年底，全国已建法律援助机构总数为 3268 个，法律援助机构工作人员共有 12778 人。② 如能利用我国现有的环境法律援助组织，将受害人提起的环境诉讼案件纳入其中，发挥法律援助的作用，将能更好地解决私人提起诉讼的费用问题，激励和保障私人提起诉讼。因此，应在立法和实践中对环境法律援助制度进行完善。

第一，在立法上，明确和加强环境法律援助的政府责任，将对受害人提起的环境诉讼案件列入法律援助的范围，并将国家鼓励民间机构及律师进行法律援助的规定具体化。《法律援助条例》授权省、自治区、直辖市人民政府可以对未规定的法律援助事项做出补充规定，因此，有些地方性法律援助法规就对环境污染的法律援助做了规定。如《四川省法律援助条例》第 9 条规定，因环境污染等侵权行为造成损害请求赔偿的；因经济困难没有委托代理人的，可以向法律援助机构申请法律援助。但从整体情况来看，环境污染案件在很多地方仍未列入法律援助的范围。部分地方性环境单行法规中也对环境污染的法律援助做了规定，如《北京市水污染防治条例》第 93 条规定："本市的法律援助机构应当将经济困难公民因水污染受到损害请求赔偿的案件，纳入法律援助的事项范围。"但这些规定仅限于某一地区、某一污染领域内的环境污染案件，范围仍有局限。

---

① 参见顾培东《试论我国社会中非常规性纠纷的解决机制》，《中国法学》2007 年第 3 期。

② 《2008 年全国法律援助统计分析》（http：//www. chinalegalaid. gov. cn/China_ legalaid/content/2010 - 08/27/content_ 3998327. htm？node = 40884）。

因此，应在国家立法层面上，将所有的环境污染侵权案件都纳入法律援助范围。

第二，在实践中，加强法律援助机构与环保部门的配合。法律援助部门作为专门从事法律援助的机构，开通了"12348"法律援助热线，具有法律援助方面的专业性；而环保部门作为环境保护的行政主管部门，也开通了"12369"环保热线。两者在环境法律援助方面可以相互配合，进行信息的交流、专业的协助。法律援助机构可以选任律师，为环境保护管理工作提供法律咨询，为受到环境污染危害的群众免费提供法律咨询和援助，而环保部门也可以在环境监测、环境违法信息的提供等方面为法律援助部门受理的环境案件提供帮助。在我国台湾地区，环境保护署已经推出《公害纠纷法律扶助计划》，提供专门律师进行公害纠纷的法律咨询、文件撰写、民事诉讼代理等帮助。① 该计划中，由环境保护部门提供法律援助目的也是要将环境信息与法律援助两者的优势进行结合。

（二）建立环境损害诉讼费用缓缴制度

《诉讼费用交纳办法》第六章"司法救助"中，对当事人交纳诉讼费用确有困难，向人民法院请求司法救助，申请缓交、减交或者免交诉讼费用的情形作了具体规定。私人提起环境诉讼，如果确实存在困难，符合《诉讼费用交纳办法》第45条、第46条规定的免交、减交诉讼费用的情形的，可以向法院提出申请。申请免交或减交诉讼费用的规定，部分缓解了经济困难的当事人提起环境诉讼的负担。但很多环境诉讼案件的诉讼标的额较大，由于我国并未将环境案件列入缓交诉讼费用的情形中，如果当事人不符合免交或减交的条件，即使胜诉后诉讼费用由被告负担，前期的费用仍是私人提起诉讼的沉重负担和阻碍。因此，笔者建议，将私人提起的环境诉讼案件明确纳入缓缴诉讼费用的范围。《诉讼费用交纳办法》第47条规定，"当事人申请司法救助，符合下列情形之一的，人民法院应当准予缓交诉讼费用：（一）追索社会保险金、经济补偿金的；（二）海上事故、交通事故、医疗事故、工伤事故、产品质量事故或者其他人身伤害事故的受害人请求赔偿的；（三）正在接受有关部门法律援助的；（四）确实需要缓交的其他情形"。根据该条规定，私人如果根据地方法规或规定申请了法律援助，可以缓交环境诉讼费用。但如果未申请法律援助就不

---

① 台湾"行政院"环境保护署（http：//ww3. epa. gov. tw/Public/LegalAdvice. aspx）。

能适用该条。但实际上，与交通事故、医疗事故等人身伤害事故相比，环境污染事故所造的人身损害的后果有时更加严重，因此，从立法目的来看，可以也应当将环境案件列入缓交诉讼费用的范围中。

二　加强律师在私人实施环境法过程中的作用

（一）鼓励和支持律师参与环境公益法律服务

2001 年，中华全国律师协会建立了中华全国律师协会环境与资源法专业委员会，后更名为环境、资源与能源法专业委员会，该专业委员会的成立对于推动全国环保事业的发展作出了重大贡献。在省一级律师协会中，截至 2012 年 5 月，共有 13 个省级律协中设立了环境与资源法专业，占全国律协的 42%。① 面对我国环境法实施中，律师缺位、发挥作用不大的情况，应发挥律协的作用，鼓励支持其参与环境法律公共服务，使律师参与环境公益法律服务走向专业化、职业化和社会化。

第一，支持律师进行环境法律咨询、参与环境和解，化解环境纠纷和群体性事件。在美国，律师协会要求所有的律师必须参与公益项目或者捐助一定的资金替代公益服务。而我国，除法律援助外并无其他法定要求。但律协可以组织律师进行环境法律的宣传、为环境纠纷的受害人提供法律咨询、引导环境信访群众循法律渠道解决问题、对符合法律援助服务的环境受害人帮助其申请法律援助，在环境和解中协助进行谈判等。

第二，发挥律师协会的作用，鼓励支持律师参与环境诉讼包括环境公益诉讼。司法行政部门和律师协会可以组织律师为环保组织提供法律服务，担任环保组织的法律顾问或为相关弱势群体、环境受害个人提供法律服务，直接参与诉讼活动，维护弱势群体的合法权益。在现行法律框架下，律师也可以与环保组织进行合作，协助环保组织提起公益诉讼，律协可以通过资金支持、专业指导等给予帮助。

第三，提高律师的专业能力。由于环境案件具有专业性、复杂性等特点，存在证明难、立案难等困难，很多律师因为专业知识的缺乏，参与环境法律服务的积极性较低。针对这种情况，我国部分省市的律师协会环境与资源法研究会已经开始发挥作用，对律师进行培训和指导。例如，2008

① 陈召强：《环境律师与环境资源保护——以江苏律协设立"环资委"必要性为切入点》，载周珂、曾晓东主编《中国环境法治》2012 年卷（上），法律出版社 2012 年版，第 64 页。

年上海律师协会环境与资源法研究委员会起草发布《律师办理环境侵权案件操作指引》，其目的就是为规范本市律师办理环境侵权诉讼业务，提高律师办理环境侵权诉讼案件的质量。[①] 通过律师专业能力的提高，可以使其更好地为私人提供环境法律服务；也增强了私人实施法律的能力，可以更好地化解社会矛盾，维护社会稳定。

（二）完善环境诉讼风险代理制度

如上文所述，在美国、日本，律师在环境诉讼中都起到了重要的作用。尤其是在大规模的集团诉讼和环境公益诉讼中，环境公益律师的专业帮助、精神支持发挥了重要作用。但正如波斯纳所说，"律师的作用应当由私人收益而非社会收益所引导；污染控制是律师高度密集的活动"[②]。在国外，除了环境公益律师外，一般的商业律师也会通过风险代理等形式积极代理环境案件。例如，在美国，风险代理费广泛适用于人身伤害、医疗事故、产品责任和环境污染等案件。[③] 安德森诉太平洋煤气电力公司案（Anderson v s. Pacific Gas & Electric）是美国比较典型的环境集团诉讼案件。律师通过挨家挨户的走访说服居民提起诉讼，并艰难地获得了诉讼的胜利，争取到了 3.33 亿巨额赔偿。[④] 虽然律师在集团诉讼中，一般会收取将近一半的诉讼酬金，并且存在通过和解方式获取个人高额利益，损害当事人利益的情况，但这些问题可以通过对代理权限的设定、法院对和解协议的审查等方式进行完善。2003 年联邦最高法院修订了《联邦民事诉讼规则》第 23 条，通过律师的指定，和解的限制、和解协议的审查等方面的规定，对律师损害当事人利益、滥用诉讼和和解的行为进行了限制。

对我国而言，还不存在这种律师滥用诉讼的情况，我们面临的是由于环境案件的专业性、复杂性以及败诉的高风险，没有律师愿意代理环境案件的现实。有调查显示，"有 90% 的律师没有承办过环境侵权案件，有 76% 的律师从没有接受过环境侵权类案件的法律咨询；当调查是什么原因

---

① 《律师办理环境侵权案件操作指引》（http：//www.lawyers.org.cn/）。

② ［美］理查德·A. 波斯纳：《法律的经济分析》，蒋兆康译，法律出版社 2011 年版，第875 页。

③ 唐姗姗：《律师风险代理"风险"在哪里》，《检察日报》2014 年 3 月 5 日第 5 版。

④ 参见张万洪、程骞主编《缤纷法影：美国电影中的法律》，法律出版社 2012 年版；汪劲等编译《环境正义：丧钟为谁而鸣——美国联邦法院环境诉讼经典判例选》，北京大学出版社 2006 年版；孟庆瑜等编译《英美法经典判例选读：环境法》，中国民主法制出版社 2006 年版。

导致没有经办环境案件或者接受过环境案件的法律咨询时，62%的律师回答'此类案件太少，没有遇到'；14%被调查的律师回答'此类案件复杂，难以处理，未接案'，其余22%的律师回答'其他的原因，如当事人维权意识不强、证据不好收集、办案成本高以及法院设置立案障碍等原因'"[1]。从我国大量的环境信访和环境群体性事件来看，环境纠纷案件的数量并不是太少，而是私人没有寻求律师的帮助。随着法律的完善和环境司法的建设，即使对于居民、环境组织这些经济资源缺乏的群体，也会逐渐开始重视律师的作用，寻求法律咨询和法律服务。律师也不应被动等待当事人的上门，而应该主动开拓环境法律服务市场。律师参与环境法律服务的主要动机是私人利益，之所以律师对这类案件处于被动状态，最大的障碍可能仍在于环境案件的特殊性，诉讼时间较长、证明困难、立案难、执行难等。面对这种情况，应该增强律师的私人动机，风险代理制度就是一种激励机制，可以刺激律师开阔环境业务，增加其代理环境案件的积极性，帮助私人提起诉讼。我国《律师服务收费管理办法》规定，律师与当事人可以实行风险代理收费，律师事务所应当与委托人签订风险代理收费合同，约定双方应承担的风险责任、收费方式、收费数额或比例，最高收费金额不得高于收费合同约定标的额的30%。该办法对于风险代理案件的范围也做了限制，并规定了不得实行风险代理的类型，在这其中并不包括环境侵权损害赔偿案件。因此，应根据我国现有规定，对风险代理逐步进行完善，使其运用到环境诉讼中，使环境诉讼成为律师新的环境法律服务业务，实现对环境违法行为的制裁，实现环境正义和社会正义。

三　环保组织应作为实施环境法律的重要主体

面对我国环境组织实施法律的现状，应从设立登记、资金募集、诉讼资格等方面对我国现有法律制度进行完善，增强环保组织实施法律的能力，为其实施环境法律提供保障。

第一，放宽设立登记，加强资金保障。我国宪法规定，国家尊重和保障人权，中华人民共和国公民有结社的自由。在环保组织设立登记方面，应通过对我国相关法律的修改，降低门槛，改业务部门同意及主管部门审

---

① 潘传平、吕建伟：《律师参与环境维权的现状、困境和出路》，《湖南律师》2013 年第 2 期。

批的双重制度为一般的主管部门登记制度，放松行政管制。① 在社会资金募集方面，从国际来看，募集主体资格的取得主要有注册备案和许可两种方式②。为保障资金使用的公平与规范，我国采取募集许可制并无不可。但募集许可应在主体拓宽的基础上，进行形式上的审查而非实质上审查，尽可能减少政府的裁量权，保证符合法律规定条件的社会组织都可以顺利进入公益募捐领域，让他们在公平的制度环境中平等竞争，③ 获得发展。

第二，与环境律师、法律援助机构联合，提高实施环境法律的法律专业能力。环保组织法律专业的欠缺除依靠自身的发展外，还可以与环境律师、法律援助机构配合。环保组织的优势主要在环境违法信息的获得、技术、资金等方面，而环境律师、法律援助机构具有环境法律的专业能力。环保组织与环境律师、法律援助机构各自发挥优势，紧密配合，在环境维权、环保自力救济及环境诉讼中发挥更大作用。当然，我们也期待由专门的环境法律人组成的社会组织的发展，在环境法律与政策的研究、环境法律的宣传、环境诉讼等方面发挥作用。

第三，环保组织提起环境公益诉讼资格的放宽。通过实践的发展和我国法律的进一步完善，环保组织提起公益诉讼的资格应逐步放宽，不受限制。对污染环境、破坏生态、损害社会公共利益的行为，任何依法成立的、以环境保护为宗旨的非营利组织，都可以向人民法院提起诉讼，要求行为者停止环境违法行为、恢复环境或赔偿环境损失。针对环境行政机关怠于履行职责等行为，环保组织也可以提起行政公益诉讼。

第三节　构建环境法私人实施的内外部互动机制

一　构建环境法私人诉讼内部互动机制

对于环境污染造成的大规模环境损害，私人可提起普通的环境侵权私益诉讼，也可以提起代表人诉讼，环保组织也可针对环境本身的损害提起

---

① 冯春萍：《论环境司法中的公众参与：一个法理和制度分析的框架》，《甘肃政法学院学报》2013 年第 6 期。

② 杨道波：《公益募捐法律规制论纲》，《法学论坛》2008 年第 4 期。

③ 刘志敏、沈国琴：《公权力介入公益募捐行为的正当性及其边界》，《国家行政学院学报》2014 年第 4 期。

公益诉讼。那么这时，三者的关系应如何处理？私人可否在提起侵权诉讼时，要求环境污染者对造成环境本身的损害进行赔偿？在环境违法行为既造成环境损害又造成受害人人身、财产损害时，环保组织提起公益诉讼是否存在前提，是否仅限于所有当事人不起诉的情况？私人提起的不同诉讼类型之间的关系应该如何处理，是应该解决的问题。

　　私人提起环境诉讼的目的是维护环境利益，不同类型的私人诉讼在维护环境利益时有所侧重。因此，分析不同环境私人诉讼的关系，首先要确定环境违法行为造成的环境损害的不同。为准确界定和阐释，本书将环境损害界定为环境污染或破坏行为造成的人身、财产等损害及对自然环境本身的损害；环境侵害行为造成自然资源本身的重大不利变化称为自然资源损害；将"生态"采狭义概念指自然资源的生态价值或生态功能。这三者的关系应该为环境损害下的自然资源损害，特别强调对自然环境的生态价值，即自然资源的生态价值损害。具体关系如图 2 所示。①

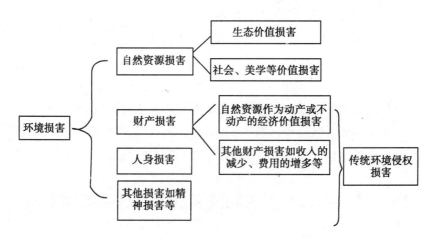

图 2　环境损害的分类

　　当环境侵害造成受害人人身、财产损失时，受害人可以提起环境侵权诉讼或者代表人诉讼是清楚的，对于私人可以提起环境公益诉讼的环境损害范围却是模糊的。以损害结果来划分，私人可以提起的环境公益诉讼的范围有以下两种：第一，环境破坏或环境污染行为，造成自然环境损害的同时，以自然资源为媒介造成人身、财产、健康等利益损害的情况。在这

---

① 冯汝：《自然资源损害之名称辨析及其内涵界定》，《科技与法律》2013 年第 2 期。

种情况下，一方面，依据现行私法上的规定，侵害人的损害赔偿义务总是以个体的权利、法益或者财产利益受侵害为前提。《侵权责任法》也将人身或财产损失作为责任的构成要件。但对个人利益的损害进行赔偿，也体现了对防止环境破坏这一社会共同利益的保护。因为如果毁损他人财产的同时也对自然或者环境进行了破坏，恢复原状等民事责任的承担，可以间接地对自然环境起到恢复和保护的作用。另一方面，通过传统的侵权救济，要求对方承担的只能是自然资源作为财产的经济价值，如环境污染造成了鱼类的死亡，那么鱼类本身市场价值的估算属于传统侵权法可以救济的范围，但鱼类作为自然环境的一部分的生态价值以及审美价值在传统侵权领域得不到救济，这一部分损害属于自然资源损害，应通过公益诉讼进行救济。第二，只造成了自然环境本身的损害，不涉及其他利益损害的情况下，侵害人也仍应承担相应的责任，这部分损害完全属于自然资源损害，包括对自然资源本身的生态、社会、美学等价值的损害。这部分应由私人提起公益诉讼进行救济。[①]

这种划分虽然从理论上是清楚的，但由于我国的自然资源物权制度在确立时是将自然资源作为"物"或"财产"进行考虑的，私人诉讼的原告资格和"所有权"制度紧密联系。以产权是否明确，可以将自然资源划分为产权明确的自然资源和产权模糊的自然资源。第一，产权确定的自然资源按所有权划分，可分为国家、集体、个人所有自然资源。在我国，《宪法》《物权法》等规定了森林、矿山等自然资源的所有权。一般认为，根据《宪法》《物权法》和自然资源法的有关规定，自然资源权属是国家所有和集体所有的二元所有制结构，但《森林法》第 27 条规定，农村居民在房前屋后、自留地、自留山种植的林木，归个人所有。城镇居民和职工在自有房屋的庭院内种植的林木，归个人所有。集体或者个人承包国家所有和集体所有的宜林荒山荒地造林的，承包后种植的林木归承包的集体或者个人所有；承包合同另有规定的，按照承包合同的规定执行。集体林权改革后，通过明晰产权，也有部分林木所有权归农民所有，这些林木除是民法上的财产外，也具有生态功能属于自然资源，因此，存在一部分属于个人所有的自然资源。第二，产权模糊是指产权未明确，不等于模糊产权或产权虚位。上述分析可以看出，我国自然资源主要是国家和集体所

---

① 冯汝：《自然资源损害之名称辨析及其内涵界定》，《科技与法律》2013 年第 2 期。

有，以国家所有为主导，国家和集体所有会出现所有人虚位的问题，但所有人的虚位并不意味着不存在，国家和集体的管理机关、代表机关或组织基于所有权能够寻求私法上的经济价值损害的救济。而产权模糊的自然资源是指法律未规定权属的自然资源和未确定权属的自然资源即权属存在争议的自然资源。①

以产权划分，私人提起公益诉讼的范围包括（详见图 3）：第一，对于产权确定的自然资源，自然资源作为财产，造成自然资源本身的损害一方面会导致权利人的权利受到损害，其可基于权利受损提起诉讼要求救济。但环境受损不能单纯以所有权这一法律属性来提起请求权，因为自然资源具有两重性，既是人类生存和发展的基础，又是环境要素，自然环境是一种不隶属于任何个人的，而原则上对任何人都开放的，用于人类共同使用的"公共产品"，其生态等非经济价值并不单属于私人所有，因此，如所有权人不提起或不能诉讼，将会导致公共利益的损害，对于这部分公共利益的损害应通过公益诉讼进行救济。第二，对于产权模糊的自然资源，如不合理利用风能、光能等气候资源，造成环境损害的，损害了不特定多数人的利益，甚至是人类共同的利益，也只能通过公益诉讼进行救济。②

对环境损害造成后果进行正确区分后，对于私人诉讼之间的顺序就可以做出正确界定：

第一，自然资源与民法中的"物""财产"既有区别又有联系，因此当环境侵害行为既造成人身财产等损害，又造成自然资源损害时，个人是否可以在提起私益损害赔偿诉讼时，一并提起公益诉讼。笔者认为，公益诉讼与私益诉讼在诉讼目的、诉讼程序、诉讼费用的承担等各方面都有不同，《民事诉讼法》和《环境保护法》也并未将个人列为公益诉讼的原告，因此，不宜由受害人在提起私益诉讼的同时提起公益诉讼。这时，法律规定环境公益诉讼的主体提起的公益诉讼与受害人提起的针对人身、财产损害进行的诉讼可以同时进行。《最高人民法院关于审理环境民事公益诉讼案件适用法律若干问题的解释》第 29 条也对此做了规定："法律规定的机关和社会组织提起环境民事公益诉讼的，不影响因同一污染环境、

---

① 冯汝：《自然资源损害之名称辨析及其内涵界定》，《科技与法律》2013 年第 2 期。
② 同上。

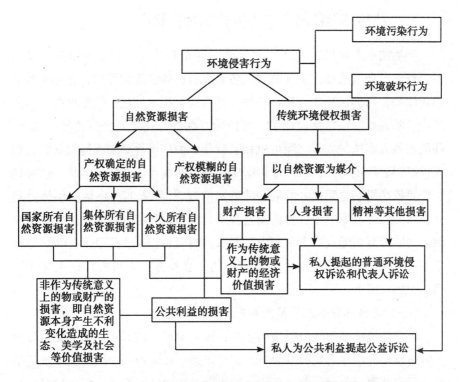

图 3　私人提起环境诉讼类型与范围之界定

破坏生态行为受到人身、财产损害的公民、法人和其他组织依据民事诉讼法第一百一十九条的规定提起民事诉讼。"

　　第二，自然资源的生态、经济价值具有整体性，因此当集体或者个人所有的自然资源遭到损害并造成财产损失的情况下，通过私人提起诉讼，自然资源所有人得到了赔偿，并用赔偿达到了恢复自然资源本身经济生态等全部价值的目的，在这种情况下，自然资源损害得到了间接救济。笔者认为，此时不适用公益诉讼制度，但如果自然资源的所有人不提起诉讼时，法律规定的主体可以提起公益诉讼。即对于集体及个人所有的自然资源损害，提起公益诉讼的前提是所有人怠于提起诉讼或提起私益诉讼并不能达到救济自然资源生态等其他非经济价值的目的。① 此外，当国家所有或产权模糊的自然资源遭到损害而无其他财产损失的情况下，应由法律规定的主体为社会公共利益，提起环境公益诉讼。

―――――――――――

　　①　冯汝：《自然资源损害之名称辨析及其内涵界定》，《科技与法律》2013 年第 2 期。

二　构建环境法私人实施方式的衔接制度

　　环境法私人实施方式之间应该是一种相互补充，相互支持的互动关系。首先，环境法私人实施的方式各自有自己的功能和优势，互相不能替代。比如，与诉讼相比，环境和解、环境检举成本较低、效率更高、风险较小。私人可以根据受损情况、价值偏好在各方式之间自行选择。其次，环境法私人实施的方式之间可以相互转化。如环境检举未取得效果时，私人可以提起环境诉讼，而环境诉讼中也可以达成环境和解。但是，这种转化需要依靠机制之间良好的耦合功能来实现。[①] 私人实施环境法整体效果和作用的发挥既取决于各种机制自身的合理结构和有效运作，又取决于机制之间能否有效形成一个具有内在联系的有机体。[②] 但我国存在的问题在于不仅每种实施方式的制度是不完善的，这些方式之间的转化也存在障碍，应加以完善。

　　（一）建立环境私人检举与私人诉讼的衔接

　　建立环境检举和环境诉讼的衔接，确立举报人的诉讼权利。针对环境主体违反环境法律法规的行为，私人可以通过环境检举向环境主管机关举报，要求其履行职责，但当环境主管机关怠于履行职责时，根据我国现有法律规定，环境违法行为的受害人可以提起民事诉讼，利害关系人也可以提起相应的行政诉讼要求行政机关履行职责。但无利害关系的举报人却无任何救济措施，也不能采取替代措施。针对这一情况，10 年前就有学者呼吁，认为，应建立公众环境举报与环境行政诉讼的"法律连接"，为公众提供通过诉讼有效监督违法行为的"切入点"。[③] 笔者赞成这种观点，这不仅是对环境违法行为的监督，也是对环境行政执法不足的弥补及促进。具体来讲，该制度可从以下三个方面构建：

　　第一，完善现有关于公众对环境违法行为进行举报的制度，细化环保机关及其他行政机关在一定时限内对环境违法行为进行调查，并向举报人

---

① 柯阳友、高玉珍：《诉讼内外纠纷解决机制的分流、协调与整合》，《河北法学》2006 年第 8 期。

② 黄中显：《环境侵权民事纠纷行政救济机制与司法救济机制的耦合——法社会学分析视角》，《学术论坛》2009 年第 10 期。

③ 别涛：《中国的环境公益诉讼及其立法设想》，载别涛主编《环境公益诉讼》，法律出版社 2007 年版，第 15 页。

通知的制度。

第二，环保部门对举报的环境违法行为超过调查时限时，具有利害关系的举报人可提起普通行政诉讼要求行政机关履行职责，无利害关系的举报人可以提起行政公益诉讼，要求行政机关履行职责。

第三，借鉴美国的"告发人诉讼"① 制度，知情举报人针对企业伪造环境监测信息、违反环境报告义务等危害国家、社会利益的行为，可以提起环境民事公益诉讼，胜诉后，对举报人可给予一定数额的奖金。

（二）建立环境私人诉讼和自力救济的衔接

环境自力救济行为发生的初期，民众的行为一般以利益诉求为主，但政府的态度决定了事态走向。实践中，基层政府对民众表达行为的压制或打击，不但没有遏制事态的发展，反而加剧了民众抗争的决心，也就是说"目前相当的群体性抗争行为是政府逼出来的"②。如果政府能够积极引导和促进民众通过合理、合法途径解决问题，为民众提供信息、法律援助等必要的支持，正视民众的诉求，将会有助于环境纠纷的解决，避免暴力性群体事件的发生，也会促进形成环境诉讼与环保自力救济的良性循环，使环境协商的作用得到发挥。例如，2010 年 9 月 21 日，受"凡亚比"台风极端气候影响，信宜紫金矿业有限公司银岩锡矿高旗岭尾矿库漫坝决口，信宜市钱排镇石花地水电站大坝溃坝，造成 22 人死亡和大量财产损失。灾难发生后，受害民众与企业协商无果后开始上访。与某些群体性事件发生后，政府敷衍了事或包庇企业不同，广东省政府成立了专门的调查小组，司法行政机关派出了由 89 名律师组成的律师团，为受害民众提供无偿法律援助。③ 政府和受害村民提起了一系列诉讼，要求相关责任主体赔偿损失。信宜市法院因此事件共立案 2502 宗，索赔总金额达到 4.01 亿元

---

① 有人也称为"奎太法则"，英文中的表示是"qui tam action"。《布莱克法律辞典》对 "qui tam action" 的解释是："由告密者根据法律规定对在民事诉讼中具有可救济性的行为提起的诉讼，该法律规定了对被诉行为（作为或不作为）的罚金，胜诉后一部分罚金归告密者，其余部分归属于政府或者其他机构。"参见曹明德、刘明明《论美国告发人诉讼制度及其对我国环境治理的启示》，《河北法学》2010 年第 11 期。

② 应星：《中国的群体性抗争行为》，《二十一世纪评论》2012 年第 12 期。

③ 对于该案的处理，有人认为是司法伪装下的行政处理，仍然是一种行政化的处理方式。但笔者认为，该案虽然在诉讼的提起、诉讼的审理等方面都带有一定的行政色彩，但相对于其他群体事件的处理方式已经是很大的进步，法院在其中起到了关键作用，法院对于责任的认定、双方的质证等整个过程都为和解打下了基础，仍具有进步和借鉴意义。

人民币。该案件最终以调解结案，受害人获得 2.45 亿的赔偿款。①

三　构建环境法私人实施与公共实施互动机制

（一）环境法私人实施与公共实施的衔接与互动

私人实施和公共实施互有优缺点，两者是不可替代又相互补充的。在我国环境法公共实施占主导地位的背景下，私人实施和公共实施的关系应整合看待，而不能只关注其中的一个或者扩大、削弱其中的一个。在我国当前环境行政执法和刑事司法不力的情况下，环境公益诉讼等私人实施机制得到重视，本书也对私人实施的原理、实践，应该加强私人的原因、对策等进行了细致分析，但私人实施的加强并不意味着使其最大化，过度的私人实施也会危害现有管制体系。因此，对于私人实施和公共实施的应有关系，笔者赞成美国学者 J. Maria Glover 的观点，将私人实施与公共实施平等对待，建立两者的良性衔接与互动的关系。② 两者的衔接与互动具体应表现为以下几个方面：

第一，将实施机制分配给拥有优势信息的管制者。在选择公共实施者和私人实施者时，应该考虑哪种监管者能更好地得到信息并评估违法行为及行为造成的后果。从这方面考虑，公共监管者在以下方面具有优势：（1）收集、运用大量环境数据发现、证明违法行为；（2）对环境信息进行比较分析；（3）为环境污染案的处理提供专业知识和技术支持。在这些情况下，私人实施就没有必要，并且会损害管制目标的实现。但私人在下列情况下具有优势：其一，与公共监管者相比，私人在地理上相距损害发生的地点较近；其二，违法行为是专门针对私人或者造成的后果集中由私人承受；其三，私人实施者能够第一时间发现违法行为。因此，结合公共实施者和私人实施者的各自优势，在环境信息的获取方面，应该加强环境检举，通过私人检举，扩大环境违法行为监督和监测的广度与深度。而在私人遭受环境侵害时，行政机关除积极履行职责外，还应该在私人提起诉讼时，从技术上帮助司法审判部门解决环境污染案件的评估与鉴定问题，给予环境信息的提供和支持，确立环境监测结果在民事诉讼中的证据效力。

①　蔡彦敏：《对环境侵权受害人的法律救济之思考》，《法学评论》2014 年第 2 期。

②　J. Maria Glover, "The Structural Role of Private Enforcement Mechanisms in Public Law", *William & Mary Law Review*, Vol. 53, Iss. 4, Mar. 2012, pp. 1137 – 1217.

我们相信，通过环境信息的互补和帮助，"私人会更愿意拿起方便快捷的诉讼的武器而非通过抗争的形式维护自己的环境权益。从结果看，环境污染事故也会真正受到遏制"①，环境法的目的能够得到实现。

第二，完善私人实施机制，补充公共实施的不足。很多损害在事前没有办法预防、预测和控制，在这种情况下，私人诉讼、自力救济可以弥补公共监管的不足，使用包括私人实施在内的综合管制遏制环境违法行为。此外，当公共管制方式存在失败或不积极行使的情况时，私人实施的赔偿和威慑作用可以对损害进行救济、监督作用可以使公共机构积极履行职责。

第三，私人实施中公共实施的引入及后继执行。对于私人启动公共实施而言，私人实施行为完成后，公共机构的衔接主要体现在以下几个方面：（1）私人诉讼中公共实施的引入与后继执行。在私人提起诉讼前，公共机构环境信息的收集和公开可以为诉讼提供协助。在诉讼中，公共机构可以通过支持私人起诉参加诉讼，②也可以以类似美国"法院之友"的证人身份参加诉讼，还可以为私人提供环境违法的证据以供私人在诉讼中使用。③尤其是，在环境公益诉讼案件中，案件受理后，法院应通知行政机关，行政机关应就是否存在行政违法行为进行监测、检查，依法进行行政处罚，并将处理结果提交法院；对于环境公益诉讼的原告与被告之间达成的和解协议，环保机关等公共机构认为存在损害社会公共利益、要挟私人利益等问题，可以依法提出异议。（2）环境检举中公共实施的引入与后继执行。私人进行环境检举后，公共机构需要依法受理并进行处理，根据调查情况进行行政处罚或依法移交公安机关、检察机关提起诉讼。案件办结后也应根据处理结果，给予检举人以回复。（3）环境自力救济中公共实施的引入与后继执行。私人在环境协商过程中，可请求环保行政机关进行行政调解，也可通过媒体曝光等形式对环境违法行为进行揭露，由行政机关根据线索进行处理。并且，环境和解、环境合法抗争等有赖于公共机

---

① 袁春湘：《浅谈我国环境司法中的几个问题》，《山东审判》2010 年第 5 期。

② 《民事诉讼法》第 15 条："机关、团体、企业事业单位对损害国家、集体或者个人民事权益的行为，可以支持受损害的单位或者个人向人民法院起诉。"

③ 《最高人民法院、最高人民检察院关于办理环境污染刑事案件适用法律若干问题的解释》第 11 条第 2 款："县级以上环境保护部门及其所属监测机构出具的监测数据，经省级以上环境保护部门认可的。可以作为证据使用。"但在私人提起的民事诉讼或公益诉讼中，环境监测数据如何取得，证据效力如何没有明确规定。这也是我们未来立法需要完善的问题之一。

构的信息、法律援助等支持和保障。①

(二) 环境法私人实施与公共实施的冲突与协调

环境法私人实施与公共实施之间也存在着冲突、竞合的现象。环境案件具有复杂性、复合性等特点，某一环境污染行为可能既损害了公共利益又损害了私人利益，既承担民事责任又承担刑事责任和行政责任，在这中间就需要协调私人诉讼与行政执法、刑事诉讼之间的关系。

某一环境违法行为被发现后，公共机关已经启动行政执法程序，并采取了一定措施。在这种情况下，作为行政执法的公共实施与私人启动的诉讼之间如何沟通与协调。如果该行为还涉及刑事犯罪，应如何处理？例如，某企业超标排放水污染物致使河流污染，导致渔民的养殖业受到影响。在这种情况下，根据《水污染防治法》第74条的规定，② 环保部门要求企业停止生产，限期改正，并处以了一定数额的罚款。而此时，如果私人提起相关诉讼，或者企业又有新的违法行为触犯刑事法律，应分情况具体问题具体处理。第一，如果受害的渔民提起一般民事诉讼或者环保组织提起公益诉讼，要求排除妨碍的，行政机关的行政执法行为在继续中，已经起到了相应作用，对于此种情况人民法院应向当事人说明，为节约司法成本考虑，不应再重复进行诉讼行为。第二，如果受害的渔民提起诉讼要求赔偿损害或者环保组织提起公益诉讼要求修复河流的生态环境，行政执法与私人诉讼的关系应如何处理？笔者认为，由于行政机关作出的行政处罚，不包括受害人的赔偿部分，也不包括生态修复的费用，因此，行政机关的行政执法行为，不影响私人诉讼的进行，两者是并行不悖的程序。第三，如果在环境行政机关对该企业进行处理的过程中，发现企业排放的水污染物中含有有毒有害物质，已经达到了刑事处罚的标准，而此时民事赔偿诉讼或环境公益诉讼还在同时进行，该如何处理？笔者认为，对于刑事犯罪，行政机关应依法移交公安、检察机关进行处理。对于私人诉讼，

---

① 刘水林、王波：《论环境法公共实施与私人实施的结合与衔接》，《甘肃政法学院学报》2011年第6期。

② 《水污染防治法》第74条："违反本法规定，排放水污染物超过国家或者地方规定的水污染物排放标准，或者超过重点水污染物排放总量控制指标的，由县级以上人民政府环境保护主管部门按照权责责令限期治理，处应缴纳排污费数额二倍以上五倍以下的罚款。限期治理期间，由环境保护主管部门责令限制生产、限制排放或者停产整治。限期治理的期限最长不超过一年；逾期未完成治理任务的，报经有批准权的人民政府批准，责令关闭。"

除法定情形①外，私人诉讼案件的审理必须以刑事案件的审理结果为依据，私人诉讼无须中止，行政执法、私人诉讼、刑事诉讼可以并行不悖同时进行。随着环境司法专门化的推动，"三审合一"或"四审合一"的模式成为趋势，环境案件根据具体情况，可考虑合并审理。在诉讼过程中，环保机关可通过提供证据、协助调查等方式参与其中。

　　在环境损害发生后，还有可能存在私人同时启动私人实施和公共实施程序的情形。例如，在上述案例中，环境受害人一方面提起环境侵权民事诉讼，另一方面向行政机关反映、举报情况，请求行政机关依法处理，启动行政执法程序。在环境公益诉讼案件中，案件的受理应向相关环保机关通报，环保机关应依法进行处理，并有提供证据、建议等义务，两种程序可同时进行。但在其他私人诉讼中，法律并未规定两者具体的协调措施，为避免行政执法与民事诉讼做出相互矛盾的结论，是否应该中止诉讼？笔者认为，行政权和司法权是两种不同的权力，法院的审理并不以行政执法为前提，两种可同时进行。但为避免两者就案件事实、行为性质等方面做出相悖的结论，法院与行政机关应做好协调，各自发挥优势，法院可根据具体情况的需要，做出中止诉讼的决定或依法对案件进行审理并做出判决。

---

① 我国《民事诉讼法》第150条对诉讼中止的情形做了明确规定。

参考文献

（一）中文著作

[1] 苏力：《法治及其本土资源》（修订版），中国政法大学出版社 2004 年版。

[2] 苏力：《道路通向城市：转型中国的法治》，法律出版社 2004 年版。

[3] 孙国华：《法的形成与运作原理》，法律出版社 2003 年版。

[4] 黄建武：《法的实现：法的一种社会学分析》，中国人民大学出版社 1997 年版。

[5] 黄宗智：《经验与理论：中国社会、经济与法律的实践历史研究》，中国人民大学出版社 2007 年版。

[6] 李波：《公共执法与私人执法的比较经济研究》，北京大学出版社 2008 年版。

[7] 王健：《反垄断法的私人执行——基本原理与外国法制》，法律出版社 2008 年版。

[8] 梅雪芹：《环境史学与环境问题》，杨欣欣译，人民出版社 2004 年版。

[9] 吕忠梅：《沟通与协调之途——论公民环境权的民法保护》，中国人民大学出版社 2005 年版。

[10] 李挚萍：《环境法的新发展——管制与民主之互动》，人民法院出版社 2006 年版。

[11] 汪劲：《环境法律的理念与价值追求》，法律出版社 2000 年版。

[12] 吕忠梅：《环境法新视野》，中国政法大学出版社 2007 年版。

[13] 黄宗智：《清代的法律、社会与文化：民法的表达与实践》，上海书店出版社 2001 年版。

[14] 赵震江：《法律社会学》，北京大学出版社 1998 年版。

［15］费孝通：《乡土中国》，北京大学出版社1998年版。

［16］叶俊荣：《环境政策与法律》，中国政法大学出版社2003年版。

［17］田明海主编：《首届中国法律实施高端论坛论文集》，法律出版社2012年版。

［18］马怀德：《法律的实施与保障》，北京大学出版社2007年版。

［19］刘作翔：《法律实施的理论与实践研究》，社会科学文献出版社2012年版。

［20］许章润：《法律信仰：中国语境及其意义》，广西师范大学出版社2003年版。

［21］张根大：《法律效力论》，法律出版社1999年版。

［22］俞海山：《消费外部性：一项探索性的系统研究》，经济科学出版社2005年版。

［23］陈虹：《环境与发展综合决策法律实现机制研究》，法律出版社2013年版。

［24］李国海：《反垄断法实施机制研究》，中国方正出版社2006年版。

［25］钭晓东：《民本视阈下环境法调整机制变革：温州模式内在动力的新解读》，中国社会科学出版社2010年版。

［26］汪劲：《环境法律的解释：问题与方法》，人民法院出版社2006年版。

［27］汪劲：《环境法律的理念与价值追求：环境立法目的论》，法律出版社2000年版。

［28］汪劲主编：《环保法治三十年：我们成功了吗》，北京大学出版社2011年版。

［29］王树义等：《环境法基本理论研究》，元照出版社2012年版。

［30］李挚萍、陈春生：《农村环境管制与农村环境权保护》，北京大学出版社2009年版。

［31］李艳芳：《环境损害赔偿》，中国经济出版社1997年版。

［32］陈慈阳：《环境法总论》，中国政法大学出版社2003年版。

［33］王树义：《俄罗斯生态法》，武汉大学出版社2001年版。

［34］张梓太主编：《自然资源法学》，北京大学出版社2007年版。

［35］蔡守秋：《人与自然关系中的伦理与法》，湖南大学出版社

2009 年版。

　　［36］杜群：《环境法融合论》，科学出版社 2003 年版。

　　［37］竺效：《生态损害的社会化填补法理研究》，中国政法大学出版社 2007 年版。

　　［38］蔡运龙：《自然资源学原理》，科学出版社 2007 年版。

　　［39］黄锡生：《自然资源物权法律制度研究》，重庆大学出版社 2012 年版。

　　［40］汪劲：《环境法治的中国路径：反思与探索》，中国环境科学出版社 2011 年版。

　　［41］杨明：《环境问题与环境意识》，华夏出版社 2002 年版。

　　［42］潘维：《比较政治学理论》，北京大学出版社 2014 年版。

　　［43］汤欣：《公共利益与私人诉讼》，北京大学出版社 2009 年版。

　　［44］桑本谦：《私人之间的监控与惩罚——一个经济学的进路》，山东人民出版社 2005 年版。

　　（二）中译本著作

　　［1］［日］田中英夫、竹内昭夫：《私人在法实现中的作用》，李薇译，法律出版社 2006 年版。

　　［2］［美］诺内特、塞尔兹尼克：《转变中的法律与社会：迈向回应型法》，张志铭译，中国政法大学出版社 1994 年版。

　　［3］［英］霍布斯：《论公民》，冯克利译，贵州人民出版社 2003 年版。

　　［4］［美］庞德：《通过法律的社会控制—法律的任务》，沈宗灵等译，商务印书馆 1984 年版。

　　［5］［印］阿马蒂亚·森：《以自由看待发展》，任颐、于真译，中国人民大学出版社 2002 年版。

　　［6］［印］阿马蒂亚·森：《贫困与饥荒：论权利与剥夺》，王宇、王文玉译，商务印书馆 2001 年版。

　　［7］［美］罗伯特·C. 埃里克森：《无需法律的秩序：邻人如何解决纠纷》，苏力译，中国政法大学出版社 2003 年版。

　　［8］［德］卡尔·拉伦茨：《法学方法论》，陈爱娥译，商务印书馆 2003 年版。

　　［9］［美］丹尼尔·H. 科尔：《污染与财产权》，严厚福、王社坤

译，北京大学出版社 2009 年版。

[10] [英] 朱迪·丽丝：《自然资源：分配、经济学与政策》，蔡运龙等译，商务印书馆 2005 年版。

[11] [美] 麦考密克：《制度法论》，周叶谦译，中国政法大学出版社 1994 年版。

[12] [美] 埃莉诺·奥斯特罗姆：《公共事物的治理之道——集体行动制度的演进》，余逊达、陈旭东译，上海译文出版社 2012 年版。

[13] [美] 卡多佐：《法律的成长—法律科学的悖论》，董炯译，中国法制出版社 2002 年版。

[14] [美] 博登海默：《法理学——法律哲学与法律方法》，邓正来译，中国政法大学出版社 2004 年版。

[15] [日] 宫本宪一：《环境经济学》，朴玉译，北京三联书店 2004 年版。

[16] [德] 鲁道夫·冯·耶林：《为权利而斗争》，郑永流译，法律出版社 2007 年版。

[17] [瑞典] 冈纳·谬尔达尔：《亚洲的戏剧》，谭力文、张卫东译，北京经济学校出版社 1992 年版。

[18] [英] 安东尼·奥格斯：《规制：法律形式与经济学理论》，骆梅英译，苏苗罕校，中国人民大学出版社 2008 年版。

[19] [美] R. 科斯、阿尔钦·D. 诺斯：《财产权利与制度变迁》，刘守英译，上海人民出版社 2004 年版。

[20] [美] 曼瑟尔·奥尔森：《集体行动的逻辑》，陈郁等译，上海三联书店 2011 年版。

[21] [美] 蕾切尔·卡逊：《寂静的春天》，吕瑞兰、李长生译，吉林人民出版社 1997 年版。

[22] [德] 尤尔根·哈贝马斯：《在事实与规范之间——关于法律和民主法治国的商谈理论》，童世骏译，生活·读书·新知三联书店 2003 年版。

[23] [美] 唐纳德·J. 布莱克：《法律的运作行为》，唐越、苏力译，中国政法大学出版社 2004 年版。

[24] [美] 昂格尔：《现代社会中的法律》，吴玉章、周汉华译，译林出版社 2001 年版。

[25]［英］霍布斯：《利维坦》，黎思复、黎廷弼译，商务印书馆2009 年版。

[26]［英］霍布斯：《论公民》，应星、冯克利译，贵州人民出版社2003 年版。

[27] OECD 编：《环境守法保障体系的国别比较研究》，曹颖、曹国志译，中国环境科学出版社 2010 年版。

（三）中文学位论文

[1] 卓泽渊：《法的价值总论》，博士学位论文，中国社会科学院研究生院，2000 年。

[2] 彭艳崇：《行动中的法》，博士学位论文，中国政法大学，2006 年。

[3] 李俊峰：《私人实施反垄断法问题研究》，博士学位论文，华东政法大学，2007 年。

[4] 魏子健：《煤区环境法实施问题研究》，硕士学位论文，山西大学，2011 年。

[5] 赵秀华：《农村环境保护法律实施机制研究》，硕士学位论文，河南大学，2012 年。

[6] 孙爽：《反垄断法公共实施与私人实施冲突与协调问题研究》，硕士学位论文，安徽大学，2012 年。

[7] 张濠：《论环保法的多样化实施方式》，硕士学位论文，上海交通大学，2010 年。

[8] 吴淑贤：《反垄断法私人实施制度研究》，硕士学位论文，四川社会科学院，2010 年。

[9] 孙法柏：《现代环境法的运行机制》，博士学位论文，吉林大学，2010 年。

[10] 王继恒：《环境法的人文精神论纲》，博士学位论文，武汉大学，2011 年。

[11] 朱凤义：《转型中国法律实现研究》，博士学位论文，吉林大学，2012 年。

[12] 吕尚敏：《行政执法人员的行动逻辑》，博士学位论文，苏州大学，2012 年。

[13] 侯月丽：《瑞典环境法及其借鉴意义之探析》，硕士学位论文，

中国海洋大学，2005 年。

　　[14] 刘中梅：《论环境法的效益价值》，硕士学位论文，东北林业大学，2004 年。

　　[15] 杜辉：《环境治理的制度逻辑与模式转变》，博士学位论文，重庆大学，2012 年。

　　[16] 胡海波：《私人执行的效用与经济法实现》，硕士学位论文，宁波大学，2012 年。

　　[17] 徐昕：《论私力救济》，博士学位论文，清华大学，2003 年。

　　（四）中文期刊论文

　　[1] 陈虹：《环境公益诉讼功能研究》，《法商研究》2009 年第 1 期。

　　[2] 冯锦彩：《论中国环境执法制度的完善——以中美环境执法制度比较为视角》，《环境保护》2009 年第 6 期。

　　[3] 黄锡生、王江：《中国环境执法的障碍与破解》，《重庆大学学报》（社会科学版）2009 年第 1 期。

　　[4] 肖晓春、蔡守秋：《论民间环保组织在环境法治建设中的作用》，《求索》2009 年第 4 期。

　　[5] 李顺宏、李辉亿：《基于博弈论视角的制度可实施性分析》，《求索》2009 年第 3 期。

　　[6] 彭峰：《中国环境法公众参与机制研究》，《政治与法律》2009 年第 7 期。

　　[7] 陈冬：《环境公益诉讼的限制性因素考察——以美国联邦环境法的公民诉讼为主线》，《河北法学》2009 年第 8 期。

　　[8] 宋功德：《浅析法的实施机制》，《国家行政学院学报》2009 年第 4 期。

　　[9] 吕晓英、吕胜利：《农业生态环境改善的利益驱动机制》，《甘肃社会科学》2010 年第 1 期。

　　[10] 王灿发：《环境法的辉煌、挑战及前瞻》，《政法论坛》2010 年第 3 期。

　　[11] 何燕：《析中国环境执法的现状与完善》，《中国人口·资源与环境》2010 年第 5 期。

　　[12] 郑鹏程：《〈反垄断法〉私人实施之难题及其克服：一个前瞻性探讨》，《法学家》2010 年第 3 期。

［13］晋海、徐玄：《人权保障与环境法的实施——从阿马蒂亚·森发展理论切入》，《法学评论》2010 年第 3 期。

［14］余光辉、陈亮：《论我国环境执法机制的完善——从规制俘获的视角》，《法律科学》（西北政法大学学报）2010 年第 5 期。

［15］钭晓东：《环境法调整机制运行双重失灵的主要症结》，《河北学刊》2010 年第 6 期。

［16］张炳淳、陶伯进：《论环境行政执法权的检察监督》，《新疆社会科学》2010 年第 6 期。

［17］钟永森、左铭威：《基层环境执法的困境与解决思路》，《环境保护》2006 年第 16 期。

［18］陆新元等：《中国环境行政执法能力建设现状调查与问题分析》，《环境科学研究》2006 年 S1 期。

［19］汤天滋：《中日环境法制建设比较述评》，《现代日本经济》2006 年第 6 期。

［20］董燕：《从澳大利亚土地环境法院制度看我国环境司法机制的创新》，《华东政法学院学报》2007 年第 1 期。

［21］蔡文灿、王少杰：《试论我国环境执法的困境与对策》，《云南行政学院学报》2007 年第 2 期。

［22］孙佑海：《影响环境资源法实施的障碍研究》，《现代法学》2007 年第 2 期。

［23］徐昕：《私力救济的性质》，《河北法学》2007 年第 7 期。

［24］罗熹：《欧盟环境政策实施初探》，《北京行政学院学报》2007 年第 6 期。

［25］饶艾、曾红宇：《制定法运行机制及其障碍探索》，《西南民族大学学报》（人文社科版）2008 年第 2 期。

［26］范纯：《非洲环境保护法律机制研究》，《西亚非洲》2008 年第 4 期。

［27］李义松、王亚男：《论环境公益诉讼的司法推进——基于能动司法的视角》，《江海学刊》2011 年第 1 期。

［28］李义松、苏胜利：《环境公益诉讼的制度生成研究——以近年几起环境公益诉讼案为例展开》，《中国软科学》2011 年第 4 期。

［29］吕忠梅、张忠民、熊晓青：《中国环境司法现状调查——以千

份环境裁判文书为样本》,《法学》2011 年第 4 期。

[30] 蒲江涛:《循环经济立法实施机制的贯彻途径》,《山西财经大学学报》2011 年第 S1 期。

[31] 张式军、蔡守秋:《践行科学发展观不断推动环境法制建设》,《环境保护》2011 年第 11 期。

[32] 刘水林、王波:《论环境法公共实施与私人实施的结合与衔接》,《甘肃政法学院学报》2011 年第 6 期。

[33] 栗峥:《国家治理中的司法策略:以转型乡村为背景》,《中国法学》2012 年第 1 期。

[34] 卿漪:《论"两型"视角下农村环境保护机制的完善》,《武汉大学学报》(哲学社会科学版)2012 年第 2 期。

[35] 汪劲:《中国环境法治失灵的因素分析——析执政因素对我国环境法治的影响》,《上海交通大学学报》(哲学社会科学版)2012 年第 1 期。

[36] 郑开元、李雪松:《基于公共物品理论的农村水环境治理机制研究》,《生态经济》2012 年第 3 期。

[37] 王彬彬:《论生态文明的实施机制》,《四川大学学报》(哲学社会科学版)2012 年第 2 期。

[38] 李清宇、蔡秉坤:《我国环境行政执法与司法衔接研究》,《甘肃社会科学》2012 年第 3 期。

[39] 杨晓波:《农村土地整理方式:从国家实施转向农户自我实施——基于成都案例的研究》,《财经科学》2012 年第 9 期。

[40] 张福德、魏建:《美国环境行政执法模式及启示》,《管理现代化》2012 年第 5 期。

[41] 赵红梅:《经济法的私人实施与社会实施》,《中国法学》2014 年第 1 期。

[42] 余晓泓:《日本环境管理中的公众参与机制》,《现代日本经济》2002 年第 6 期。

[43] 王曦、秦天宝:《中国环境法的实效分析:从决策机制的角度考察》,《环境保护》2000 年第 8 期。

[44] 钱水苗:《论环境行政执法存在的问题及对策》,《浙江学刊》2001 年第 4 期。

[45] 林梅：《环境政策实施机制研究——一个制度分析框架》，《社会学研究》2003 年第 1 期。

[46] 王蓉：《环境保护中利益补偿法律机制的研究——权利救济公法化的经济学分析》，《政法论坛》2003 年第 5 期。

[47] 宣兆凯：《环境伦理走向实践的路径探索——建构以环境保护机制效能为取向的环境伦理》，《北京师范大学学报》（社会科学版）2005 年第 4 期。

[48] 任凤珍、焦跃辉：《环境权实施机制模式研究》，《河北法学》2005 年第 6 期。

[49] 钭晓东：《从单一"政府定位"到多元"社会选择"——环境法第三调整机制变革与温州商会的环保功能拓展》，《浙江学刊》2005 年第 4 期。

[50] 刘正峰：《法律的调整机制及其缺陷分析》，《浙江学刊》2005 年第 5 期。

[51] 陆新元、陈善荣、陆军：《我国环境执法障碍的成因分析与对策措施》，《环境保护》2005 年第 10 期。

[52] 刘学军：《完善制约有效的权力运行机制》，《科学社会主义》2005 年第 5 期。

[53] 黄宁：《公众参与环境管理机制的初步构建》，《环境保护》2005 年第 13 期。

[54] 聂德明、张仲华：《我国环境行政执法存在的问题及对策》，《云南社会科学》2003 年 S2 期。

[55] 徐昕：《法律的私人执行》，《法学研究》2004 年第 1 期。

[56] 王国平：《环境保护与中国农村社区机制的选择》，《求索》2004 年第 4 期。

[57] 崔卓兰、朱虹：《从美国的环境执法看非强制行政》，《行政法学研究》2004 年第 2 期。

[58] 刘波：《论环境资源法律的实现机制及其功能效应》，《江汉论坛》2004 年第 8 期。

[59] 吕忠梅：《论环境纠纷的司法救济》，《华中科技大学学报》（社会科学版）2004 年第 4 期。

[60] 黄锡生、唐绍均：《三峡库区环境安全保护法律实施机制探

讨》,《长江流域资源与环境》2004 年第 6 期。

　　[61] 秦虎、张建宇:《美国环境执法特点及其启示》,《环境科学研究》2005 年第 1 期。

　　[62] 钭晓东:《"温州模式"三大运行机制与环境行政机制多元化的互动研究》,《社会科学战线》2005 年第 2 期。

　　[63] 曹树青:《环境公益诉讼破解环境行政执法难题——基于农村秸秆禁焚执法的证据困境》,《环境保护》2012 年第 24 期。

　　[64] 谢伟:《司法在环境治理中的作用:德国之考量》,《河北法学》2013 年第 2 期。

　　[65] 刘永鑫、杨红军、毛应淮:《公众参与环境执法的掣肘与突破——以上海环境执法实践为锲点》,《环境保护》2013 年第 1 期。

　　[66] 赵星:《我国环境行政执法对刑事司法的消极影响与应对》,《政法论坛》2013 年第 2 期。

　　[67] 杨武松:《尝试抑或突破:我国环境公害诉讼司法实践实证分析》,《河北法学》2013 年第 4 期。

　　[68] 王虎、李锌淦:《整体主义视野下我国食品安全私人执法模式研究》,《华中科技大学学报》(社会科学版)2013 年第 5 期。

　　[69] 阮丽娟:《环境公益诉讼原告资格的司法实践分析》,《江西社会科学》2013 年第 12 期。

　　[70] 冯春萍:《论环境司法中的公众参与:一个法理和制度分析的框架》,《甘肃政法学院学报》2013 年第 6 期。

　　[71] 贺勇、何红渠:《转型时期的社会冲突与契约的私人强制执行——一个新制度主义分析视角》,《浙江社会科学》2012 年第 1 期。

　　[72] 张荆红:《价值主导型群体事件中参与主体的行动逻辑》,《社会》2011 年第 2 期。

　　[73] 钟云萍:《群体事件诱因之一:公共利益与个人利益衡量失衡——以我国土地征收征用为视角》,《社会科学家》2008 年第 12 期。

　　[74] 余耀军、高利红:《法律社会学视野下的环境法分析》,《中南财经政法大学学报》2003 年第 4 期。

　　[75] 李义松、苏胜利:《环境公益诉讼的制度生成研究》,《中国软科学》2011 年第 4 期。

　　[76] 任世丹:《美国的生态损害赔偿制度》,《世界环境》2010 年第

3 期。

[77] 王晓辉：《瑞典环境法实施机制及其借鉴意义》，《世界环境》2007 年第 5 期。

（五）网络等其他资料

[1] 李启家：《环境法律制度的完善与创新》，教育部人文社会科学重点研究基地重大项目成果报告摘要（http：//www. docin. com/p － 579285730. html）。

[2] 李启家、李丹：《环境法的利益分析之提纲》（http：//www. riel. whu. edu. cn/rticle. sp？id＝25818）。

[3] 蔡守秋：《国外加强环境法实施和执法能力建设的努力》（http：//www. riel. whu. edu. cn/rticle. sp？id＝25917）。

（六）外文论文

[1] Gary S. Becker, George Stigler, "Law Enforcement, Malfeasance, and Compensation of Enforcers", *The Journal of Legal Studies*, Vol. 3, No. 1, Jan. 1974, pp. 1 – 18.

[2] Posner Richard A. , *Economic Analysis of Law*, Boston, Toronto and London：Little, Brown and Company, 1992.

[3] Wendy Naysnerski, Tom Tietenberg, "Private Enforcement of Federal Environmental Law", *Land Economics*, Vol. 68, No. 1, Feb. 1992, pp. 28 – 48.

[4] Steven Shavell, A. Mitchell Polinsky, "The Economic Theory of Public Enforcement of Law", *Journal of Economic Literature*, Vol. 38, No. 1, Mar. 2000, pp. 45 – 76.

[5] Landes William M. , Posner Richard A. , "The Private Enforcement of Law", *Journal of Legal Studies*. Vol. 38, No. 1, Jan. 1975, pp. 1 – 46.

[6] Steven Shavell, "Economic Analysis of Public Law Enforcement and Criminal Law", *Harvard Law School John M. Olin Center for Law, Economics and Business Discussion Paper Series*, May. 2003, p. 405.

[7] Mitchell Polinsky, Steven Shavel, "The Theory of Public Enforcement of law", *Journal of Economic Literature*, Vol. 38, No. 1, Mar. 2000, pp. 45 – 76.

[8] Christian Langpap, Jay P. Shimshack, "Private Citizen Suits and

Public Enforcement: Substitutes or Complements?" *Journal of Environmental Economics and Management*, Vol. 59, Iss. 3, May. 2010, pp. 235 – 249.

[9] Michael S. Greve, "The Private Enforcement of Environmental law", *Tulane Law Review*, Vol. 65, Dec. 1990, pp. 339 – 394.

[10] Gregor I. Mc Gregor, "Private Enforcement of Environmental Law: An Analysis of the Massachusetts Citizen Suit Statute", *Boston College Environmental Affairs Law Review*, Vol. 59, Iss. 3, Jan. 1971, pp. 606 – 624.

[11] Wendy Naysnerski, Tom Tietenberg, "Private Enforcement of Federal Environmental Law", *Land Economics*, Vol. 68, No. 1, Feb. 1992, pp. 28 – 48.

[12] Christian Langpap, "Self – Reporting and Private Enforcement in Environmental Regulation", *Environmental and Resource Economics*, Vol. 40, Iss. 4, August 2008, pp. 489 – 506.

[13] John E. Bonine, "Private Public Interest Environmental Law: History, Hard Work, and Hope", *Pace Environmental Law Review*, Vol. 26, July 2009, p. 465.

[14] J. Maria Glover, "The Structural Role of Private Enforcement Mechanisms in Public Law", *William & Mary Law Review*, Vol. 53, No. 4, Feb. 1992, pp. 1137 – 1217.

[15] Hong Sik Cho, *Is Private Enforcement the Cure for Under – Enforcement of Environmental Law?* (https://media.law.wisc.edu/s/c_ 360/ymdbj/paper_ hscho.doc).

[16] Matthew D. Zinn, "Policing Environmental Regulatory Enforcement: Cooperation, Capture, and Citizen Suits", *Stanford Environmental Law Journal*, Vol. 21, Iss. 1, Jan. 2002, pp. 81 – 176.

[17] Errol Meidinger, Barry B. Boyer, "Privatizing Regulatory Enforcement: A Preliminary Assessment of Citizen Suits under Federal Environmental Laws", *Buffalo Law Review*, Vol. 34, No. 1, Feb. 1985, pp. 833 – 964.

[18] Wang Canfa, "Chinese Environmental Law Enforcement: Current Deficiencies and Suggested Reforms", *Vermont Journal of Environmental Law*, Vol. 8, Feb. 2007, pp. 159 – 193.

[19] Borzsak, Levente, *The Impact of Environmental Concerns of the*

Public Enforcement Mechanism Under EU Law, Holland: Kluwer Law International, 2011.

[20] Kent Roach, Michael J. Trebilcock, "Private Enforcement of Competition Laws", *Osgoode Hall Law Joural*, Vol. 17, October. 1997, pp. 471 – 472.

[21] Rachel T. Kirby, "Giving Power to The People: Comparing The Environmental Provisions of Chile's Free Trade Agreements with Canada and The United States", *Sustainable Development Law and Policy*, Vol. 10, Iss. 1, Fall 2009, pp. 65 – 68.

[22] Terry Anderson, Donald Leal, *Free Market Environmentalism*, London: Palgrave Macmillan, 1991.

[23] Edward Brunet, Debunking Wholesale, "Private Enforcement of Environmental Rights", *Harvard Journal of Law &Public Policy*, Vol. 15, Jan. 1992, pp. 311 – 324.

[24] Sean Farhang, *The Litigation State: Public Regulation and Private Law suits*, Princeton: The U. S. Princeton University Press , 2010.

[25] Stephen B. Burbank, Sean Farhang & Herbert M. Kritzer, "Private Enforcement", *Lewis & Clark L. Review*, Vol. 17, Fall 2013, pp. 681 – 689.

后　记

　　本书是在博士论文的基础上修改完成的。自2012年至今，本书的积累和写作过程见证了我的学术成长之路。在这个痛并快乐的过程中，我有过困惑、迷茫、犹豫，甚至怀疑和退却，但很庆幸自己坚持了下来，并在其中发现了乐趣、找到了自我。在本书修改的过程中，阅读与思考得越多，越觉得很多地方可以更加完美，虽然几经修改，对材料进行了更新、对字句进行了打磨、对内容进行了调整，但仍不能做到尽善尽美。庆幸的是，对于以后的道路而言，这只是一个起点，本书所留遗憾可以以后去弥补。在此，我诚挚地欢迎大家给予批评和指正。

　　作为一名学术新兵，能够对环境法有些许认识，并最终完成和出版本书，最应该感谢的是我的导师、领路人——王树义教授。在生活中，王老师是和蔼的、正直的、坦荡的，但在学术上他是认真的、精益求精的。刚进入环境法的大门时，我迷茫而彷徨，面对"科研""学术"，一无所知、一团糨糊。王老师从怎么写论文摘要开始一点点指导，如何读书、如何选题、如何构思，操场上、办公室、会议室都有他谆谆的教诲。至今记得，有篇小论文从初稿写成到最后定稿，王老师逐字逐句指导修改了十几稿。在本书的写作过程中，王老师更是给予了悉心的指导和帮助。王老师一直鼓励我们以实事求是的态度，针对环境法理论和实践中的真问题、基础问题进行自主的学术探索。因此，在论文的选题上，他循循善诱，鼓励我从兴趣着手，对我的困惑给予点拨，但对论文题目却并未予以任何限制；在论文的写作过程中，他对论文框架、逻辑结构、学术规范等严格要求，但对论文的具体观点却并不加以干涉。王老师言传身教的是"踏踏实实做事，认真认真做人"的人生态度，是严谨务实、兼容并包的学术风范。还要感谢师母——温敏老师。温老师思路开阔、温柔贤淑、心态年轻，待我们如自己的孩子一样，在生活中遇到的各种问题，我总喜欢跟师母倾诉，她总是耐心地倾听、细致地给予建议。正是王老师和温老师亲人般的爱护和照顾，让我不仅在专业知识上有所精进，在生活中也多了一个家。还要感谢我的合作导师——别涛教授，每次与别老师见面，他都会跟我聊起环境法的最新发展，嘱咐我要多加学习、要紧密关注环境法的实践，并给我提供了很多宝贵的最新立法资料。别老师的谆谆教诲，令我受益颇多。

感谢肖乾刚教授、蔡守秋教授、李启家教授、张梓太教授、杜群教授、邱秋教授，他们在论文开题和答辩过程中提出了很多富有启发性的问题和建议，给本书的写作和修改提供了很大帮助。由于自己才疏学浅，诸位先生很多独到的意见，本书并未能够给予充分的论证和补充。这也将激励我今后继续努力探索，以不辜负诸位前辈的期望。

感谢台达基金会及中达环境法学者计划的资助。2014 年 10 月，我非常荣幸地获得了"中达环境法学位论文奖学金"，该奖学金对我本人以及当时正在进行的论文写作，都是极大的鼓励和肯定。2015 年 6 月，我的博士学位论文幸运地以全优的成绩通过外审和答辩。基于此，我又有幸获得了"中达环境法优秀学位论文奖"。衷心感谢台达基金会在整个论文写作过程中给予的支持和帮助。

感谢武汉大学法学院诸位老师的教导，认真的秦天宝教授，亲切的柯坚教授，温暖的罗吉副教授，洒脱的李广兵副教授，随和的胡斌主任，热情的刘柱彬编辑，他们在学习和生活上的鼓励和关爱，使我在环境法研究所度过了美好的三年时光。同时也要感谢诸位师兄弟姐妹和同窗好友的提携和照顾，正是他们的友谊让我的生活充满了乐趣和欢乐。

2015 年 7 月，我从武汉大学法学院毕业，完成了由学生向教师角色的转变。入职后，天津师范大学法学院的诸位领导、同事对我关爱有加，在工作和生活上给予了我极大的关心和支持，感谢他们！此外，感谢天津师范大学博士基金资助（52WW1517），使我能够在博士论文的基础上进行更深入、细致的研究。感谢中国社会科学出版社的编辑梁剑琴博士，没有她认真负责的工作，这本书也许要更久之后才能出版面世。

最后，要感恩的是我的父母和兄嫂，他们对我倾尽所能，给了我虽不富足但幸福温暖的家。谢谢父亲教我宽容、大度、乐观，谢谢母亲给予我勇气、决断和坚强的力量。我爱他们，他们永远是我前行的动力和方向。

回想起来一幕幕展开，发现自己是如此之幸福，一路走来得到太多人的照顾、关爱和支持。无以回报，唯有努力而感恩地生活才能不负这些美好。

冯汝

2016 年 8 月 12 日